Die großen
bayerischen Seen

Manfred Hummel

Die großen bayerischen Seen

Ammersee, Starnberger See, Chiemsee, Forggensee, Kochelsee, Walchensee, Staffelsee, Riegsee, Tegernsee, Schliersee, Waginger See und Königssee

Sehenswürdigkeiten
Einkehrmöglichkeiten
Badeplätze
Wanderungen
Radtouren

Inhalt

Vorwort — 6

Wer ist der Schönste im ganzen Land? — 8
Betrachtungen eines exklusiven Wettbewerbs

Rund um den Ammersee — 14
Was hinter dem „Bauernsee" steckt

Rund um den Starnberger See — 38
Wo man nicht über Geld redet, sondern es hat

Rund um den Chiemsee — 64
Ludwigs Versailles im „Bayerischen Meer"

Rund um den Forggensee — 98
Paradestück sparsamer Allgäuer

Rund um den Kochelsee — 114
Spielwiese des Blauen Reiters

Rund um den Walchensee 126
Nordisches Flair und Karibik

Rund um den Staffelsee 138
Inseln wie Sand am Meer

Rund um den Riegsee 152
Wo die Zugspitze in den Spiegel schaut

Rund um den Tegernsee 162
Abgeschiedene Oase der Reichen und Schönen

Rund um den Schliersee 182
Ein Skirennfahrer lädt ins Museum

Rund um den Waginger See 194
Bäuerliche Idylle im Ruperti-Winkel

Rund um den Königssee 210
Der Watzmann fordert seinen Tribut

Ortsregister 220
Impressum 224

Vorwort

Ohne seine großen Seen im Voralpenland wäre Bayern nur halb so schön. Wenn es nur die Berge gäbe, wären die Regionen ärmer an landschaftlicher Vielfalt und Möglichkeiten der Freizeitgestaltung, es gäbe ganz einfach weniger Lebensqualität. Der Ursprung dieser gleichsam göttlichen Gaben, derer sich Oberbayern und das Allgäu erfreuen, liegt weit zurück. Es waren die Gletscher der letzten Eiszeit, die diese anmutige Landschaft geschaffen, ihre sanften Hügel geformt und die Becken ausgeschürft haben. In ihnen sammelte sich das Schmelzwasser der Eisriesen.

Ein neuer Lebensraum entstand und füllte sich allmählich mit Bewohnern. Der Fischreichtum lockte die ersten Jäger und Sammler an. Sie siedelten in Pfahlbauten, befuhren die Seen in Einbäumen, zogen sich vor ihren Feinden auf die Inseln zurück. Römische Legionäre, die den Militärdienst quittiert hatten, verbrachten ihr Dasein fortan in komfortablen Villen nebst Badehäusern. Wo: Natürlich an den schönsten Flecken der Seeufer, Bergblick inklusive. Auch die Wittelsbacher zog es bald aus der Münchner Residenz hinaus aufs Land in kleine, gemütliche Wohnschlösser, bevorzugt an den Starnberger See. Dem Adel folgte das vermögende Bürgertum, das in der Nachbarschaft Landhäuser für den Sommer errichtete. Doch erst im vergangenen Jahrhundert stieg der Wert der Ufergrundstücke rapide an, welche die Fischer bis dahin beim Kartenspielen eingesetzt hatten. Sumpfig, feucht und mit Gestrüpp bewachsen, war ihr Wert als gering erachtet worden.

Als Letzte entdecken die Sommerfrischler die Seen als Destination. Zu einem gelungenen, erholsamen Urlaub gehört einfach Wasser. Man kann hineinspringen, ein paar Züge schwimmen, mit den Kindern plantschen oder einfach nur in der Sonne liegen. Die Steigerung ist ein Ausflug auf dem SUP, eine Runde mit dem Ruderboot oder eine Segelpartie. Minigolfplätze, Hochseilgärten und Labyrinthe sind weitere Spielwiesen des aktiven Urlaubers. Spielt das Wetter mal nicht so mit, geht er Wandern, setzt sich aufs Fahrrad oder besucht eines dieser intimen, sehenswerten Museen.

Die Anziehungskraft der Seen hat auch Kunst und Kultur kräftig gedeihen lassen. Es gilt, eine Vielzahl von Sehenswürdigkeiten und Schätzen zu entdecken. Auch die Gastwirte lassen sich nicht lumpen: Sie bieten eine gastronomische Vielfalt an, die anderswo ihresgleichen sucht. Die bayerischen Seen stellen damit ein Urlaubsparadies wie aus dem Bilderbuch dar. Für die schönsten Tage im Jahr will dieses Buch allen Genießern und Entdeckern ein Wegweiser sein.

Manfred Hummel
München, im Juli 2024

Ein Spaziergang am Königssee bietet immer wieder reizvolle Ausblicke.

Wer ist der Schönste im ganzen Land?

Zwölf große bayerische Seen sind in diesem Buch versammelt. Jeder mit einer kurzen Beschreibung seiner Eigenart und seiner Vorzüge. Dazu Wissenswertes über Sehenswürdigkeiten, Einkehrtipps und Angebote für Freizeitaktivitäten. Wer Wanderlust verspürt, findet landschaftlich reizvolle Touren vor. Der Autor hat seine jahrzehntelangen Erfahrungen mit Unternehmungen rund um die Seen zu einem informativen Führer zusammengefasst. Aber wohin soll der Urlauber seine Schritte zuerst lenken? Welcher See ist am schönsten, einsamsten, hippsten?

Auch wenn man in allen baden kann, sei festgehalten, dass jeder See seinen eigenen, unverwechselbaren Charakter hat. Keiner gleicht dem anderen. Sie unterscheiden sich durch ihre Lage, die Höhe und Nähe der Berge, durch Zu- und Abflüsse, durch Städte und Dörfer, Schlösser und andere prägende Bauwerke. Nicht zuletzt aber auch durch die Menschen, die an ihren Ufern leben, die sie geprägt haben und immer noch prägen.

Trotzdem gebührt dem Königssee ein Alleinstellungsmerkmal. Allein schon der Name. Der mächtige Watzmann fordert seinen Tribut. Seine Ostwand fällt beängstigend steil zum See ab. Mit St. Bartholomä im Vordergrund ist es das Top-Fotomotiv. Eingezwängt in ein schroffes Gebirgstal, gleicht der Königssee einem Fjord. Er lässt sich nicht umwandern oder umradeln. Der Touristenstrom wird vereinzelt in kleine Elektroboote, die auf smaragdgrünem Wasser lautlos dahingleiten. Das schafft die nötige Ruhe und Besinnung, wenn sich der Blick weitet und der Trompeter vor der Echowand ins Horn stößt. Dem wohnt etwas Feierliches, Ergreifendes inne. Und dann erst der Watzmann-Blick. Natur pur! Der Königssee war doch eine gute Wahl, fühlt der ergriffene Besucher spätestens in diesem Augenblick.

Siesta am Ufer des Staffelsees: Warum in die Ferne schweifen?

Eine besondere Rolle spielt auch der Chiemsee. Wegen seiner schieren Größe trägt er den Beinamen „Bayerisches Meer." In seiner Jugend lag für den Schriftsteller Sten Nadolny jenseits des Chiemsees Afrika. Die Gletscher der letzten Eiszeit haben eine abwechslungsreiche Landschaft modelliert. Die Chiemgauer Berge am Südufer stehen in Kontrast zur sanften Hügellandschaft im Norden am Ausfluss der Alz. Flache Uferwege erfreuen die Radler. Dass König Ludwig II. den Chiemsee mit einem

Auf dem Weg nach Guglhör

Schloss auf der Herreninsel adelte, war aber mehr ein Zufall. Eigentlich wollte der Monarch seine absolutistischen Träume auf der Insel Wörth im Staffelsee verwirklichen. Doch der private Eigentümer verkaufte nicht. So kam der Chiemsee zu seinem „weißblauen Versailles". Die Klosterinsel, ebenfalls ein Besuchermagnet, gab es da schon.

Reger Schiffsverkehr wie auf dem Chiemsee ist auf dem Walchensee unvorstellbar. Er gibt den weltabgewandten, fast scheuen Naturgesellen. Das Dorado für Naturliebhaber. Inmitten bewaldeter Berge wirkt er nordisch. Michael „Bully" Herbig fand die Location für seinen Wikingerfilm „Wickie und die starken Männer" „den Hammer". Bei schlechtem Wetter wirkt der See düster und geheimnisvoll. Im Mittelalter war das ein Nährboden für Sagen aller Art. So soll auf seinem Grund ein riesengroßer Waller schlummern. Wehe wenn man ihn aufweckt. Dann zerschlägt er mit seinem riesigen Schwanz den Kesselberg und schickt eine Sintflut gen München. In der Adelshierarchie hat es der Walchensee nur bis zum „Herzogstand" gebracht, der gleichwohl eine lohnende Aussicht bietet. Der Walchensee hat aber auch eine Kehrseite: Sein türkisblaues Wasser hat ihm den Superlativ „Karibik" eingetragen. Begehrt sind die Badestrände im Süden und Osten. Taucher lieben den mit 190 Metern tiefsten Alpensee Deutschlands, Surfer fahren auf die berühmte „Düse" ab. Kein Wunder also, dass an einem schönen Sommerwochenende kein Parkplatz mehr zu haben ist.

Das kann einem auch am Starnberger See passieren, gilt er doch wegen seiner Nähe zur Landeshauptstadt als „Badewanne der Münchner". Er zählt zu den schönsten Seen des Voralpenlandes. Sanfte Hügel umgeben ihn, die Berge sind weit genug entfernt, um bedrohlich zu wirken. Der Adel schätzte sehr früh die Vorzüge des stadtnahen Gewässers und baute sich Schlösser in Berg und Possenhofen. Ludwig II. gab dem See mit seinem geheimnisumwitterten Tod eine tragische Note. Die Roseninsel und „Sisi" gleichen das mit einer gewissen Heiterkeit aus. Mit dem Kaiserin-Elisabeth-Museum und Lothar-Günther Buchheims Expressionisten in Bernried meldet der frühere Würmsee seine kulturellen Ansprüche an. Man will nicht nur Spielwiese der

Der Ammersee-Höhenweg West

Reichen und Schönen sein. Denn mondän geht es am Starnberger See allemal zu.

Da kann der Tegernsee ein Wörtchen mitreden. Eingebettet wie in ein Nest liegt er in den Bergen des Mangfallgebirges. In diesem Tal wollen sie unter sich sein – die Devisenhändler, Oligarchen, Fußballbosse. Am sonnenreichsten Flecken leistete sich der Klerus ein üppiges Kloster, musste es aber schließlich an den ersten bayerischen König abtreten. Ein Nachfahre beglückt heute an gleicher Stelle die Menschheit mit einem süffigen Bier. Orte wie Rottach-Egern und Bad Wiessee stehen in der jungen Bonner Republik für die Insignien des Wirtschaftswunderlandes: Dicke kubanische Zigarren, teure Pelze und chromblitzende Edelkarossen. Am Tegernsee lässt sich immer noch gut leben und in der „Seesauna" stilecht schwitzen. Die flachen Ufer machen das Radeln und Flanieren zum Vergnügen. Zur Einkehr laden neben Sterne-Restaurants ganz normale Ausflugsgaststätten für jedermann.

Zu den „Normalos" gehören der Waginger See, der Schliersee und der Riegsee. Eine Rolle spielt sicher, dass man sie schnell umrunden kann, aber das Trio der Kleinen hat sich seine Ursprünglichkeit bewahrt. Sie liegen inmitten einer intakten, bäuerlich geprägten Landschaft. An ihren Ufern geht es noch beschaulich zu. Der Name „Ruperti-Winkel" sagt schon alles. Gleichwohl bestechen sie auch mit individuellen Superlativen: Wegen seiner geringen Tiefe reklamiert der Waginger See für sich, „wärmster Badesee Oberbayerns" zu sein. Gar nicht zu reden von dem berühmten Koch, den er hervorgebracht hat: Alfons Schuhbeck.

Der Schliersee kann als Herolde den Wildschütz Jennerwein und den Kabarettisten Gerhard Polt aufbieten, ganz zu schweigen von Skirennfahrer Markus Wasmeier und seinem Freilichtmuseum.

Wer kann eine schwimmende Insel bieten? Richtig, der Riegsee. Alle paar Jahre reißt sich am nordöstlichen Ufer Schwingrasen los und treibt übers Wasser, wobei Bäume als Segel wirken.

Die nächsten drei Seen bilden wieder eine Gruppe. Nicht zu groß, nicht zu mondän, dafür bodenständig: Staffelsee, Ammersee und Kochelsee. Immerhin brilliert der Staffelsee mit den meisten Inseln aller bayerischen Seen, nämlich sieben. Auf die größte Insel, die Wörth, führt an Fronleichnam eine bayernweit bekannte farbenfrohe Schiffsprozession.

Der Ammersee punktet mit zwei großen Vogelschutzgebieten an seinem Zufluss, der Ammer, und am Abfluss, der Amper. Durch einen Urwald namens Seeholz am Westufer krabbeln Hirschkäfer. Die Metropole Dießen vereint, was den Ammersee kulturell ausmacht: Carl Orff, die Töpfer, Zinngießer, das Marienmünster, den Zweimaster Albatros und den Schacky-Park. Nicht zu vergessen im Süden die Kuppel und Antennen der Erdfunkstelle Raisting.

Partei für den Kochelsee ergreifen die „Blauen Reiter", allen voran Franz Marc und Wassily Kandinsky, Gabriele Münter und Heinrich Campendonk. Auf den Wiesen und Hügeln rund um den Kochelsee setzten sie sich mit der Darstellung der Natur auseinander und beschritten den Weg zur Abstraktion. Das machte sie im ersten Jahrzehnt des 20. Jahrhunderts zur weltweit bewunderten Avantgarde der Modernen Kunst. Mit vorzüglichen Museen haben ihnen die Gemeinden Kochel, Murnau und Penzberg ein Denkmal gesetzt. Wenige Jahre später zog die moderne Stromgewinnung in Form des Walchenseekraftwerks in die bis dahin verschlafene Gegend ein.

Übrig bleibt in unserem kleinen Wettbewerb der Forggensee. Genau betrachtet läuft er außer Konkurrenz, denn er ist gar kein natürlicher See, sondern ein Stausee. Nach der letzten Eiszeit war ein viel größere See, der „Füssener See", allmählich trockengefallen. Die sparsamen Allgäuer haben ihn kurzerhand recycelt, indem sie nahe der Stelle, an der er ausgelaufen war, 1951 den Lech aufstauten und ein Kraftwerk bauten. So erzeugte man auch noch Strom und leistete überdies einen wichtigen Beitrag zum Hochwasserschutz. Drei Jahre später hatten sie wieder einen See. Um Königsschlösser brauchte man sich auch nicht kümmern. Die waren schon da und veredeln den Ausblick. Wohl kaum ein anderer Stausee passt sich so gut in die Landschaft ein und hat für die Energiegewinnung die Natur so wenig in Mitleidenschaft gezogen wie der Forggensee. Keine Frage, bei so vielen Superlativen durften sich die Füssener etwas gönnen: Ein feines neues Festspielhaus im Bayreuth-Stil. Schließlich ist man der „Königswinkel".

Und welcher See ist jetzt der Schönste? In einem Satz lässt sich das nicht beantworten. Jeder hat seine eigenen Reize und Vorzüge. Es kommt darauf an, was man für die schönste Zeit des Jahres sucht.

Altes Bootshaus an der Uferpromenade von Schondorf

Dreiklang am Starnberger See: die Marina Bernried, der Turm der Klosterkirche und dahinter die Benediktenwand

Viel Wasser und hoher Himmel: der Ammersee bietet auch dem Auge Entspannung!

DER AMMERSEE

Der Ammersee stellt ein landschaftliches Kleinod dar und steht zu Unrecht im Schatten des benachbarten Starnberger Sees. Für den Neuling ist es spannend, die verborgenen Reize auf einer gemütlichen Radltour oder Wanderung zu ergründen. Er lernt die Beschaulichkeit und Ländlichkeit kennen, die sich dieser See und seine Ufer vor dem Panorama der Zugspitze bewahrt haben. Das mondäne und bisweilen etwas aufgeblasene Starnberger Leben weicht hier einem legeren Savoir-vivre, wie es das Malervölkchen früher bei fröhlichen Sommerfesten in der Gasteiger-Villa zelebriert haben dürfte. Der Ammersee liegt mitten in der Grenz-Region zwischen Oberbayern und Schwaben. Er ist 16 Kilometer lang, bis zu fünf Kilometer breit und etwa 82 Meter tief. Mit einer Fläche von 47 Quadratkilometern ist er nach dem Chiemsee und Starnberger See der drittgrößte der bayerischen Voralpenseen. Nachdem vor etwa 16 000 Jahren die Gletscher der Würm-Eiszeit abgeschmolzen sind, soll er seine heutige Form bereits weitgehend erhalten haben. Zufluss ist die Ammer im Süden, Abfluss die Amper im Norden. Das Wasser des Ammersees hat Badequalität. Die Schutzgebiete im Süden und Norden des Sees bilden wichtige Rückzugsgebiete für Vögel und Pflanzen. Renke, Zander und Seeforelle sind die Hauptfischarten im Ammersee.

Als Naherholungsgebiet für die Ballungszentren Augsburg und München spielt der Ammersee eine wichtige Rolle. In der Sommersaison bietet er zahlreiche Möglichkeiten für Wassersport.

Anreise mit der Bahn Eine knappe Stunde fährt die S-Bahn S 8 vom Münchner Marienplatz nach Herrsching. Von Augsburg aus, dem zweiten großen touristischen Einzugsgebiet des Ammersees, braucht die bayerische Regiobahn nach Schondorf etwa 48 Minuten.
Anreise mit dem Auto Mit dem Auto geht es auf der A 96 (Lindauer Autobahn) bis zur Ausfahrt Inning (für das Ostufer) und weiter nach Stegen, zum Westufer über die Ausfahrt Greifenberg nach Schondorf.
Route in Kurzform Wer den See gegen den Uhrzeigersinn umrundet, fährt immer in der Sonne. Ausgangs- und Endpunkt ist der S-Bahnhof in Herrsching, an dem es auch Parkplätze gibt. Orte am See sind Herrsching, Breitbrunn, Buch, Stegen, Schondorf, Utting, Holzhausen, Riederau, St. Alban, Dießen, Fischen, Aidenried und Wartaweil.
Streckenlänge um den See Die Länge der Strecke um den See beträgt etwa 45 Kilometer auf Teerstraßen und Schotterwegen mit nur einer größeren Steigung zwischen Herrsching und Rausch (46 km).

Fahrzeit Die reine Fahrzeit beträgt zweieinhalb Stunden. Für eine gemächliche Tour mit Einkehren und Besichtigungen sollte man sich einen Tag Zeit nehmen. Auf den Uferpromenaden müssen die Fahrräder geschoben werden.

Schwierigkeit Die Umrundung mit dem Fahrrad ist für Familien mit Kindern ab acht Jahren eine mittelschwere Tour. Kondition ist erforderlich. Wer den Ammersee zu Fuß umrunden will, braucht für die 43 Kilometer etwa 10 Stunden. Die Route lässt sich auch in Etappen aufteilen, wofür sich die Ammersee-Schifffahrt anbietet (www.seenschifffahrt.de). Die Große Rundfahrt dauert dreieinhalb Stunden. Anlegestellen sind in Stegen, Schondorf, Utting, Holzhausen, Riederau, Dießen, Herrsching, Breitbrunn und Buch.

Hauptsehenswürdigkeiten am Ammersee sind die Uferpromenade mit dem Kurparkschlösschen in Herrsching, von Stegen der Blick über den Ammersee, die Pilgerkirche St. Jakobus und eine römische Badeanlage in Schondorf, die Künstlervilla Gasteiger in Utting-Holzhausen inmitten eines romantischen Parks, das Waldschutzgebiet Seeholz bei Rieden, das Marienmünster, das Fischereiviertel und der Schacky-Park in Dießen sowie die Parabolspiegel der Erdfunkstelle Raisting, das Mündungsgebiet der Ammer und das auf einer Anhöhe östlich des Ammersees stehende Kloster Andechs.

Herrsching

(S-Bahn-Station, RVO-Bus 9653 Weilheim – Herrsching, Dampferanlegestelle, 568 m über Normalhöhennull, NHN)

Sehenswert Die Schokoladenseite Herrschings ist die *Uferpromenade mit dem Kurparkschlösschen*, Europas längste Binnenpromenade. An einem schönen Sommernachmittag herrscht reges Treiben. Ausflügler streben zu den Dampfern der Ammersee-Flotte oder landen nach einer „Kreuzfahrt" am Dampfersteg an. Die Terrassen der Restaurants sind voll besetzt, man sieht sich und wird gesehen. Fischer preisen ihre Renken und Ruderboote an. Es herrscht eine ungezwungene Atmosphäre. Wenn dann noch die Sonne untergeht und die Szenerie in goldenes Licht taucht, wird der Ausflug zum Erlebnis. Das hat wahrscheinlich auch der Kunstmaler Ludwig Scheuermann (1859 – 1911) so empfunden. 1888 erwarb er ein großes Stück Seeufergrund und ließ darauf eine Villa im Stil italienischer Adelspaläste errichten. 1934

Das Kurparkschlösschen in Herrsching wurde einst vom Künstler Ludwig Scheuermann als Privatvilla erbaut.

erwarb die Gemeinde den Besitz. Um die Villa wurde ein Park angelegt, weshalb sie heute Kurparkschlösschen heißt. Man kann dort auch heiraten. Termine vergibt die Gemeinde (Tel: 08152/3740).

Als Wahrzeichen der Ammersee-Gemeinde gilt die reizvoll auf einer Anhöhe gelegene **Kirche St. Martin** (Prinzenhöhe 6). Vermutlich handelte es sich um die Hauskirche des ersten Siedlers Horskeo und seiner Sippe. Erstmals fand sie um 1131/32 urkundliche Erwähnung. Zwölf Apostelstatuen aus dem 17. Jahrhundert säumen im Innern die Chorwände des spätmittelalterlichen Gotteshauses. Im 18. Jahrhundert erfolgte dessen barocker Ausbau. Auf dem ehemaligen Friedhof stehen alte schmiedeeiserne Grabkreuze des 18. Jahrhunderts bis ins frühe 20. Jahrhundert.

Herrschinger Wahrzeichen: St.-Martinskirche mit Marienäule

An St. Martin kommt man von Andechs aus nach Verlassen des Kientals vorbei. Die Bronzestatue der Patrona Bavariae am Fuß des Kirchbergs gleicht dem Vorbild auf dem Münchner Marienplatz. Sie ist ein Ersatz für die Lourdes-Madonna, die 1872 nach dem Feldzug von 1870/71 zum Dank für den Sieg über Frankreich und die Gründung des Deutschen Reiches aufgestellt worden war. Etwa 100 Jahre später musste die alte Säule einer Straßenerweiterung weichen und wurde an neuer Stelle durch die neue Figur ersetzt.

Ganzjährig über den Friedhof am Mitterweg zugänglich ist der **Archäologische Park Herrsching**. Schautafeln beschreiben Spuren aus der Frühzeit des Ortes. Hier stand vom 2. bis 4. Jahrhundert n. Chr. ein römisches Landgut (Villa rustica), dessen Bewohner den Luxus eines Badehauses genossen. Die Lage des Bades ist ebenso markiert wie die einiger Bajuwarengräber. Eine molekularbiologische Untersuchung der etwa 1300 Jahre alten Skelette hat ergeben, dass es sich um Angehörige eines Adelsgeschlechts handelte, die miteinander verwandt waren. Die Ausstellung in der Adelskirche auf dem Gelände zeigt Nachbildungen eines Gürtels mit Delphinmotiv, Fundstücke wie Münzen, Putzreste, Tonscherben und Sechen, geschmiedete Eisenspitzen, die zum Aufbrechen der Erde vor dem Pflug dienten. Eine Austernschale zeugt davon, dass es sich die Bewohner gut gehen ließen. Von Mai bis September ist die Ausstellung bei freiem Eintritt jeden Sonntag von 11-12.30 Uhr geöffnet. Außerhalb der Öffnungszeiten bietet der Verein für Archäologie und Geschichte Herrsching auch kostenlose Sonderführungen für Gruppen an (Tel.: 08152/8870).

aktiv Elektroboote und Ruderboote gibt es beim **Bootsverleih Stumbaum**, Summerstraße 22, 82211 Herrsching, Tel: 08152/ 5663, www.elgoro.de, von 9 bis Sonnenuntergang. **Minigolfplatz** direkt am See, 82211 Herrsching, Summerstraße 36, Tel: 08152/933546, www.facebook.com/Bootshaus-und-Minigolf-Herrsching-130969393612762/. **WikiWakiWu** SUP & Windsurfstation Ammersee, 82211 Herrsching, Keramikstraße 13, Tel: 01575 7715598, www.wikiwakiwu.com

Einkehr **Matos Fischladen**, Summerstraße 22, 82211 Herrsching, Tel.: 08152/1375, www.matosfisch.de 9 bis 18 Uhr, Montag und Dienstag geschlossen. **Fischerei Schlamp**, 82211 Herrsching, Seestraße 41, Tel: 08152/3554. Steg 1 im Strandbad Seewinkel, Keramikstraße 1 – 3, 82211 Herrsching, Tel.: 08152/93090, 9-23 Uhr. **Restaurant Seespitz**, 82211 Herrsching, Am Mühlfeld 2, Tel: 08152/4849654, tägl. geöffnet von 11.30-14.30 Uhr u. 17.30-23 Uhr, www.seespitz-ammersee.de. **Kiosk am Rosengarten**, Minigolf u. „Bootshaus", Summerstraße 36, 82211 Herrsching, Tel: nach Wetterlage täglich 10-22 Uhr, Tel: 0173/2668502; **Andechser Hof**, Zum Landungssteg 1, 82211 Herrsching, Tel: 08152/96810, tägl. Ab 10 Uhr, www.andechser-hof.de; **Seehof Herrsching**, Seestraße 58, 82211 Herrsching, Tel: 08152/9350, www.seehof-ammersee.de Montag bis Freitag bei Sonne durchgehend geöffnet, bei Regen 11-14.30 Uhr und 18-23 Uhr, Samstag, Sonntag, feiertags durchgehend geöffnet. **Gasthof Hotel zur Post**, Andechser Straße 1, 82211 Herrsching, Tel: 08152/396270, www.post-herrsching.de, täglich 11.30-22 Uhr.

Wer selbst in See stechen will, kann beim Bootsverleih Stumbaum zwischen verschiedenen Bootstypen wählen.

Wandern **1** Vom S-Bahnhof Herrsching durch das Kiental zum **Wallfahrtsort Kloster Andechs** mit Besichtigung der Klosterkirche aus dem Jahr 1423. Zurück durch den Wald vorbei am verschwundenen Dorf Ramsee zur Weißen Säule in Wartaweil und am Seeufer zurück nach Herrsching. Gehzeit: 3:12 Stunden, 14,8 km, www.starnbergammersee.de

Einkehr **Kloster Andechs**, Bergstraße 2, 82346 Andechs, Tel.: 08152/376-261, täglich 10-20 Uhr, Brotzeit darf mitgebracht werden. www.andechs.de

Wandern **2** Von Herrsching (S-Bahnhof) **rund um den Pilsensee** über Hechendorf, Seefeld und Widdersberg. Gehzeit 3:11 Stunden, 11,5 km.

Einkehr **Kiosk Strandbad Pilsensee**, Seestraße 68, 82229 Seefeld, Tel.: 0172/7083095, www.lieblingsplatz-pilsensee.de

Wegweiser Von Herrsching nach Stegen: In Richtung Breitbrunn auf der Riederstraße ortsauswärts nach rechts in den Rauscher Fußweg und auf einem Feldweg hinauf zum Weiler Rausch. Unterwegs Panoramablick über den Ammersee, Kloster Andechs und die Zugspitze. In den Weilern Rausch und Ellwang beschauliche bäuerliche Idylle. Über Ellwang nach Breitbrunn. Dort auf der Haupt- in die Münchner Straße und nach links in den Bucher Weg. Der Uferwanderweg ist für Radler nicht geeignet. Unbedingt die Radwegzeichen beachten! Von Buch weiter nach Stegen. 12 km.

Wanderziel für jede Jahreszeit: Koster Andechs

Breitbrunn
(RVO-Bus 957, Schiffsanlegestelle, 564 m ü. NHN)
aktiv Schöner **Badestrand** neben dem Dampfersteg. **Bootsverleih: Martha Perchtold**, Seestraße 1, 82211 Breitbrunn, Tel: 08152/6324;
Einkehr *Pizzeria La Perla del Lago*, Hauptstraße 6, 82211 Herrsching-Breitbrunn, Tel.: 08152/9893131, www.laperladellago.de, Mittwoch Ruhetag.
SchokoSphäre Chocolaterie und Café, Kirchstraße 11, 82311 Herrsching-Breitbrunn,

Entspannte Badepause mit Hund am Steg in Breitbrunn

Tel: 01522/6655617, www.schokosphaere.de, Mittwoch Ruhetag.
Wandern 3 Vom Parkplatz Seeuferstraße in Breitbrunn über die Wörthseestraße **auf den Jaudesberg** (615 m, schöne Aussicht), nach Schlagenhofen (Kapelle St. Michael um 1680) und zum Erholungsgelände Oberndorf am Wörthsee (Badegelegenheit). Durch den Wald zurück nach Breitbrunn. Gehzeit 2 Stunden, 8,6 km.

Die Amper bildet an dessen Nordende bei Stegen den Ausfluss des Ammersees.

Stegen
(Bus 921V, 533 m ü. NHN)

Sehenswert Stegen ist ein geschäftiger Ort an der Nordspitze des Ammersees, obwohl es nur aus ein Paar Häusern besteht. Die Amper verlässt den See, Lindauer Autobahn und Ortsverbindungsstraße teilen sich den schmalen Landstreifen zwischen See und Ampermoos. Die *Ammersee-Schifffahrt* hat hier ihren Stützpunkt samt Werftanlagen. Bis 1939 legten auch die Fahrgast-Boote der Amper-Schifffahrt an. Mehrere Gasthäuser laden zum Besuch. Von ihren Biergärten hat man einen fulminanten Blick über den See. Im Frühjahr, wenn in den Bergen noch Schnee liegt, ist das ein reizvoller Kontrast zum Blau des Wassers und zum Grün der bewaldeten Hänge. Links spitzt der Turm der Klosterkirche Andechs heraus, rechts ist weiter hinten der Turm des Dießener Marienmünsters zu erkennen.

aktiv Der *Freibadeplatz* Innig-Stegen bietet eine große Liegewiese und Schattenplätze unter Bäumen. Der sandige Seegrund fällt so flach ab, dass man auch nach 200 Metern nur hüfthoch im Wasser steht, also ideal für Familien mit kleinen Kindern. Ein Kiosk bietet Speisen und Getränke, dazu kommen die Biergärten und Restaurants. Direkt neben der Werft der Ammersee-Schifffahrt liegt ein *Minigolfplatz*, Landsberger Straße 86, 82266 Inning-Stegen, Tel: 0178/6710872, www.minigolf-stegen.de *Bootsverleih Edith Böck*, Landsberger Straße 79, 82266 Inning, Tel: 08143/449. Ammersee-Surfschule Müller, Surfkurse, Surf-/SUP-Verleih, Erholungsgebiet Eching, Kaagangerstraße, 82279 Eching, Tel: 0160/90395344, www.skischulemueller.de *Ballonfahrten* rund um Ammersee und Starnberger See, Greifenbergerstraße 2, 82279 Eching a. Ammersee, Tel: 08143/444551, www.ammersee-ballonfahrten.de

Einkehr *Seehaus Schreyegg*, Landsberger Straße 78, 82266 Inning-Stegen, Tel: 08143/992537, www.seehaus-schreyegg.com, täglich ab 11.30 Uhr. *Fischer am Ammersee*, Landsberger Straße 80, 82266 Inning-Stegen, Tel: 08143/992800, www.fischer-ammersee.com, Strandbar, Montag bis Sonntag 9-24 Uhr. *Alte Brauerei Stegen*, Landsberger Straße 57, 82266 Inning-Stegen, Tel: 08143/9976431, www.alte-brauerei-stegen.net, Mittwoch bis Samstag von 17-22.30 Uhr, Sonntag 11-22.30 Uhr.

Wandern 4 Vom Parkplatz **Stegen nach Unteralting** (St. Mauritius um 1674) bei Grafrath, durch den Mauerner Wald nach Walchstadt, über Steinebach um den Wörthsee nach Bachern und zurück nach Stegen. Gehzeit 4:43 Stunden, 26 km.

Einkehr *Seekiosk Rossschwemme* mit großer Liegewiese und flachem, sandigem Uferbereich, SUP-Verleih und Einlassstelle für eigene SUP's, Vordere Seestraße 61, 82237 Wörthsee-Walchstadt, Tel.: 0174/9770230.

Wegweiser Von Stegen nach Schondorf: Über die Amperbrücke nach links ein Stück den schmalen Weg an der Amper entlang durch ein reizvolles Landschaftsschutzgebiet mit versteckten Badeplätzen. Schöner Blick über den See nach Süden. Im Erholungsgebiet Weingarten Bademöglichkeit. Vorbei an alten Villen (Kaaganger) nach Schondorf. 5 km.

Schondorf

(Bahnstation, Schiffsanlegestelle, 565 m ü. NHN)

Sehenswert Anfang des vorvergangenen Jahrhunderts entstand kurz vor Schondorf noch auf Echinger Flur eine **Künstlerkolonie**. Die Maler zog es damals hinaus aufs Land. So auch die Künstler des Schwabinger „Cocobello-Clubs", darunter Hans Beat Wieland und Adelbert Niemeyer. Sie suchten nach passenden Grundstücken und wurden im Nordwesten des Ammersees bei Eching fündig. Am Steilufer zwischen See und Wald entstand eine Künstlerkolonie. Niemeyer baute eine klassizistische Villa, Wieland ein norwegisches Holzhaus. Obwohl es unter Denkmalschutz stand, mutierte es zum Ziegelhaus, verlor damit seinen Denkmalstatus und wurde inzwischen auf Anordnung des Landratsamts Landsberg abgerissen. Dagegen hat sich Schondorf mit seinen alten Villen und Bootshäusern, der baumbestandenen Uferpromenade und kleinen Pensionen am Seeufer die Idylle der Sommerfrische bewahrt. Die **Kirche St. Jakobus** prägt das Bild des ehemaligen Ortsteils Unterschondorf. Um 1149 auf einem kleinen Hügel errichtet, diente der romanische Tuffsteinbau zunächst als Wehrkapelle. Der barocke Hochaltar der Doppelgeschosskirche entstand um 1660/1670, der Dachreiter wurde erst im 18. Jahrhundert aufgesetzt. Die Kirche war vermutlich eine Station auf dem Pilgerweg nach Santiago de Compostela und zählt zu den am besten erhaltenen romanischen Sakralbauten des Pfaffenwinkels. Die in Gelb gehaltene, weithin sichtbare **Kirche St. Anna** überragt mit ihrem schlanken Turm das frühere Oberschondorf. Der spätgotische Bau aus dem Jahr 1499 erfuhr im 17. und 18. Jahrhundert eine barocke Umgestaltung des

Barocke Eleganz: St. Anna in Schondorf

Kircheninneren und der Turmspitze. Besonders sehenswert ist der Hochaltar aus Stuckmarmor, geschaffen 1725 von Franz Xaver Schmuzer. Der Ortsteil hatte einst bäuerlichen Charakter. Mitte der 1830er Jahre öffnete die erste Gastwirtschaft, der „Sailer". Es gibt ihn heute noch. In dem Waldgebiet nördlich von Schondorf, dem Weingarten, liegen Hügelgräber aus der frühen Besiedlung der Gegend in der Hallstattzeit (800-450 v. Chr.). Aus dem 3. Jahrhundert n. Chr. stammt eine **römische Badeanlage** im Süden Schondorfs, deren Grundrisse Schüler des Landschulheims 1924 freilegten. Von der vermutlich dazu gehörenden Villa Rustica fanden sich keine Spuren mehr.

aktiv Zum **Minigolfspielen** lädt die Anlage an der Seepromenade Süd, 86938 Schondorf, Tel: 08192/998343. https://minigolf-schondorf.de **Badegelegenheit** besteht im Strandbad Forster mit großer Liegewiese, An der Point 2, 86938 Schondorf, Tel: 08192/219, www.cafeforster.de von Ostern bis Mitte Oktober täglich 8 – 20 Uhr, durchgehend warme Küche. Pension Schwarz, **Segelbootverleih**, Pension, Seestraße 11, 86938 Schondorf, Tel: 08192/215, www.schwarz-ammersee.de **Bootsverleih** Schondorf, Seestraße-Dampfersteg, 86938 Schondorf, Tel: 0170/6629963 (Paul Gastl). **Sportbootschule** Schondorf, 9 Tage Wochen- und Wochenendkurse in Praxis u. Theorie bis zur Prüfung zum amtlichen Sportbootführerschein, Familie Panizza, Burgwaldstraße 23, 86911 Dießen, Tel: 08807/947786, 0174/1915562. https://sportbootschule-schondorf.de

Einkehr *Wirtshaus am Steg*, St. Jakobs-Bergerl 2, 86938 Schondorf, Tel: 08192/934821, https://wangerbaur.de, Ruhetag Montag und Dienstag. *Seepost*, Bahnhofstraße 2 (nahe Dampfersteg), 86938 Schondorf, Tel: 08192/933753, https://wirtshaus-seepost.de, regionale und internationale Küche, Dienstag Ruhetag. *Gasthof „Zum Aleks"* (bayerische Küche), Bahnhofstraße 18, 86938 Schondorf, Tel: 08192/9967382, www.gasthaus-zum-aleks.de, Montag bis Sonntag 11-21.30 Uhr, Donnerstag Ruhetag. Restaurant Schondorfer, Bahnhofstraße 41, Tel: 08192/1400, www.schondorfer.de, täglich 17.30-1 Uhr, Freitag/Samstag 17.30-3 Uhr.

Wandern **5** Vom Dampfersteg in Schondorf nach Norden entlang des Weingartens nach Eching, weiter nach Stegen und am See zurück nach Schondorf. Gehzeit 2 Stunden, 9,7 km.

Einkehr *Strandhaus Ammersee*, Erholungsgebiet 1, 82279 Eching, Tel.: 08143/3669256, www.strandhaus-ammersee.de

Wandern **6** *Ammersee Höhenweg West* von Schondorf mit schönen Ausblicken auf den Ammersee und Kloster Andechs über Achselschwang, Hübschenried und Bierdorf sowie am See entlang über St. Alban nach Dießen. Gehzeit 3:40 Stunden, 17,7 km.

Einkehr *Gasthaus Sailer*, Landsberger Straße 30, 86938 Schondorf, Tel: 08192/7428, https://gasthaus-sailer.business.site, Montag und Dienstag Ruhetag.

Wegweiser Von Schondorf nach Utting: Unter alten Bäumen vorbei an Landhäusern zur großen Liegewiese des Gemeindebades. Im Uttinger Strandbad Sprungturm und

Panoramablick. Die Fischer verkaufen frische und geräucherte Renken. Durch die Seeanlagen Fahrräder bitte schieben.

Utting/Holzhausen
(Bahnstation, Schiffsanlegestelle, RVO-Bus 9650, 553, 635 m ü. NHN)
Sehenswert Ein einzigartiges Kleinod des Münchner Jugendstils am Westufer des Ammersees ist die **Villa von Anna und Mathias Gasteiger** im Uttinger Ortsteil Holzhausen. Kurz nach 1900 hat sich das Künstler-Ehepaar das Haus als Sommersitz erbaut. Die Gasteigers führten dort ein ungezwungenes Leben im Kreis befreundeter Künstler der Gruppe Scholle und des Simplicissimus, die in der Nachbarschaft lebten. Darunter waren Adolf Münzer, Fritz Erler, Walter Georgi, Eduard Thöny und zeitweise Olaf Gulbransson. Die weitgehend erhaltene Ausstattung der Räume der Gasteiger-Villa aus den Jahren 1908 bis 1913 vermittelt einen Eindruck vom damaligen Leben. Im Haus sind Skulpturen und Gemälde des Ehepaars ausgestellt. Außerdem finden wechselnde Ausstellungen statt. In der Bauernstube der Villa kann man stilvoll den Bund fürs Leben schließen. Als stimmungsvolle Kulisse dient der **romantische Landschaftspark** am Seeufer mit Brücken, Weihern, einer artenreichen Heuwiese und altem Baumbestand. Er inspirierte Anna Gasteiger zu ihren Blumenstillleben, Bildhauer Mathias Gasteiger stellte hier seine Skulpturen aus. Künstlerhaus Gasteiger, Eduard-Thöny-Straße 43, 86919 Utting, von April bis Oktober nur sonntags von 14-17 Uhr geöffnet, Sonderführungen. Vereinbarung unter Tel: 08143/93040, https://www.schloesser.bayern.de/deutsch/schloss/objekte/gasteig.htm

Ein Jugendstiltraum: die Villa Gasteiger in Holzhausen

Der **KZ-Friedhof mit einem Mahnmal** an der Schönbachstraße erinnert an 27 Häftlinge, die von 1944 bis 1945 im Außenlager Utting des KZ Dachau bei der Zwangsarbeit umkamen. 464 jüdische KZ-Häftlinge insbesondere aus Litauen, Ungarn und Polen mussten im Uttinger Betonwerk, das die Firma Dyckerhoff betrieb, Fertigteile für gigantische unterirdische Flugzeugfabriken herstellen. Die Häftlinge mussten bis zu zwölf Stunden am Tag schuften. Am Abend bekamen sie eine Scheibe Brot und eine Suppe. Mangelhaft gekleidet und unterernährt, vegetierten sin in kalten und feuchten Erdhütten dahin, in denen es von Ungeziefer wimmelte. Fleckfieber, Typhus und Lungentuberkulose grassierten. Die Insassen nannten das Lager deshalb „kaltes Krematorium". Bei den Nazis hieß das „Vernichtung durch Arbeit". Wer nicht mehr arbeiten konnte, wurde von der SS aussortiert und in Auschwitz ermordet. Wenige Wochen vor Kriegsende wurde das Lager geräumt. Die Häftlinge mussten bei Kälte und Schnee zunächst nach Dachau laufen und wurden dann auf dem „Todesmarsch" in Richtung Alpen getrieben. Die ehemalige Lagerküche ist heute die Wertstoffsammelstelle der Gemeinde. Auf dem Gelände des Betonwerks, das Dyckerhoff & Widmann noch bis 1997 betrieb, entstanden moderne Einfamilienhäuser. An das unheilvolle Kapitel der Ortsgeschichte erinnert ein jüdischer Friedhof am Schönbach und ein Mahnmal. Zu den Überlebenden des Lagers gehörte Abba Naor, der 1945 in Waakirchen von der US-Armee befreit wurde und später nach Israel emigrierte. „Ich wusste damals gar nicht", sagte Abba Naor bei einem Besuch im Jahr 2006, „wie schön es in Utting am See ist."

aktiv *Strandbad mit 10-m-Sprungturm*, Panoramablick und Kiosk, Seestraße 12 (nahe Dampfersteg), 86919 Utting, Tel· 08806/7680, https://strandbad-utting.de *Hochseilgarten Ammersee*, Fahrmannsbachstraße 2, 86919 Utting, Tel: 08806/9234920, www.hochseilgarten-ammersee.de von März bis November, Öffnungszeiten siehe Homepage, Online-Reservierung empfohlen. *Labyrinth Ex-Ornamentis*, Freizeitgelände Fahrmannsbachstraße, 86919 Utting, Tel: 08192/934683; www.exornamentis.de von Juli bis September. *Segelschule und Bootsverleih Ernst*, Im Freizeitgelände 10, 86919 Utting, Tel: 08806/534715, www.segelschule-ernst.de. *Wassersport Marx*, Seestraße 17, 86919 Utting, Tel: 01512/2671460, www.segelschulemarx.de. *Stand Up Paddeln*: Steinlechner Bootswerft, Seestraße 8, 86919 Utting, Tel: 08806/7621, www.steinlechnerbootswerft.de

Beherzter Sprung vom 10-m-Turm

Einkehr *Alte Villa*, Jazz-Live-Konzerte am Wochenende, Seestraße 32, 86919 Utting, Tel: 08806/3339350, www.alte-villa-utting.de Dienstag und Mittwoch Ruhetag. Lenas am See, Seestraße 10, 86919 Utting, Tel: 08806/9570 957, www.lenasamsee.de Donnerstag bis Sonntag, 11.30-22.30 Uhr, Montag bis Mittwoch geschlossen. Pavillon am See (im Campingplatz), Im Freizeitgelände 4, 86919 Utting, Tel: 08806/7461, https://pavillon-am-see.de, Dienstag Ruhetag.

Wandern **7** Vom Bahnhof Utting über die Bahnhofstraße und Achselschwanger Straße zur Keltenschanze und **nach Achselschwang**. Zurück über den Eckwiesenweg und Triebweg nach Utting. Gehzeit 2:13 Stunden, 10,6 km.

Erst Segen, dann segeln: Wallfahrtskirche St. Alban

Einkehr *Gaststätte Achselschwang*, Achselschwang 2, 86919 Utting, Tel.: 08806/605, www.gaststaette-achselschwang.de, Mittwoch Ruhetag.
Wandern 8 Vom Bahnhof Utting vorbei am **Künstlerhaus Gasteiger** durch das Naturschutzgebiet **Seeholz** und Seewiese zum Bahnhof Riederau. Gehzeit 56 Minuten, 4,6 km.

Rieden/Riederau/St. Alban
(Schiffsanlegestelle, Bahnstation, RVO-Bus 9650, 533 m ü. NHN)
Sehenswert Das 70 Hektar große „*Seeholz*" rechts und links der Bahnlinie bei Rieden zählt zu den wertvollsten Waldnaturschutzgebieten im bayerischen Voralpenland. Im Mischlaubwald haben uralte Eichen die Zeiten überdauert. Typisch sind zahlreiche kleine Wasserläufe, die auf große Kalktufflager in geringer Tiefe zurückzuführen sind. Der Wald bietet ein Refugium für seltene Pflanzen wie die Violette Stendelwurz und Tiere wie den Hirschkäfer sowie diverse Spechtarten. Informationstafeln erklären das Wichtigste.

Wie Rieden liegt die bis 1978 selbständige Gemeinde Riederau direkt an der alten Römerstraße. Zwischen Riederau und St. Alban grüßt **Bierdorf** mit prächtigen Bauernhöfen und einer alten Kapelle, ebenfalls direkt an der Römerstraße. In **St. Alban** lohnt die **Wallfahrtskirche** aus dem Jahr 1000 einen Besuch. Der Märtyrer St. Alban war lange Zeit ein beliebtes Wallfahrtsziel. Eine Figur des Heiligen steht in einer dem See zugewandten Nische, seinen abgeschlagenen Kopf hält er in Händen.
aktiv *Bootsverleih Ernst*, Segel – und Elektroboote, St. Alban 6, 86911 Dießen, Tel: 08807/5646, https://ernst-st-alban.de *Freizeitgelände Riederau* mit Seepavillon, Seeweg Süd 4 (neben dem Dampfersteg), 86911 Dießen, Tel: 0176/23522136,

www.strandbad-riederau.de **Strandbad St. Alban**, Seeweg Süd 90, 86911 Dießen, Tel: 08807/9496436, große Liegewiese mit altem Baumbestand, zwei große Badestege und ein Kiosk mit Biergarten.
Einkehr *Cafe-Restaurant Seehaus*, Seeweg Süd 22 (Anfahrt über Dießener Straße), 86911 Dießen, Tel: 08807/7300, www.seehaus.de Montag und Dienstag Ruhetag, unbedingt reservieren. *Der KramerHof*, Ringstraße 4, 86911 Dießen-Riederau, Tel: 08807/92406-0, www.der-kramerhof.com, Dienstag Ruhetag. *Seerestaurant St. Alban*, Seeweg-Süd 85, 86911 Dießen-St. Alban, Tel.: 08807/1503, www.seerestaurant-ammersee.de, Montag Ruhetag. *MilchAutomat*, Moosflecklweg 1, 86911 Dießen-Bierdorf.
Wegweiser Von Rieden, Riederau und St. Alban nach Dießen: An den Bahngleisen entlang nach Süden, vorbei an Bierdorf mit stattlichen Bauernhäusern. Seebad St. Alban mit Biergarten. Blick auf See und Alpen. Auf Birken bestandenem Weg zum Dießener Volksfestplatz und zur Seepromenade, 5 km.

Dießen
(Bahnstation, Schiffsanlegestelle, RVO-Bus 9650, 544 m ü. NHN)
Sehenswert Das malerische Fischerviertel, die Seepromenade, das historische Ortszentrum und das *Marienmünster* machen Dießen zu einem Gesamtkunstwerk. Der 12000 Einwohner zählende Markt ist gut zu Fuß zu erkunden: Nach den verwinkelten

Auf der historischen Postkarte sind das Marienmünster hoch über Dießen und auch die Wallfahrtskirche von St. Alban direkt am Ufer gut zu erkennen.

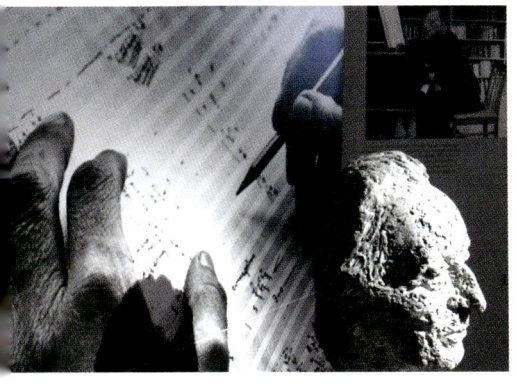

Ein weltberühmter Dießener: Carl Orff

Gassen der Fischerei geht es über die Mühlstraße, Herrenstraße und Hofmark hinauf zu Dießens Wahrzeichen. Die Kirche wurde von 1732 bis 1739 von dem Baumeister Johann Michael Fischer errichtet und war bis 1803 Mittelpunkt des ehemaligen Augustiner Chorherrenstifts. Sie zählt zu den Glanzstücken des barocken Kirchenbaus im Bayern des 18. Jahrhunderts und hat eine wunderbare Akustik. Regelmäßig finden Konzerte statt. Einen Besuch wert sind auch die Winterkirche St. Stephan mit ihrem Ziegelgewölbe gleich nebenan sowie der Taubenturm. Den Torturm des ehemaligen Ökonomiehofes des Stifts nutzt der Heimatverein für Ausstellungen, Samstag und Sonntag und an Feiertagen, 12-18 Uhr.

Vom Klosterhof sind es nur ein paar Schritte zum **Keramik-Museum** der Familie Lösche. Sie steht für ein typisches Dießener Kunsthandwerk. Lösche Keramik, Am Kirchsteig 19, 86911 Dießen, Montag bis Donnerstag 9-17 Uhr, Freitag und Samstag nach Vereinbarung. Tel: 08807/1877, www.loesche-keramik.de. Das **Carl Orff Museum** ist von der Hofmark in das Wohnhaus des Komponisten im Dießener Ortsteil St. Georgen umgezogen und wird derzeit umgebaut. Unter anderem sind dort sein Schreibtisch und der Flügel zu sehen, auf dem er die „Carmina burana" komponiert hat. Inzwischen erinnern Text- und Bildtafeln an den berühmten Komponisten. Führungen sind für Gruppen nach Absprache und Möglichkeit buchbar. Carl Orff-Museum, Ziegelstadel 1, 86911 Dießen, Tel: 08807/9474321, www.orff.de In der Herrenstraße steht die **Zinngießerei Babette Schweizer** für eine weitere Dießener Tradition. Beliebt ist ihr Zinn-Café mit hausgemachten Kuchen. Herrenstraße 17, 86911 Dießen, Tel: 08807/350, www.schweizerzinn.de, Montag bis Freitag 10-18 Uhr, Samstag 10-13 Uhr, Mittwoch Ruhetag. Einem Schmied bei der Arbeit zuschauen kann man in der **Kunst- und Goldschmiede Spensberger**. Man sollte aber vorher anrufen, ob es passt. Walter und Magdalena Spensberger, Schützenstraße 11 (zweigt von der Herrenstraße ab), 86911 Dießen, Tel: 08807/7275, www.spensberger.de.

Nur noch **zwei Bulldogen aus Metall erinnern an Th. Th. Heine**, Karikaturist und Mitbegründer der Satirezeitschrift Simplicissimus. Heine hat von 1917 bis 1933 mit Frau und Tochter in Dießen gelebt. Dann musste er auf der Flucht vor den Nazis untertauchen. Haus und Atelier wurden später abgebrochen. Die zähnefletschenden Hunde, Markenzeichen des Simplicissimus, wachen im Park der Seniorenresidenz Augustinum (ggf. an der Rezeption nach dem Standort fragen).

Fritz Winter (1905 bis 1976) war Schüler von Paul Klee, Wassily Kandinsky und Oskar Schlemmer am Bauhaus in Dessau. Mit seinen Werken zählt er zu den Wegbereitern der Modernen Kunst. **Galerie und Atelier Fritz Winter**, Forstanger 15 a, 86911 Dießen, Tel: 015120333220, www.fritz-winter-atelier.de.

Im Süden des Marktes liegt eine weitere Dießener Attraktion, der **Schacky-Park**. Aus dem Traum des Freiherrn von Schacky, ein Gartenkunstwerk zu verwirklichen, ist um 1900 der Landschaftspark mit Brunnen und Dekorationen entstanden. Nach dessen Tod geriet die Idylle in Vergessenheit und verwilderte. Engagierte Bürger bemühen sich seit Jahren, um das Kleinod am Ortstrand wieder in den ursprünglichen Zustand zu versetzen. Der Schacky-Park liegt im Süden Dießens an der Weilheimer Straße und Vogelherdstraße 5 (Navi), 86911 Dießen. Vom Bahnhof und Dampfersteg ist der Weg (1,5 km) ausgeschildert. Der private Park ist im Sommer von 8 bis 20 Uhr geöffnet, im Winter von 10-17 Uhr. Führungen finden jewells am zweiten Samstag des Monats von Mai bis Oktober um 15 Uhr statt, im Winter von November bis April um 14 Uhr. Treffpunkt ist am Südeingang in der Vogelherdstraße, 50 m unterhalb des SOS-Kinderdorfes Ammersee. Zu empfehlen ist festes Schuhwerk. Besuche außerhalb der Öffnungszeiten und gesonderte Führungen (auch englischsprachig) unter Tel: 08807/6439 oder per Mail an info@schacky-park.de, www.schacky-park.de. Teehaus, Entenhaus und Monopteros sind für kleine private Feiern zu mieten. Standesgemäß nähert man sich dem Schacky-Park in einer Kutsche. Klement Noll unternimmt Kutschfahrten mit Picknick, buchbar über den Förderkreis. Dem Förderkreis Schacky-Park wurde für solche Vergnügungen eine Viktori-Kutsche, Modell Mylord, geschenkt.

Der Monopteros: eins von vielen Baudenkmälern im Schacky-Park

aktiv Zur Freizeitgestaltung empfiehlt sich die **Ammersee-Segelschule u. Motorbootschule Stefan Marx**, Segelkurs – Praxis u. Theorie bis zur Prüfung. Wochenkurse, Wochenendkurse, Kinderkurse, Bootsverleih, Unterkunft vorhanden. Seestraße 28, 86911 Dießen, Tel: 08807/8415, Fax: 08807/6782, www.ammersee-segelschule.de. **Boote verleiht auch Andreas Noll**, Seepromenade, 86911 Dießen,Tel: 08807/7167;

Fischerei und Bootsverleih Paul Gastl, Seepromenade, 86911 Dießen, Tel: 0170/6629963. *Minigolf Dießen*, Pächter Erich Beausencourt, Jahnstraße, 86911 Dießen, Tel: 0173/9575039, www.minigolf-diessen.de. *Walderlebnis-Pfad Burgwald* Lehrpfad, im Ortsteil St. Georgen, 2,5 km, 14 Stationen, 1,5 Stunden, Kontakt: Amt für Landwirtschaft und Forsten, Dachauerstraße 50, 82256 Fürstenfeldbruck, Tel.: 08141/66659-0, www.ammersee-region.de. *Naturbeobachtungsturm* Dießen, hinter dem großen Parkplatz am Sportplatz, seltene Vogelarten und Wasservögel im Mündungsgebiet der Ammer.

Einkehr *Gasthof Unterbräu*, Mühlstraße 36, 86911 Dießen,Tel: 08807/8437, www.unterbraeu-diessen.de, Freitag bis Dienstag, 10 – 22 Uhr, Mittwoch und Donnerstag Ruhetag außer an Feiertagen. *Hotel Restaurant Seefelder Hof*, Alexander-Koester-Weg 6, 86911 Dießen,Tel: 08807/1022, www.seefelder-hof.de, Freitag, Samstag, Sonntag und

Dießens lange Fischereitradition findet sich auch auf den Speisekarten der Restaurants wieder.

Montag von 18 bis 21 Uhr, sonntags auch von 12 bis 14 Uhr. *Michi²*, Mühlstraße 18, 86911 Dießen, Tel: 08807/2065460, www.michihochzwei.de. *Restaurant-Cafe Seehaus*, Seeweg Süd, 86911 Dießen, Tel: 08807/7300, www.seehaus.de, Montag und Dienstag Ruhetag. *Restaurant essen'sArt*, Mühlstraße 41, 86911 Dießen, Tel: 08807/2140471, www.essensart-diessen.com. *Schatzbergalm*, Ziegelstadel 11, 86911 Dießen, Tel: 08807/6780, www.schatzbergalm.de, Montag und Dienstag Ruhetag. *Strandhotel Dießen*, Jahnstraße 10 (schöner Garten), 86911 Dießen, Tel: 08807/9222-0, www.strandhotel-suedsee.com *Wirtshaus am Kirchsteig*, Am Kirchsteig 30, 86911 Dießen, Tel: 08807/7286, www.wirtshaus-am-kirchsteig.de Montag, Dienstag und Mittwoch Ruhetag. Fangfrischer Ammersee-Fisch in der *Fischerei Simon Rauch* (urig), Mühlstraße 40, 86911 Dießen, Tel: 08807/7940, www.fischerei-rauch.de. *Markthalle Dießen*, direkt am Bahnhofsplatz, Windermerestraße 2, 86911 Dießen, geöffnet samstags von 8 bis 13 Uhr, frische Lebensmittel, teilweise bio direkt vom Erzeuger.

Wandern [9] Vom Bahnhof Dießen über Mühl-, Herrenstraße und Hofmark zum Marienmünster, weiter zur Gastwirtschaft „**Schatzbergalm**" (siehe oben) und über den Schacky-Park zurück zum Ausgangspunkt. Gehzeit 1:42 Stunden, 8,5 km. [10] Vom Bahnhof Dießen am Seeufer entlang zum Aussichtsturm auf das **Vogelschutzgebiet** und zurück. 22 Minuten, 1,8 km.

Wegweiser Von Dießen über Raisting nach Vorderfischen: Landschaftlich reizvolle Strecke durch das Schwemmgebiet der Ammer, zunächst nach Raisting. Eventuell Abstecher zur Erdfunkstelle. Panoramablick auf die Herrschinger Bucht und Kloster Andechs. Auf ausgeschilderten, geteerten Wegen durch ein bedeutendes Vogel- und Naturschutzgebiet zur Ammer. Beeindruckender Rundblick. Über die Ammerbrücke nach Vorderfischen. 9 km.

Raisting
(Bahnstation, RVO-Bus 9650, 553 m ü. NHN)

Sehenswert Weithin sichtbar sind im Süden von Raisting die futuristischen Antennen der *Erdfunkstelle* ins All gerichtet. Führungen organisiert von April bis Oktober Hermann Martin unter: Tel: 08807/946926, oder: fuehrung@erdfunkstelle-radom.de. Es handelt sich um Außenführungen, die nur bei schönem Wetter stattfinden. Das Innere des Radoms ist nur am Tag des offenen Denkmals im Herbst zu besichtigen. www.erdfunkstelle-radom.de. Der Erdfunkstelle-Wanderweg führt in einer fünf Kilometer langen Schleife von Raisting durch die Antennen und wieder zurück. Im Zentrum der Sendeanlage hat der „Förderverein Industriedenkmal Radom Raisting" drei Schautafeln aufgestellt. Sie beschreiben die Entwicklung der globalen Kommunikation vom Morsen und den Seekabeln des 19. Jahrhunderts bis zur heutigen Datenübermittlung in der ganzen Welt. Gleich neben diesen Tafeln sieht man auf einer Wiese zwei Akustik-Spiegel. Sie haben einen Durchmesser von 1,80 Metern und stehen sich in einer Entfernung von 37 Metern gegenüber. Spricht jemand leise in die eine Schale hinein, hört es derjenige, der an der anderen steht. Spielerisch lassen sich so Schallwellen beziehungsweise Richtfunk erfahren. Die großen Antennen, die hier um einen herumstehen, funktionieren genauso.

High-Tech im Bayern-Idyll: die Antennen der Erdfunkstelle Raisting

Ruhige bayerische Kulturlandschaft mit Blick auf den Ammersee

Pfarrkirche St. Remigius mit Rokoko-Ausstattung, entstanden in den Jahren 1692 bis 1696.

Raisting hat einen Haltepunkt an der eingleisigen Ammersee-Bahn (Kursbuchnummer 985) von Augsburg nach Schongau und wird im Stundentakt bedient.

Einkehr *Gasthof zur Post*, Floßmannstraße 9, 82399 Raisting, Tel: 08807/9224-0, Fax: 08807/922412, www.post-raisting.de, Montag u. Dienstag Ruhetag. *Hofbiergarten Stillern*, Stillern 1, 82399 Raisting, Tel: 08809/862, www.hofbiergarten-stillern.de, Donnerstag 17 bis 22 Uhr, Freitag 15 bis 22 Uhr, Samstag, Sonn- und Feiertage 11-22 Uhr.

Wandern 11 Vom Bahnhof Raisting führt der „**Storchenweg**" in den Ortsteil Sölb bis kurz vor die Filialkirche St. Margareta. Dort in nordöstlicher Richtung bergab und durch das Gewerbegebiet aus dem Ort hinaus. In einem Bogen durch Wiesen und Felder wieder nach Raisting zurück. Wer leise unterwegs ist, kann im Frühling und Frühsommer Störche beobachten, die in der Umgebung nisten und nach Futter suchen (www.outdooractive.com). 1 Stunde, 4,1 km. 12 Vom Bahnhof zur **Erdfunkstelle** und zurück. Gehzeit 40 Minuten, 3,2 km. 13 Vom Bahnhof über die Lichtenaustraße nach **Stillern** und zurück über den Stillernweg. Gehzeit 1:50 Stunden, 9,4 km. 14 Vom Bahnhof durch die **Vogelfreistätte Ammersee-Südufer** nach Vorderfischen. Gehzeit 1:06 Stunden, 5,5 km.

Fischen/Pähl

(RVO-Bus 9650, 9653, 547m. 591 m ü. NHN)

Sehenswert Kaum zu glauben, aber in dem kleinen Ort Fischen lädt ein **Kupfermuseum** zum Besuch. Mehr als 45 Jahre lang sammelte der Kunsthändler und ehemalige

Viele Wasservögel schätzen die Ruhe südlich des Ammersees.

bestellte und vereidigte Sachverständige für Unedle Metalle der IHK München, Siegfried Kuhnke, Kunstgegenstände aus Kupfer. Ausgestellt sind sie in einem denkmalgeschützten, restaurierten Gutshof, darunter Kunstwerke der Kupferschmiede aus Europa und Asien, insgesamt mehr als 1000 Arbeiten. So etwa Stücke aus der Schlossküche von Possenhofen, darunter Sisis „Breitöpfchen" und ein Bierkrug mit dem Monogramm des Märchenkönigs. Stiftung Kupfermuseum Kuhnke, Herrschinger Straße 1, 82396 Pähl-Fischen, Tel.: 08808/921721, www.kupfermuseumfischen.de, Mittwoch bis Samstag 10 – 16 Uhr, Sonn- und Feiertag geschlossen.

Von europäischer Bedeutung ist das **Natur- und Vogelschutzgebiet** am Südufer des Ammersees. Kontakt: Gebietsbetreuer Christian Niederbichler und Jana Jokisch, Gebietsbetreuung Ramsargebiet Ammersee, c/o LBV STA, Landsberger Straße 57, 82266 Inning, Tel: 08143/8807, E-Mail: christian.niederbichler@lbv.de, jana.jokisch@lbv.de; www.gebietsbetreuer.bayern/125-gebiet/oberbayern/21-ramsargebiet-ammersee, Träger: Landesbund für Vogelschutz e.V. (www.lbv.de) Förderer: Bayerischer Naturschutzfonds, Bezirk Oberbayern, Landkreise LL, FFB, STA und WM.

Hoch über Pähl thront das gleichnamige **Hochschloss** (privat, keine Besichtigung möglich). Es entstand neu von 1883 bis 1885. Der Edelsitz gehörte früher dem Kloster Andechs. Das **Untere Schloss** (privat) mit einer offenen Hofmark gehörte den Grafen von Vieregg. In Pähl steht die liebevoll renovierte, über 400 Jahre alte **Hofmarkmühle**, deren Mühlenbetrieb erst im 20. Jahrhundert eingestellt wurde. In diesem Gebäude befinden sich ein Restaurant (Müllers Lust) und ein Antiquitätengeschäft. **St. Pankratius** auf einer Anhöhe in Mitterfischen bietet einen guten Blick über das Delta der Ammer, die Schwedeninsel und Dießen.

aktiv Eselwanderungen und Kinderprogramme bietet die **Asinella Eselfarm**, Anahid Klotz, Am Gasteig 4 (Büro) 82396 Pähl, Tel: 08808/924280, www.asinella.com. König-Ludwig-Fans können mit einer Postkutsche der Fuhr- und Posthalterei **Coaching in Bavaria** in Kerschlach wie weiland der Märchenkönig auf beschaulichen Nebenstraßen zu seinen Schlössern Neuschwanstein und Hohenschwangau rollen. Andreas Nemitz, Kerschlach 6, 82396 Pähl, Tel.: 08808/386, https://coaching-in-bavaria.com.

Einkehr **Alte Post zu Pähl**, Ammerseestraße 3, 82396 Pähl, Tel: 08808/9246161, www.altepost-paehl.de **Müllers Lust**, Kirchstraße 1, 82396 Pähl, Tel: 08808/1596, https://muellers-lust.de. Mittwoch bis Samstag 17-23 Uhr, Sonntag 17 - 22 Uhr. **Tagesbar Gut**

Kerschlach, Gut Kerschlach 1, 82396 Pähl, Tel.: 08808/9247909, www.gut-kerschlach.com, Mittwoch, Donnerstag und Sonntag 10-18 Uhr, Freitag und Samstag 10-19 Uhr, Montag und Dienstag Ruhetag. ***Restaurant „Pfaffenwinkel"*** auf dem Gelände des Golfclubs, Am Hochschloss, 82396 Pähl, Tel: 08808/9242875, https://restaurant-pfaffenwinkel.de, täglich von 10-22 Uhr geöffnet.

Wandern **15** Vom Parkplatz am Rathaus in die **Pähler Schlucht**, die unterhalb vom Hochschloss und der Hirschbergalm verläuft. Das Geotop im Nagelfluhgestein steht unter Naturschutz. Attraktion ist ein Wasserfall. Zurück und über den landschaftlich sehr reizvollen Golfplatz Hohenpähl am Hochschloss (privat) vorbei. Gehzeit 1 Stunde, 3,8 km. Abstecher zum Hofgut Kerschlach auf einer alten Kastanienallee durch den Golfplatz und zurück über den Hochlossweiher nach Pähl. Zusätzliche Gehzeit hin und zurück: 1:50 Stunden, 8,6 km. **16** Vom Parkplatz in Pähl vorbei am Hochschlossweiher durch den Wald zur **Hartkapelle**. Dann lichtet sich der Wald und es bietet sich ein herrlicher Blick auf das Ammersee-Westufer. Weiter bis zum Kloster Andechs. Gehzeit 1:50 Stunden, 8,4 km.

Wegweiser Von Vorderfischen nach Herrsching: Größtenteils Radweg entlang der Hauptstraße. In Herrsching Gaststätten und Cafés an der Seepromenade, Minigolf, S-Bahn-Station (S 8).

Ob man zu Fuß oder mit dem Radl unterwegs ist – die Einkehr in einem soliden Gasthaus zählt zu den Höhepunkten jeder Tour!

Aidenried

(RVO-Bus 9650, 9653. 546 m ü. NHN)

Sehenswert *Kapelle Maria Schnee* aus dem Jahr 1877, Karwendelstraße 17, 82396 Pähl. Die auf einem Hügel liegende Kapelle mit schönem Blick über den Ammersee gehört den fünf Bauernfamilien von Fischen. Sie halten an der Tradition fest, das Kirchlein so gut wie möglich zu pflegen. Einmal im Jahr findet die Ammerseerenade, ein Klassik- und Art-Festival, nach der Maiandacht an der Kapelle statt. Altartisch und Bänke sollen aus der Kirche des verschwundenen Weilers Ramsee stammen.

Einkehr *Feinkost Luciana*, Biergarten, Seestraße 41a, 82346 Andechs. Gemütlicher Biergarten mit schönem Blick auf den Ammersee und Dießen, malerische Sonnenuntergänge. *Froschgartl am Hirschgraben* im Erholungsgebiet Wartaweil, Wartaweil 82, 82346 Andechs, Tel: 01525/9654173. In der Saison täglich von 10- 21 Uhr geöffnet.

Wartaweil

(RVO-Bus 9653, 540 m ü. NHN)

Sehenswert *Bildungszentrum des Bund Naturschutz*. Besonders Kinder und Jugendliche kommen hier gleichsam spielerisch mit dem Naturschutzgedanken in Kontakt. Am südlichen Rand des Areals steht etwas versteckt die *„weiße Säule"*. Sie dien-

Bootsromantik an der Südostspitze des Ammersees bei Aidenried

te in früheren Zeiten den Dießener Fischern als Peilhilfe und Anlegestelle, wenn sie Andechs-Pilger herüber ruderten. Hinter dem Höhenberg steht nahe einer Kreuzung der Ramseestraße mit der Schwellbrückenstraße das **Ramsee-Denkma**l. Es erinnert an das gleichnamige Dorf, das von 1860 bis 1864 aufgelassen wurde.

Mühlfeld
(545 m ü. NHN)

Sehenswert Das Schloss auf der ehemaligen **Hofmark Mühlfeld** diente bis zur Säkularisation im Jahr 1803 den Klosterschwestern und -brüdern aus Andechs und Wessobrunn als Sommersitz. Die alte **Sägemühle** mit Wohnhaus (privat) stammt aus dem 17. und 18. Jahrhundert.

Historische Peilhilfe: die „weiße Säule"

Historisches Juwel am Herrschinger Ortseingang: Schloss Mühlfeld!

Weitere touristische Angebote

Tourist Information Verkehrsbüro Herrsching: Bahnhofplatz 3, 82211 Herrsching, Tel: 08151/906040; www.starnbergammersee.de, Öffnungszeiten: Mai bis einschließlich Oktober, Montag – Freitag, 9.30-13 Uhr, 14-18 Uhr. Mai bis 2. Oktober, Samstag 10-13 Uhr. November bis April: Dienstag bis Freitag, 10-13 Uhr. Außerhalb der Geschäftszeiten gibt ein Info-Terminal Auskunft über aktuell „Freie Zimmer", Veranstaltungen und vieles mehr.

Fremdenverkehrsbüro Schondorf: Bahnhofstraße 44, 86938 Schondorf, Tel: 08192/8899, Tanja Trumm, www.schondorf-tourismus.de, Öffnungszeiten: Mitte Mai bis Mitte September, Montag, Dienstag, Donnerstag, Freitag, 10-12 Uhr, Mittwoch geschlossen. Mitte September bis Mitte Mai, Dienstag und Donnerstag, 10-12 Uhr.

Verkehrsamt Utting: Eduard-Thöny-Straße 1, Tel: 08806/920213. www.utting.de Öffnungszeiten: Montag bis Freitag, 8-12 Uhr, Dienstag, 14-16 Uhr, Donnerstag, 14-18 Uhr. (Bei Bedarf am Nachmittag klingeln.)

Tourist Information Dießen: Bahnhofstraße 15, 86911 Dießen, Tel: 08807/906010, www.starnbergammersee.de, Öffnungszeiten: Mai bis Oktober, Montag bis Freitag 9.30-13 Uhr, Oktober bis April, Dienstag bis Freitag 10-12.30 Uhr, 14-16 Uhr.

Fremdenverkehrsamt Andechs: Rathaus Andechs, Andechser Straße 16, Tel: 08152/93250, Fax: 08152/932523, www.gemeinde-andechs.de, Öffnungszeiten: Montag bis Freitag 8-12 Uhr, und Montag zusätzlich 15-18 Uhr.

Tourismusverband Ammersee-Lech, Schulgasse 2901/2, 86899 Landsberg a. Lech, Tel: 08191/9700377, www.tourismus-landsberg-ammersee-lech.de.

Wanderungen am Ammersee

1 Herrsching – Kloster Andechs **2** Herrsching – Widdersberg **3** Breitbrunn – Jaudesberg **4** Stegen – Steinebach – Wörthsee **5** Schondorf – Stegen **6** Ammersee-Höhenweg West **7** Utting – Achselschwang **8** Utting – Seeholz – Riederau **9** Dießen – Schatzbergalm **10** Dießen – Aussichtsturm **11** Raisting – „Storchenweg" – Sölb **12** Dießen – Erdfunkstelle **13** Dießen – Stillern **14** Dießen – Vorderfischen **15** Pähler Schlucht **16** Pähl – Hartkapelle

Entspannte Stimmung gibt's überall am Ammersee.

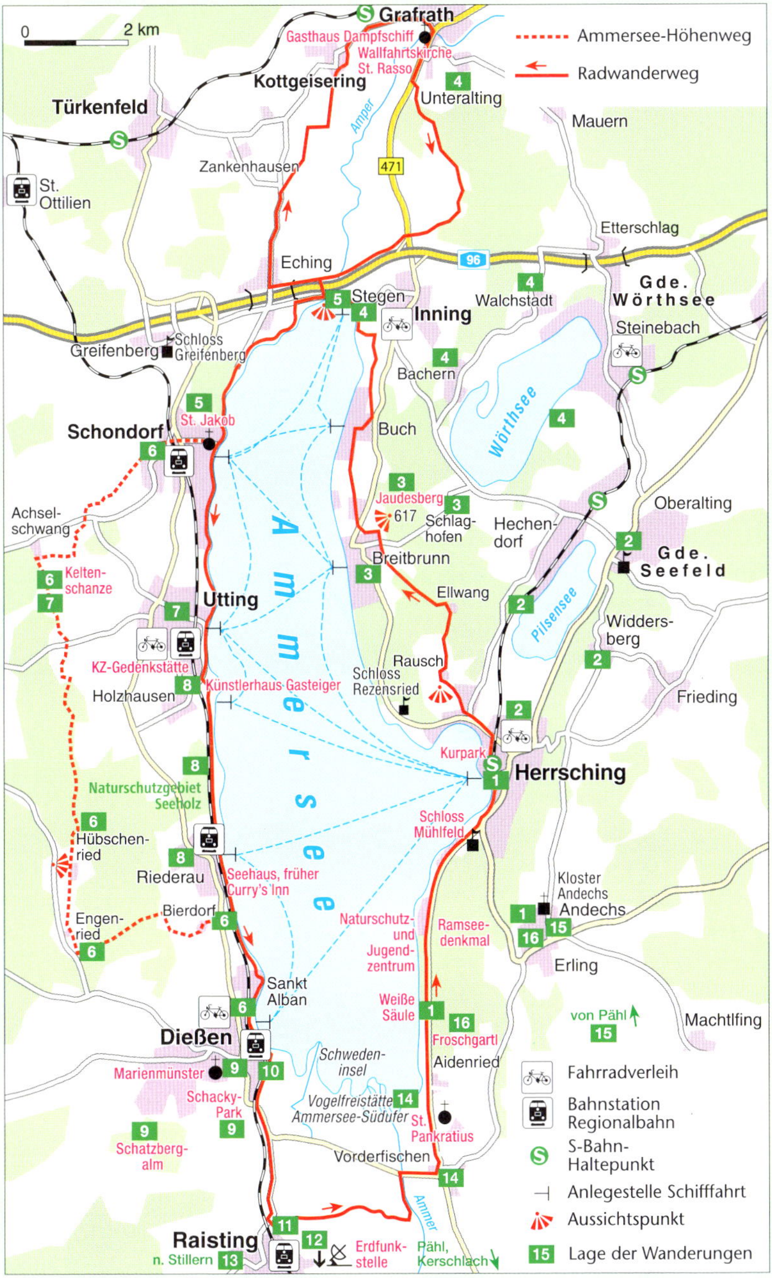

0
2 km
Grafrath
Gasthaus Dampfschiff
Wallfahrtskirche St. Rasso
Kottgeisering
Unteralting
Türkenfeld
Mauern
Zankenhausen
Amper
471
St. Ottilien
Etterschlag
Eching
96
Stegen
Walchstadt
Gde. Wörthsee
Inning
Steinebach
Schloss Greifenberg
Greifenberg
Bachern
Schondorf
St. Jakob
Buch
Wörthsee
Jaudesberg
617
Schlag-hofen
Hechen-dorf
Oberalting
Achsel-schwang
Breitbrunn
Gde. Seefeld
Kelten-schanze
Ellwang
Utting
Ammersee
Pilsensee
Widders-berg
Rausch
Schloss Rezensried
KZ-Gedenkstätte
Künstlerhaus Gasteiger
Holzhausen
Frieding
Kurpark
Herrsching
Naturschutzgebiet Seeholz
Hübschen-ried
Schloss Mühlfeld
Riederau
Seehaus, früher Curry's Inn
Kloster Andechs
Andechs
Bierdorf
Engen-ried
Naturschutz- und Jugend-zentrum
Ramsee-denkmal
Erling
Sankt Alban
Weiße Säule
von Pähl
Machtlfing
Dießen
Froschgartl
Schweden-insel
Aidenried
Marienmünster
Schacky-Park
Vogelfreistätte Ammersee-Südufer
St. Pankratius
Schatzberg-alm
Vorderfischen
Ammer
Raisting
n. Stillern
Erdfunk-stelle
Pähl, Kerschlach
Ammersee-Höhenweg
Radwanderweg
Fahrradverleih
Bahnstation Regionalbahn
S-Bahn-Haltepunkt
Anlegestelle Schifffahrt
Aussichtspunkt
Lage der Wanderungen

Sonne, Wasser, E-Boot und Segeln – Der Starnberger See bietet fü

DER STARNBERGER SEE

Der Starnberger See zählt zu den schönsten Seen des Voralpenlandes. Es umgeben ihn sanfte Hügel, die Berge sind weit genug entfernt. Im Sommer gilt er als „Badewanne der Münchner". Wer das nötige Kleingeld hat, bleibt für immer da, weil es so schön ist. Der See ist 20,2 Kilometer lang, 4,7 Kilometer breit und bis zu 127,8 Meter tief. Das Seebecken in seiner heutigen Form hat der Isar-Loisach-Gletscher in der Würmeiszeit ausgeschürft. Der nördliche Teil des Beckens verlandete und bildet heute das Leutstettener Moos. Wegen seiner Größe kühlt der See nur langsam ab, erwärmt sich aber auch nicht so schnell. Der See hat keinen großen Zufluss. Er speist sich aus unterirdischen Quellen und Bächen. Abfluss ist am Nordende die Würm. Bis zum Jahr 1961 hieß der Starnberger See Würmsee. Dank einer Ringkanalisation ist das Wasser des Sees sauber und klar. Seit Urzeiten wird bis heute Angeln und Fischen betrieben. Hauptarten sind Renke, Seeforelle und Seesaibling, ferner Brachsen, Karpfen und Hechte. Der Umgriff des Starnberger Sees steht unter Landschaftsschutz, der See ist Vogelschutzgebiet. Große Naherholungsgebiete mit Liegewiesen, Badestegen, Grillplätzen, Volleyballplatz und Parkplätzen sind zwischen Niederpöcking und Possenhofen am Westufer (Paradies) zu finden. Am Ostufer in Kempfenhausen, Ambach und St. Heinrich. Freibäder gibt es in Starnberg, Feldafing, Garatshausen, Bernried und Seeshaupt. Zum Wassersport laden eine Reihe von Surf- und Segelschulen sowie Boots- und SUP-Verleihe ein.

Anreise mit der Bahn Von München aus erreicht man den Starnberger See mit der S-Bahn (S 6 Tutzing), oder der Werdenfelsbahn bzw. Kochelseebahn. Haltestellen sind Starnberg, Tutzing, Bernried und Seeshaupt.
Anreise mit dem Auto über die Garmischer Autobahn A 95 mit Zubringer nach Starnberg.
Route in Kurzform Am besten erkundet man die Ufer des Starnberger Sees mit dem Fahrrad. Wir umrunden den See gegen den Uhrzeigersinn. Damit fahren wir vormittags am Westufer und nachmittags am Ostufer in der Sonne. Ausgangs- und Endpunkt ist der S-Bahnhof an der Seepromenade in Starnberg, an dem es auch Parkplätze gibt.
Orte am See sind Starnberg, Possenhofen, Garatshausen, Tutzing, Bernried, Seeshaupt, St. Heinrich, Ambach, Ammerland, Allmannshausen, Leoni, Berg, Kempfenhausen und Percha.
Streckenlänge um den See 51 Kilometer meist auf Teerstraßen und Schotterwegen mit einer größeren Steigung zwischen Tutzing und Bernried (70 km).

Fahrzeit Die reine Fahrzeit mit dem Fahrrad beträgt bei mäßigem Tempo etwa 4 Stunden. Leider besteht kein durchgehender Radweg. In den Naherholungsgebieten und auf Promenaden müssen Fußgänger und Radler miteinander auskommen. Gegenseitige Rücksichtnahme versteht sich von selbst.
Schwierigkeit Es ist eine mittelschwere Tour für Familien mit Kindern ab 8 Jahren, die Kondition erfordert. Wer fit ist, kann auch herumwandern. Für die 58 Kilometer braucht man gut zehn Stunden. Oder man teilt sich die Tour in Etappen ein und fährt ein Stück mit dem Schiff. Anlegestellen sind Starnberg, Possenhofen, Tutzing, Bernried, Seeshaupt, Ambach, Leoni und Berg. (www.seenschifffahrt.de/de/Starnbergersee/fahrplan/Fahrplan). Die Große Rundfahrt dauert drei Stunden und 40 Minuten.
Hauptsehenswürdigkeiten am Westufer sind die Roseninsel mit dem Casino, das Kaiserin Elisabeth-Museum in Possenhofen und das Buchheim-Museum in Bernried. Am Ostufer der Schlosspark von Berg, die Votivkapelle und das Kreuz im See nahe der Stelle, an der König Ludwig II. zu Tode kam.

Starnberg

(Buslinien, Bahnstation, Schiffsanlegestelle. 588 m über Normalhöhennull, NHN)
Sehenswert Nur eine gute halbe Stunde braucht die S-Bahn vom Zentrum Münchens an den Starnberger See. Sie kommt direkt an der *Uferpromenade* an. Womit wir auch schon vor der Hauptattraktion Starnbergs stehen. Gerade noch das Getriebe der Großstadt, jetzt Natur pur. Der See liegt da in seiner ganzen Länge, flankiert von grünen Hängen, begrenzt von der Alpenkette im Süden. Der Stadtmensch atmet sofort tief durch und fühlt sich in Freizeitstimmung versetzt. Vom Seerestaurant Undosa klingt Musik herüber, die sich mischt mit dem Stimmengewirr der Flaneure und dem Tuten der Ausflugsdampfer.

aktiv Eine *Rundfahrt* versteht sich von selbst. Rundfahrten auf dem Starnberger See von Anfang April bis Mitte Oktober, Dampfersteg, Tel: 08151/8061, www.schifffahrt.de/starnberger-see; die Große Rundfahrt führt zu allen Orten am See und dauert mehr als drei Stunden. Ein Geheimtipp sind die Erlebnisfahrten, besonders die Brunchfahrt. Karten gibt es auf den Schiffen. Vor ihren Bootshäusern bieten die Fischer geräucherte Renken oder eine *Bootspartie* an.

Südlich anmutendes Urlaubsfeeling gibt's im Seerestaurant Undosa.

(Bootsverleih zwischen Dampfersteg und Undosa.) Der Undosa-Garten und die Terrasse des Strandcafés laden zum Verweilen und Schauen ein.

Sehenswert Nur ein paar Minuten entfernt, bietet sich das **Museum Starnberger See** für einen Besuch an. Es erzählt vom harten Brot der Fischer am See und den prachtvollen Seefesten des Münchner Hofes. Museum Starnberger See, Possenhofener Straße 5, 82319 Starnberg, Tel: 08151/447757-0, www.museum-starnberger-see.de, Öffnungszeiten: Mittwoch bis Freitag, 14-18 Uhr, Samstag, Sonn- und Feiertage, 11-18 Uhr, Montag u. Dienstag geschlossen. Ein gewaltiger Löwe, die Heckfigur des einstigen Dampfers „Bavaria", bewacht das südliche Ende der Promenade. Über den Unteren Seeweg erreicht man nach 500 Metern eine beliebte Bade- und Liegewiese, das **Steininger-Grundstück**. In die nördliche Richtung bietet ein filigraner Pavillon den Endpunkt der Seepromenade. Nach dem Hafen der Seenschifffahrt und dem vornehmen Bayerischen Yachtclub erreichen wir den **Bürgerpark**. Dort vermittelt ein Planetenweg das Gefühl für die Größenverhältnisse in unserem Sonnensystem. Es folgt das moderne **Hallen- und Freibad** mit dem Restaurant Standhouse. Dessen Sonnenterrasse gilt bei den Starnbergern wegen der Sicht auf den See und exotischen Snacks als Geheimtipp. Seebad Starnberg, Strandbadstraße 17, 82319 Starnberg, Tel.: 08151/12666, www.seebad-starnberg.de, Öffnungszeiten: Montag bis Freitag, 13-21 Uhr. Samstag, Sonn- und Feiertage: 9-21 Uhr. Drei Schwimmbecken, 45-Meter-Rutsche und Kinderspielbereich, drei Saunahütten mit direktem Zugang zum See, Strandbad mit großer Liegewiese und beheiztem Kinderbecken direkt am See.

Einkehr **Strandhouse Starnberg**, Strandbadstraße 17, 82319 Starnberg, Tel.: 08151/6662821, https://strandhouse-starnberg.de, Öffnungszeiten: täglich ab 11.30 Uhr.

Sehenswert Der im fernöstlichen Stil gehaltene Gebäudekomplex nahe dem Schwimmbad beherbergt das **Landratsamt Starnberg**. 1989 bekam es den renommierten Deutschen Architekturpreis. Wer bis zu den Wiesen am Ausfluss der Würm weitergeht, erreicht die **Nepomuk-Zugbrücke**. Auf ein Hup-Signal hin öffnet und schließt sich der Fußgängerübergang, um eine Segeljacht durchzulassen. Dahinter erstreckt sich die **Wassersportsiedlung**, Starnbergs „Little Venedig". Nahe dem Museum Starnberger See liegt das historische **Achheimviertel**, der Ursprung Starnbergs.

Auf der Anhöhe über der Stadt erstreckt sich der barocke **Schlosspark** aus dem 16. Jahrhundert mit herrlichem Blick auf Stadt, See und Berge. Frappierend, dass an diesem idyllischen Platz nichts mehr vom Getriebe der Kreisstadt zu hören ist. Dafür wird im benachbarten **Schloss**, das im Hochmittelalter auf einer Burg (um 1244) entstand, um so emsiger gearbeitet. Es ist Sitz des Finanzamts. Sehenswert sind die hohe Brücke und der Innenhof. Im Süden

Schlosspark mit Kirche St. Josef

Starnberger See

begrenzt die alte **Pfarrkirche St. Josef** im Stil des Rokokos (geweiht 1770) mit einem prächtigen Hochaltar von Ignaz Günther den Schlosspark. Die Schlossbergstraße führt hinunter zum Tutzinger Hof-Platz. Hier gibt sich das einstige Fischerdorf städtisch. Der Bahnhof am See im Maximiliansstil stammt von 1855 und beherbergt einen „Königssalon" mit Holzvertäfelung, in dem früher die hohen Herrschaften auf ihre Weiterfahrt gewartet haben, unbelästigt von Gaffern.

Einkehr *H'ugo's Beach Club Undosa*, Seepromenade 1, 82319 Starnberg, Tel: 08151/998930, www.hugos-beachclub.de, täglich ab 11 Uhr-22.30 Uhr. *Strandcafé Starnberg*, Seepromenade 4, 82319 Starnberg, Tel: 08151/746886, www.strandcafe-starnberg.de, kein Ruhetag, durchgehend warme Küche. *Wirtshaus Starnberg im Tutzinger Hof*, Tutzinger-Hof-Platz 7, 82319 Starnberg, Tel: 08151/9718875, www.wirtshaus-starnberg.de, täglich von 11 bis 23 Uhr. *Café Stellwerk* (auf dem Bahnhofsgelände), Bahnhofplatz 7A, 82319 Starnberg, Tel: 01709036800, täglich 10-19 Uhr.

Wandern **1** Von Starnberg (S-Bahnhof) durch die **Maisinger Schlucht** nach Maising (See) und über Aschering, Rothenfels nach Andechs und Herrsching (S-Bahnhof). Gehzeit 5:30 Stunden, 20 km. Rundweg von Starnberg nach Maising und zurück, Gehzeit 3 Stunden, 8,8 km (www.sta5.de/reisefuehrer.html)

Einkehr *Gasthaus Georg Ludwig*, Ortsstraße 16, 82343 Pöcking-Maising, Tel: 08151/3445, www.gasthaus-georg-ludwig.de, Donnerstag bis Montag, 11-23 Uhr, Dienstag und Mittwoch Ruhetag. *Maisinger Seehof*, Seestraße 14, 82343 Pöcking-Maising, Tel: 08151/744242, www.maisingerseehof.de. Ab Beginn der Osterferien bis Mitte Oktober, Dienstag bis Sonntag jeweils ab 12 Uhr bis Sonnenuntergang, Montag Ruhetag. Bei schlechtem Wetter geschlossen. *Bräustüberl Kloster Andechs*, Bergstraße 2, 82346 Andechs, Tel: 08152/3760, www.andechs.de, täglich von 8-18 Uhr, Brotzeit darf mitgebracht werden.

1 Von Starnberg (Landratsamt, MVV-Bus 961, 975) nach Leutstetten und über Gut Rieden zurück nach Starnberg, im Naturschutzgebiet Leutstettener Moos römische *„Villa Rustica"*, Schloss der Wittelsbacher (privat), Gehzeit 2:15 Stunden, 10,5 km. Alternative: Von der Schlossgaststätte weiter durch das malerische Würmtal nach Gauting (S-Bahnhof), und zurück über Königswiesen nach Starnberg, Gesamtgehzeit 3:21 Stunden, 14,7 km. (www.sta5.de/reisefuehrer.html)

Einkehr *Schlossgaststätte Leutstetten*, Altostraße 11, 82319 Starnberg, Tel.: 08151/8156, www.hs-gaststaetten.de, Montag und Dienstag Ruhetag, schöner Biergarten.

Wegweiser Von der Seepromenade über den Unteren Seeweg und die Possenhofener Straße nach Niederpöcking (Alte Villen). Über den Oberen Seeweg und den Moritz-von-Schwind-Weg (sehr schöner Waldweg, der die stark befahrene Possenhofener Straße erspart) durch das Erholungsgelände Paradies bis Schloss Possenhofen und die Dampferanlegestelle. Vorbei an der Bootswerft Glas durch das Wäldchen zum Jachthafen Götzke und das Restaurant Forsthaus am See.

Possenhofen

(S-Bahnstation, Buslinie, Schiffsanlegestelle, 595 m über NHN)

Sehenswert Weil es in Eigentumswohnungen umgewandelt wurde, ist **Schloss Possenhofen**, in dem „Sisi" ihre Jugend verbrachte, nicht zu besichtigen. Umso mehr rentiert sich der Besuch des **Kaiserin Elisabeth Museums** im historischen Bahnhof Possenhofen (erbaut 1865). Kaiserin Elisabeth Museum, Schlossberg 2, 82343 Pöcking, Tel: 08157/925932, www.kaiserin-elisabeth-museum-ev.de, geöffnet vom 1. Mai bis 22. Oktober Freitag, Samstag, Sonntag und an Feiertagen jeweils von 12-18 Uhr, Montag bis Donnerstag geschlossen. Gruppentermine sind ganzjährig möglich. Das Schloss umgibt ein weitläufiger Park, der als **Erholungsgelände „Paradies"** zum Rasten und Baden einlädt. Am Rand des Parks bietet seit 2002 die architektonisch interessante **Jugendherberge Possenhofen** (Kurt-Stieler-Straße 18, 82343 Pöcking, Tel.: 08157/99660, www.jugendherberge.de/jugendherbergen/possenhofen/) günstige Übernachtungsmöglichkeiten. Gegenüber der Einfahrt zur Jugendherberge beginnt der Aufstieg zum sehenswerten **Kalvarienberg**.

aktiv Wer eine Bootspartie unternehmen will: **Yachthafen Goetzke**, Bootsverleih, Am See 2, 82343 Pöcking-Possenhofen, Tel: 0176/16818013, www.yachthafen-goetzke.de.

Einkehr Gasthaus **„Zum Fischmeister"** Karl Schauer, Karl-Theodor-Straße 6, 82343 Pöcking, Tel.: 08157/5913224, www.gasthaus-schauer.com Montag und Dienstag Ruhetag. **Kiosk Schlosspark** an der nördlichen Einfahrt ins Erholungsgelände, Dienstag bis Sonntag, 11.30-21.30, Montag 12-14- Uhr zu. 17-19 Uhr. **Restaurant Schiffsglocke**, Seeweg 4, 82343 Pöcking, Tel: 08157/997247, https://speisekartenweb.de täglich 11-23 Uhr. **Forsthaus am See**, Am See 1, 82343 Pöcking, Tel.: 08157/9999339, https://forsthaus-amsee.de Dienstag bis Sonntag 11 bis 23 Uhr, Montag Ruhetag.

Das „Sisi"-Schloss Possenhofen ist heute in luxuriöse Eigentumswohnungen aufgeteilt.

Feldafing

(S-Bahnstation, Businie, 646 m über NHN)

Sehenswert ist die **Roseninsel**, auf der König Ludwig II. die Einsamkeit genoss. Romantisch ist die Überfahrt mit einer Fähre. Seit ungefähr 5000 Jahren vor Christus ist die Insel besiedelt, wie die Überreste prähistorischer Pfahlbauten an der Insel nahelegen, deren Stümpfe noch zu sehen sind. Sie gehören zum UNESCO-Weltkulturerbe. Unterwasserarchäologen haben dort auch einen etwa 3000 Jahre alten Einbaum gehoben. Wesentlich später, 1853, wurde das **Casino** als königliches Sommerhaus fertiggestellt. Attraktion ist ein ovales **Rosarium** voller historischer Rosen. Roseninsel, Wittelsbacher Park 1, 82340 Feldafing, Tel: 08157/924162, www.schloesser-bayern.de/deutsch/schloss/objekte/feldafing.htm Öffnungszeiten Casino: Mai bis 15. Oktober 12.15-17.30 Uhr, montags geschlossen. Das Casino kann nur mit Führung besichtigt werden (Dauer etwa 30 Minuten, max. 30 Personen). Fährbetrieb: Tel: 0151/28741905, www.roseninsel.bayern 10 bis 18 Uhr, Mai bis Mitte Oktober bei gutem Wetter. Spezielle Führungen zur Rosenblüte ab Juni.

Das **historische Strandbad Feldafing** stammt aus dem Jahr 1927. Von der Hangkante grüßen prächtige alte Villen. Sie gehören zu einer **Villenkolonie** aus dem 19. Jahrhundert. Oberhalb des Golfplatzes steht das altehrwürdige **Hotel Kaiserin Elisabeth**, das wegen Umbaus für längere Zeit geschlossen ist. Hinter dem Hotel erhebt sich inmitten des alten Ortskerns die **Kirche St. Peter und Paul** mit wertvollen Fenstern. Der **Bahnhof** im Maximilianstil (1865) beherbergt das Rathaus. Einen Besuch wert ist der **Kalvarienberg** an der gleichnamigen Straße mit 14 gusseisernen Stationshäuschen und einer lebensechten Kreuzigungsgruppe aus den Jahren 1864 bis 1892. Ein paar Meter weiter den Berg hinauf führt nach rechts ein Weg zu einem Aussichtspunkt. An den Schriftsteller Thomas Mann erinnert das „***Villino***" auf dem Gelände des Benedictus Krankenhauses Feldafing, Thomas-Mann-Straße 6, Tel.: 08157/280, www.klinik-feldafing.de. In dem Häuschen hat Mann an dem Roman „Der Zauberberg" gearbeitet. Es ist aber für die Öffentlichkeit geschlossen. Im Bistro der Klinik sind von 8 bis 18 Uhr im Rahmen einer Dauerausstellung Fotos und Objekte zu Thomas Mann im Feldafinger Villino zu besichtigen.

Einkehr **Strandbad Feldafing**, Königinstraße 4, 82340 Feldafing, Tel: 08157/8200, www.strandbad-feldafing.de, Restaurant täglich geöffnet von 10-22 Uhr. Selbstgebackener Kuchen, Pizza und regionale Gerichte. *Fräulein Rosalie* (im Bahnhof Feldafing), Bahnhofsplatz 1, 82340 Feldafing, Tel.: 08157/3080917, www.fraeulein-rosalie.de, Montag bis Freitag 9-18 Uhr, Samstag, Sonn- und Feiertag 10-18 Uhr. **Gasthof Pölt**, Bahnhofstraße 41, 82340 Feldafing, Tel: 08157/998331, www.gasthaus-poelt.de, Donnerstag bis Dienstag, 18-22 Uhr, Mittwoch geschlossen. Schöner Biergarten.

Wandern **3** Vom Hotel Kaiserin Elisabeth durch den Lennépark zur **Roseninsel** und zurück. Gehzeit 40 Minuten, 2,2 km. Vom S-Bahnhof plus 12 Minuten, 900 m. **4** Vom S-Bahnhof nach Süden in die Seewiesstraße und weiter durch den Wald auf einem Wanderweg nach **Tutzing**. Über den Kalkgraben in den Ort und zum Biergarten Midgard-Haus. Am See entlang bis zum Ortsmuseum und zurück zum Bahnhof. Gehzeit 2 Stunden, 8 km. Diese Wanderung kann mit Wanderung 5 verbunden werden.

Wegweiser Vorbei am Strandbad Feldafing am Ufer entlang durch den Lenné-Park bis zu einem Rondell. Hier legt die Fähre zur Roseninsel ab. Aussichtspunkt. Weiter nach Garatshausen (Schloss, Albers-Villa, Nordbad) Am Midgardhaus Aussichtspunkt. Über den Brahmsweg zum Tutzinger Dampfersteg.

Die Roseninsel, hier das Casino, macht ihrem Namen alle Ehre.

Garatshausen

(Bus 978584 über NHN)

Sehenswert Nur vom See her gibt es einen freien Blick auf **Schloss Garatshausen** (Mitte 16. Jahrhundert). Der von achteckigen Türmen flankierte quadratische Bau gehört der Familie von Gloria von Thurn und Taxis und ist privat. Das neue Schloss (1889) beherbergt ein Altenheim. Das Café ist für die Öffentlichkeit zugänglich. 300 m weiter nach Süden lässt sich von einem Stichweg ein Blick auf die **Villa des Filmschauspielers Hans Albers** (1891 bis 1960) erhaschen.

Einkehr **Schlosscafé im BRK-Heim**, Franz-Eisele-Allee 1, 82340 Feldafing-Garatshausen, Tel: 08158/9330, www.schloss-garatshausen.de , mit Terrasse, 13-16 Uhr, Montag und Dienstag Ruhetag.

aktiv **Freibad Garatshausen**, Hans-Albers-Weg 2, 82340 Feldafing, Tel: 08158/9889 im See. In seinem Kiosk bietet Klaus Eisele Getränke, Würstl, Pommes, Kaffee und Kuchen.

Tutzing

(Bahnstation, Buslinien 977 u. 979, Schiffsanlegestelle, 611 m über NHN)

Sehenswert Dank weitblickender Kommunalpolitiker, die rechtzeitig Grundstücke angekauft haben, ist die Tutzinger **Seepromenade** weitgehend öffentlich begehbar und einen Spaziergang wert. Nach dem Freibad Garatshausen im Norden kann man bequem am See entlang flanieren und über das Nordbad und die Wirtschaft Midgardhaus (1853) am Ufer bis zur Evangelischen Akademie Tutzing im **Tutzinger Schloss** gehen. Das Tutzinger Schloss, Schlossstraße 2+4, 82327 Tutzing, Tel: 08158/251-122, www.ev-akademie-tutzing.de, ist samt dem wunderschönen Park am See nur am Tag der offenen Tür im Herbst, im Rahmen einer Tagung, für Hotelgäste in der tagungsfreien Zeit oder für Besucher eines Konzerts des Bayerischen Rundfunks zu besichtigen. Dabei gibt es eine Führung. Weiter geht es auf der Monsignore-Schmid-Straße zum **Ortsmuseum Tutzing** nahe der **Kirche St. Peter und Paul** (1738/39) und dem Thomaplatz. Das Ortsmuseum erzählt von Geschichte und Bräuchen der Fischer am See. Ortsmuseum, Graf-Vieregg-Straße 14 (Thomaplatz), 82327 Tutzing, Tel: 08158/258397, www.tutzing.de, ganzjährig geöffnet am Mittwoch, Freitag, Samstag und Sonntag von 14-17 Uhr. Wir gehen auf dem Schlösserweg am Gymnasium vorbei und erreichen den idyllischen **Bleicher Park**. Ab hier ist ein kleiner Umweg über die Hauptstraße erforderlich, dann erreichen wir über den Nemesweg den **Kustermannpark** und den See. Im Park steht die denkmalgeschützte **Kustermann-Villa** (1865). Das südliche Ende der Promenade markiert das **Museumsschiff Tutzing**.

aktiv Für Wassersportler: **Surf- und Catcenter im Nordbad** Klaus Greif und Gitti Stähler-Greif, Katamaranverleih, Stand up Paddling, Windsurfen, Nordbadstraße 1, 82327 Tutzing, Tel: 08158/6819, www.nordbad.de, **Segelschule Tutzing**, Marienstraße 13, 82327 Tutzing, Tel: 0173/3833047, www.segelschule-tutzing.de, täglich 8-18 Uhr. Südbad Tutzing, Seestraße 20, 82327 Tutzing, Tel: 08158/9070430, www.suedbad-starnbergersee.de, Öffnungszeiten in der Saison: Montag bis Sonntag witterungsabhängig. **Ballonfahrten**: Starnberger See Ballonfahrten, Rudolf Klein, Fischerbuchetstraße 4, 82327 Tutzing, Tel: 08158/6997, www.starnbergersee-ballonfahrten.de.

Die perfekte Idylle: Blick auf Tutzing mit der mächtigen Kirche St. Josef

Einkehr *Seerestaurant am Nordbad Tutzing*, Nordbadstraße 1, 82327 Tutzing, Tel.: 08158/6819, www.nordbad.de, *Midgardhaus Augustiner am See*, Midgardstraße 3 – 5, 82327 Tutzing, Tel: 08158/1216, https://midgardhaus.de. Schöne Sonnenterrasse am See und daneben ein großer Biergarten, Montag bis Sonntag 12 bis 22 Uhr, Midgardstadl und Biergarten, Montag bis Sonntag 11-21 Uhr. *La Maremma Enoteca Toscana*, Hauptstraße 36, 82327 Tutzing, Tel.: 08158/9975350, www.la-maremma.de. *Café und Bistro auf dem Museumsschiff Tutzing*, von Mai bis Oktober, Tel: 0172/8109135 www.museumsschiff-tutzing.de. *Forsthaus Ilkahöhe*, Oberzeismering 2, 82327 Tutzing, Tel: 08158/8242, www.restaurant-ilkahoehe.de, Montag, Freitag, Samstag und Sonntag, 12-22 Uhr, Donnerstag 17-22 Uhr, Dienstag und Mittwoch Ruhetag.

Gepflegte Einkehr im Midgard-Haus

Wandern 5 Auf die **Ilkahöhe** und zum **Deixlfurter See**: Start am Bahnhof Tutzing, weiter über den Beringerweg nach Süden in die Lindemannstraße und Monatshauser Straße Richtung Ilkahöhe (726 m). Der Moränenhügel bietet bei klarer Sicht eine herrliche Aussicht von der Zugspitze bis zu den Chiemgauer Alpen. Dann den Wegweisern zum Deixlfurter See folgen. Weiter über die Waldschmidtschlucht, Am Pfaffenberg parallel zur Bahn. Auf der Waldschmidtstraße zur Hauptstraße und zur Seepromenade. Über die Oskar-Schüler-, Kirchenstraße und den Martelsgraben zurück zum Bahnhof. Gehzeit 2:45 Stunden, 10,9 km. (Wegbeschreibungen unter: www.outdooractive.com)

Wegweiser Vom Dampfersteg in Tutzing Richtung Bernried weiter auf der Schlossstraße entlang der Evangelischen Akademie zum Ortsmuseum und dem Bleicherpark. Zur Hauptstraße und dann in den Kustermann-Park, vorbei am Motorschiff Tutzing. Hinter dem Südbad auf der Lindenallee nach Unterzeismering. Den Berg hinauf zur Klinik Höhenried und zum Buchheim-Museum, weiter bis zum Dampfersteg in Bernried.

Bernried

(Bahnstation, RV-Bus 9614600 m über NHN)
Sehenswert Das *Museum der Phantasie* mit den Expressionisten und zahlreichen anderen Sammlungen von Lothar Günther Buchheim. Museum der Phantasie, Am Hirschgarten 1, 82347 Bernried, Tel: 08158/99700, www.buchheimmuseum.de, Öffnungszeiten: April bis Oktober, Dienstag bis Sonntag 10 -18 Uhr, November bis März: Dienstag bis Sonntag, Feiertage: 10-17 Uhr. Auch das Freigelände mit allerlei skurrilen Ausstellungsobjekten, seltenen Bäumen und den sogenannten Mississippi-Wei-

hern verdient Beachtung. Auf dem Gelände liegt auch die **Klinik Höhenried** für stationäre und ambulante Rehabilitation. Deren weitläufiger Park darf betreten werden und bietet sich für einen Spaziergang an. Im Park liegen das **Schloss Höhenried** (1939) und der Sarkophag der früheren Eigentümerin Wilhelmina Busch-Woods und ihres dritten Ehemanns Sam. **Schloss Bernried** war ein Augustiner-Chorherrenstift und früher ein Kloster der Missionsbenediktinerinnen.

Die „Phantasie" ankert für immer im Außengelände des Buchheim-Museums.

Im traditionellen Dorfkern stehen viele **alte Häuser**, weshalb die Gemeinde 2006 als schönstes Dorf Deutschlands ausgezeichnet wurde. An der Außenmauer der **Hofmarkkirche** liegt das Künstlerehepaar Lothar und Diethild Buchheim begraben. Eine Augenweide bietet im Süden des Ortes der **Bernrieder Park** mit alten Solitärbäumen. Carl von Effner hat ihn 1855 angelegt.

Einkehr **Café & Restaurant Buffi** im Buchheim-Museum, Am Hirschgarten 1, 82347 Bernried, Tel: 08158/997052, www.cafe-buffi.de, 10-17 Uhr, Montag Ruhetag. L**andgasthaus Drei Rosen**, Dorfstraße 11, 82347 Bernried, Tel.: 08158/904053, www.dreirosenbernried.de, Montag 14 bis 22 Uhr, Dienstag, Donnerstag bis Sonntag, 11-22 Uhr, Mittwoch Ruhetag. **Hotel Seeblick**, Tutzinger Straße 9, 82347 Bernried, Tel.: 08158/2540, www.seeblick-bernried.de.

aktiv **Strandbad Hubl**, Fischerei und Bootsverleih (nur Ruder- und Tretboote), An der Mühle 1, 82347 Bernried, Tel: 08158/9071141, Bootsverleih: 0151/55566446 www.hubl.org Saison Mitte Mai bis Ende September, bei entsprechender Witterung täglich Montag bis Freitag, 10-18 Uhr, Feiertage und Wochenende 10-18.30 Uhr, bei Regenwetter geschlossen. Gemütliches Strandbad mit Liegewiese am See.

Wandern **6** **Klosterweiherweg** durch die typische Moränenlandschaft um Bernried, vorbei an fünf Weihern. Gehzeit 4:30 Stunden, 13,3 km (www.pfaffen-winkel.de/wandern-nach-herzenslust/tourenbernried). **7** Vom Kloster Bernried am Seeufer entlang zum **Café Seeseiten** und weiter zum Dampfersteg in Seeshaupt. Gehzeit 1 Stunde, 5,4 km.

Wegweiser Von Bernried nach Seeshaupt am Kloster entlang durch den idyllischen Bernrieder Park (Teehaus, Schloss Seeseiten) zum Ausflugsgasthof Seeseiten, einem Aussichtspunkt. Auf Wanderweg und Straße hinein nach Seeshaupt. An der Kreuzung Richtung Penzberg und nach 170 Metern nach links in die Dall'Armi-Straße und dieser folgen, Aussichtspunkt (Ostersee, Alpenkette mit Zugspitze). Über die Baumschulenstraße und den Sonnenweg zurück auf den Radweg an der Hauptstraße nach St. Heinrich.

Seeseiten

(591 m über NHN)

Sehenswert Jenseits eines Schilfgürtels liegt auf dem Weg von Bernried nach Seeseiten ein schlossartiges Landhaus, das 1866/67 von Georg von Dollmann erbaut wurde. *Schloss Seeseiten* zählt zu den größten Villen am Starnberger See, gehört der Milliardärs-Familie Finck und ist nicht zu besichtigen. Das *Seeufer* rundherum ist naturbelassen und von landschaftlicher Schönheit. Nur für Fußgänger zugänglich.

Einkehr *Gasthof-Café Seeseiten*, Seeseiten 3, 82402 Seeshaupt, Tel: 08801/742, klassische Ausflugsgaststätte, 11.30 bis 18 Uhr warme Küche, Montag und Dienstag Ruhetag. Biergarten mit schönem Blick auf die Seeshaupter Bucht, eigener Badestrand, Liegewiese und Bootsplatz, hausgemachte Kuchen.

Am Dampfersteg in Seeshaupt

Seeshaupt

(Bahnstation, MVV-Bus 373 Schiffsanlegestelle, 597 m über NHN)

Sehenswert ist die *Pfarrkirche St. Michael* von 1485 und die *Seegerichtssäule* am Dampfersteg von 1522. Der schräge Fisch bildet heute das Seeshaupter Wappen. S und G bedeuten Seegericht und Seegrenze. Alljährlich soll hier früher ein Gericht der einst 99 zugelassenen Fischer am See stattgefunden haben. An der Bahnhofstraße erinnert ein *Mahnmal* an 2000 KZ-Häftlinge, die im April 1945 von amerikanischen Soldaten aus einem Güterzug am Bahnhof befreit wurden. Der Seeshaupter Filmemacher Walter Steffen hat darüber einen ergreifenden Dokumentarfilm mit dem Titel „Endstation Seeshaupt" gedreht. Aus einem *Findling* im Garten des Altenheims Seeresidenz *Alte Post* sollte einst ein Denkmal für König Ludwig II. gemacht werden. Daraus wurde aber nichts. Auf den Fahrten zu seinen Schlössern nahm König Ludwig regelmäßig Quartier im „Königszimmer" der Post. Auf schicksalhafte Weise sollte das Hotel mit seinem Tod verbunden sein. Am 12. Juni 1886 erreichte die Kutsche mit dem königlichen Gefangenen auf der Fahrt von Schloss Neuschwanstein nach Berg gegen 10 Uhr vormittags Seeshaupt. Während die Pferde ein letztes Mal gewechselt werden, winkt der Monarch die abseits stehende Posthalterin und Gastwirtin Anna Vogl heran und bittet sie um ein Glas Wasser. Als sie es reicht, soll der König gesagt haben: „Danke, danke, danke." Doch in einem Ton, dass Anna Vogl in unaufhörliches Weinen ausbricht. Das Glas, aus dem der hohe Gast trank, soll sie bis an ihr Lebensende als Reliquie aufbewahrt haben.

Starnberger See

Die insgesamt 19 **Ostseen** im Süden der Gemeinde entstanden am Ende der letzten Eiszeit, als die bis zu 250 Meter hohen Eisblöcke zerfielen. Das bis nach Iffeldorf (Bahnstation) reichende Seengebiet zählt zu den schönsten Geotopen Bayerns und steht seit 1981 unter Naturschutz. Die Flora und Fauna in den ausgedehnten Hoch- und Niedermooren besticht durch große Artenvielfalt.

Schaugarten Seeshaupt, Bahnhofstraße 40, 82402 Seeshaupt, Tel: 08801/592 (Barbara Kopf), von April bis zum ersten Schnee täglich jederzeit geöffnet, mehr als tausend verschiedene Staudenarten aus unserem Kulturkreis, blütenformartig angelegt, Lehrpfad für Garten- und Blumenfreunde. Im Eingangsbereich befindet sich der Seeshaupter Hofladen www.seeshaupter-hofladen.de. **Gut Aiderbichl** zwischen Seeshaupt und Iffeldorf, Gnadenhof für gerettete Tiere, Osterseehof 1, 82393 Iffeldorf, Tel: 08801/9156550, www.gut-aiderbichl.com, von 9-18 Uhr geöffnet, Montag und Dienstag Ruhetag, ausgenommen Feiertage, Ferien sowie Ostern und Advent auf Gut Aiderbichl. Führungen alle 2 Stunden, Dauer etwa 40 Minuten, 300 gerettete Tiere, darunter viele Katzen, Hunde, Pferde, Esel und Rinder.

Leben und leben lassen am Bootssteg in Seeshaupt

aktiv *Bootsverleih und Fischerei Lidl*, Seepromenade 10, 82402 Seeshaupt, Tel: 08801/9153388, www.biergarten-lidl.de Freitag, Samstag und Sonntag 11 bis 18 Uhr.

Einkehr *Würmseestüberl*, Seepromenade 10, 82402 Seeshaupt, Tel: 08801/2689, www.wuermseestueberl.com. *Eiscafé Allora Signora*, Hauptstraße 19, Tel: 08801/9146699, https://allorasignora.com, italienisches Eiscafé mit hausgemachten Eissorten und Kaffeespezialitäten. *Trattoria da noi* Pizzeria, Hauptstraße 6, 82402 Seeshaupt, Tel.: 08801/5239959, https://danoiseeshaupt.de. *Restaurant Seeresidenz Alte Post*, Alter Postplatz 1, 82402 Seeshaupt, Tel: 08801/91 40, www.seeresidenz-alte-post.de, Seeterrasse mit Panorama-Blick, kulturelle Veranstaltungen. *Schlossgaststätte Hohenberg*, Hohenberg 3, 82402 Seeshaupt, Tel: 08801/626, www.schlossgaststaette-hohenberg.com, historische Gaststube und schöner Biergarten, Montag und Dienstag Ruhetag.

Wandern [8] **„Emils Ruh"**: Vom Parkplatz am Rathaus über Tiefentalweg und Höhenweg zu einem Aussichtspunkt, der ein Lieblingsplatz des Seeshaupter Arztes Emil Schulze war. Gehzeit 30 Minuten, 1,7 km. [9] **Kleine Frechensee-Runde.** Vom Bahnhof über den Unteren Flurweg nach Süden rund um den Frechensee. Gehzeit 1:15 Stunden, 4,7 km (www.outdooractive.com). [10] **Rundweg um den Fohnsee**, beschildert, Nr. 23 grün. Vom Parkplatz Ostersee an der Jägergasse zunächst nach Osten durch Iffeldorf und dann nach Norden am Sengsee, Fohnsee und Großen Ostersee entlang. Im zweiten Drittel des Weges führt ein Steg an der „Blauen Gumpe" vorbei,

einer der trichterförmigen Quelltöpfe, aus denen die Ostersee mit Grundwasser gespeist werden. Zwei Badeplätze. Gehzeit 1:15 Stunden, 5 km (www.outdooractive.com). **11 Großer Ostersee-Rundweg**, Start und Ziel Parkplatz Gut Aiderbichl. Gehzeit 1:50 Stunden, 8,6 km (www.outdooractive.com). Busverbindungen: MVV-Busse 9655 (Seeshaupt-Weilheim) und 9614 (Penzberg-Tutzing-Bernried), In Iffeldorf Station der Kochelseebahn.
Einkehr *Waldhaus am Fohnsee*, Fohnseeweg 30, 82393 Iffeldorf, Tel: 08856/6094277, www.fohnsee.de Montag, Dienstag Ruhetag. *Landgasthof Ostersee*, Hofmark 9, 82393 IIffeldorf, Tel.: 08856/92860, www.landgasthof-osterseen.de Dienstag Ruhetag.
Wegweiser Von Seeshaupt auf dem teilweise geteerten Radweg nach St. Heinrich (Kiosk, Badegländ mit Surfschule, Badeplatz am Kleinen Seehaus).

St. Heinrich

(MVV-Bus 373, 592 m über NHN)
Sehenswert Die ehemalige *Wallfahrtskirche St. Heinrich und St. Maria*, im Kern aus dem 14. Jahrhundert. Eigentlich ist sie viel zu groß für den kleinen Friedhof und die Ortschaft, die 108 Einwohner zählt. Doch St. Heinrich war einst ein Wallfahrtsort. Bis aus dem Dachauer Land kamen die Pilger im 16., 17. und 18. Jahrhundert, angezogen von der Gottesmutter und der Legende des seligen Heinrich. So hieß der Einsiedler, der sich an dieser Stelle eine hölzerne Kapelle gebaut hat. Er gab dem Ort seinen Namen. Bis heute hält sich die Geschichte, dass der fromme Eremit ein Graf aus dem Hause Dießen-Andechs war. Von einem Kreuzzug heimgekehrt, soll er seinen Bruder als Erben und seine Braut in den Armen eines anderen vorgefunden haben. Bitter enttäuscht

Legendärer Heiliger und Namenspatron: St. Heinrich

entschloss er sich, fortan sein Leben als Eremit zu verbringen. Für die These spricht, dass die Wittelsbacher den Wallfahrtsort über die Jahrhunderte großzügig finanziell unterstützten. Unter der Empore der Orgel befindet sich das Grabmal des seligen Heinrich. Die ehemalige Deckplatte des Sarkophags zeigt eine grob gehauene Reliefdarstellung des Eremiten. Zu Heinrichs Zeiten reichte der Wald noch bis ans Seeufer.
aktiv Heute ist St. Heinrich wegen der geringen Seetiefe beliebt bei Surfern. Sie tummeln sich in der *Surf- und Catamaranschule am Starnberger See*, Buchscharnstraße 10, 82541 Münsing, Tel: 08801/915910, 0152/33610272 www.surfschule-starnbergersee.de, von Mai bis September von 8.30-19 Uhr. *Fahrradverleih Velo Bavaria*

Surfen mit Zugspitzblick: typisch Starnberger See

beim Fischer, Buchscharnstraße 10, 82541 Münsing, Tel: 0176 20188410, www.velo-bavaria.de.

Einkehr *Buchscharner Seewirt*, Buchscharn 1, 82541 Münsing, Tel.: 08801/2409, https://buchscharner-seewirt.com, Öffnungszeiten: täglich geöffnet, kein Ruhetag. Guter Platz für Sonnenuntergänge.

Wegweiser Von St. Heinrich nach Ambach am Ufer entlang zum „Buchscharner Seewirt". Mehr als 200 Jahre lang stand das Holzhaus in der Wildschönau in Tirol. Dann wurde es zerlegt und hier Teil für Teil wieder aufgebaut. Durch das „Erholungsgelände Ambach" mit Kiosk auf der Uferstraße bis zum Dampfersteg in Ambach und dem Gasthof „Zum Fischmeister" mit Biergarten.

Ein Ambacher Klassiker mit langer Geschichte: der Fischmeister

Ambach

(Schiffsanlegestelle, MVV-Bus 373, 587 m über NHN)

Sehenswert Am Dampfersteg liegt das *Gasthaus „zum Fischmeister"*, im Volksmund nach der Wirtsfamilie auch „Bierbichler" genannt. Der dreigeschossige Bau aus dem Jahr 1852 steht unter Denkmalschutz. In der Remise ist noch der ehemalige Stall für die Pferde der Gäste zu sehen. Beim „Bierbichler" trifft sich im Sommer die Münchner Schicki-Micki-Szene. In dem Kinofilm „Zwei Herren im Anzug" nach seinem Roman „Mittelreich" erzählt der Schauspieler und Schriftsteller Josef Bierbichler die Familiengeschichte. Ambach gilt als Künstlerdorf am Starnberger See. 100 Meter weiter nach Norden steht seit 1894 ein **Ungarisches Tor**, die Einfahrt zur Villa des Erfinders der Biene Maja, **Waldemar Bonsels**. Ein weitläufiger, malerisch gelegener Gutshof, **Schlossgut Oberambach** von 1870, wird heute als gehobenes Biohotel genutzt. Im Wald liegt auf einer Anhöhe **Schloss Weidenkam**, ein herrschaftliches Jugendstilanwesen östlich der Staatsstraße Münsing-Seeshaupt. Es wurde 1857 errichtet

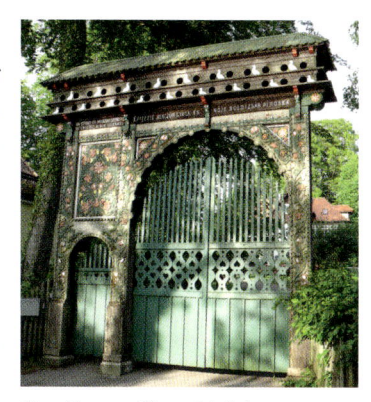

Das Tor zur Biene Maja!

und 1911 bis 1913 von der Hausherrin Gräfin Maria von Tattenbach umgestaltet und erweitert. In den 1930er Jahren bot die Gräfin der Religionsphilosophischen Arbeitsgemeinschaft eine Bleibe, die dort noch heute residiert. Ein weiter Rundumblick bietet sich von der **Maria-Dank-Kapelle** auf dem Fürst-Tegernberg bei Degerndorf.

Einkehr *Gasthaus zum Fischmeister*, Seeuferstraße 31, 82541 Münsing, Tel: 08177/533, www.zumfischmeister.com Montag und Donnerstag ab 17 Uhr, Freitag, Samstag, Sonntag und Feiertage ab 12 Uhr, Dienstag Ruhetag. *Restaurant Hotel Huber am See,* Holzbergstraße 7, 82541 Münsing, Tel: 08177/9320, www.landhotel-huber.de, schöner Biergarten und historischer Getreidekasten. *Biohotel Schlossgut* Oberambach, Oberambach 1, 82541 Münsing, Tel: 08177/9323, www.schlossgut.de, Restaurant Dienstag, Mittwoch, Freitag und Samstag von 18-20.30 Uhr, Kaffee und Kuchen Dienstag bis Samstag von 14.30-17 Uhr, Biofrühstück von Montag bis Freitag von 7-10 Uhr, Samstag, Sonn- und Feiertage 7.30-10 Uhr. Sonntag und Montag Ruhetag.

Wandern [12] Vom Gasthaus Fischmeister nach **Weidenkam**, Schellenkam (Kapelle St. Kastulus aus dem Jahr 1678) und zurück. Gehzeit 1:12 Stunden, 5,7 km. [13] Von Ambach, Parkplatz Holzbergstraße die Allee hinauf zum Schloss Oberambach, weiter zur **Kirche St. Johann Baptist und Georg** (von 1420, schöner Ausblick), durch Holzhausen nach Attenkam und zur Maria-Dank-Kapelle (718 m, schöner Ausblick), weiter nach Berg bei Eurasburg und über Happberg zurück zum Ausgangspunkt. Gehzeit 2:20 Stunden, 10 km.

Einkehr *Café Waldhauser*, Brunnenstraße 28a, 82541 Münsing-Holzhausen, Tel: 08177/926757, (privat: 8549) www.cafe-waldhauser.de, Öffnungszeiten: Freitag, Samstag, Sonntag, Feiertage 13-18 Uhr; selbstgebackene Torten, gemütlicher Garten, Streicheltiere, ideal für Kinder. *Landgasthof Berg* bei Eurasburg, Schmiedberg 2, 82547 Berg bei Eurasburg, Tel: 08179/1661, www.landgasthof-berg.de, Donnerstag, Freitag und Samstag ab 17.30 Uhr, Sonntag und Feiertag durchgehend warme Küche ab 11.30 Uhr. Terrasse und Biergarten mit Blick auf Wiesen, Wälder und Berge.

Ungetrübter Badespaß am Erholungsgelände Ambach

Wegweiser Von Ambach am See entlang nach Norden in Richtung Ammerland. Ein langer, naturbelassener Strand lädt zum Baden und Ausruhen im Schein der Nachmittagssonne ein. Weiter bis zum beschaulichen Biergarten der Fischerei Sebald. Der Dampfersteg in Ammerland wurde abgebaut.

Ammerland

(MVV-Bus 961, 596 m über NHN)

Sehenswert In den Jahren 1683 bis 1685 entstand das **Schloss Ammerland**, ein barocker Walmdachbau mit zwei Zwiebelecktürmen, der Caspar Feichtmayr zugeschrieben wird. Hier lebte Franz Graf von Pocci, der Erfinder des Kasperls Larifari. Das Schloss ist in Privatbesitz und kann nicht besichtigt werden. Die mehr als 100 Jahre alte **Bäckerei Hubert Graf** in der Ortsmitte spielt in der Vorabend-Krimiserie Hubert mit und ohne Staller als Bäckerei Rattlinger eine wichtige Rolle. Auch unsere Wandertipps für Ambach und Ammerland führen zu Drehorten von „Hubert und Staller". **Schloss Seeburg** in neuromanischen Formen mit Erkern, Türmchen, Bergfried, Schlosskapelle und Nebengebäuden hat Julius Hofmann 1888 entworfen, der für Ludwig II. die Innenausstattung der Schlösser Neuschwanstein und Herrenchiemsee

Der Larifari-Graf von Pocci wusste gepflegte Wohnkultur zu schätzen.

besorgte. Heute dient das Schloss Jugendfreizeiten des Missionswerks „Wort des Lebens". Von dem **Kirchlein St. Koloman** (1608) auf einem Hügel in Weipertshausen bietet sich ein herrlicher Bergblick.

Einkehr *Fischerei Hofladen Sebald*, Nördliche Seestraße 22, 82541 Münsing-Ammerland, Tel.: 08177/9132, https://www.bootsverleih-fischerei.de, Öffnungszeiten: Mittwoch bis Samstag, 8-18 Uhr, Sonn- und Feiertage, 10-18 Uhr. Montag und Dienstag Ruhetag. Gemütlicher Biergarten unter Apfelbäumen mit vorzüglichen Fischspezialitäten. *Fischhalle Ammerland*, Nördliche Seestraße 5, 82541 Münsing-Ammerland, Tel: 08177/929994, www.ammerlander-fischhalle.de mit Seeterrasse. *Gasthaus Gerer*, Ammerlander Hauptstraße 22, 82541 Münsing, Tel.: 08177/700, https://gasthaus-gerer.de

aktiv Ruder-, Segel- und Elektroboote verleiht die *Fischerei & Bootsverleih Sebald*, Nördliche Seestraße 22, 82541 Münsing-Ammerland, Tel: 08177/9132, www.bootsverleih-fischerei.de, Öffnungszeiten: Mittwoch bis Samstag 8-18 Uhr, Sonn- und Feiertage 10-18 Uhr. Montag und Dienstag Ruhetag. *Kiosk Maria Just*, Boots- und SUP-Verleih sowie Fischverkauf, Südliche Seestraße 9a, 82541 Münsing-Ammerland, Tel: 08177/9971284, 0173/2607121, www.fischermichl.de. *Pferdekutschenfahrten Sylvester Pölt*, Ambacher Straße 24, 82541 Münsing-Holzhausen, Tel: 08177/261, www.poelt.de. *Radltour zu den Drehorten von „Hubert und Staller"*: Dampfersteg Ammerland nach Münsing, Wolfratshausen, Achmühle, Degerndorf, Berg bei Eurasburg, Maria-Dank-Kapelle, Ambach, Ammerland. Fahrzeit 2 Stunden. 29,1 km. Service-Hotline: 08171/214206. Siehe auch den Flyer: www.tourismus.wolfratshausen.de/mit-dem-drahtesel-zu-den-drehorten-1.

Fast wie daheim im Garten: Einkehr beim Fischer Sebald

Wandern **14** Von der Fischerei Sebald nach Weipertshausen, **St. Koloman** und zurück. Gehzeit 1,5 Stunden, 6,8 km. **15** Von Münsing am Kirchberg (MVV-Bus 372, 961, 975) nach Schwabbruck und den **Buchsee** (warmer Badeweiher, Bäuerin verkauft Brotzeit und Getränke) und über die Kiesgrube zurück. Gehzeit 1:30 Stunden, 6,1 km.

Einkehr *Ristorante Pinocchio*, Hartlweg 14, 82541 Münsing, Tel: 08177/2629865, 2629866, www.pinocchio-muensing.de, familiengeführtes italienisches Restaurant mit hausgemachter Pasta und Gerichten aus dem Holzofen, Dienstag bis Sonntag von 11.30-14.30 Uhr und von 17.30-24 Uhr, Montag Ruhetag. *Gasthaus und Metzgerei Altwirt* Münsing, Hauptstraße 2, 82541 Münsing, 08177/242, www.altwirt-muensing.de, Mittwoch bis Sonntag 10 bis 21 Uhr. Gepflegtes Gasthaus mit regionaler Küche.

Wegweiser Von Ammerland nach Leoni auf der Nördlichen Seestraße, vorbei am Pocci-Schloss. Entlang der Straße Bade- und Rastmöglichkeit an idyllischem Kiesstrand, am Weg die Seeburg und Schloss Allmannshausen. Kurz vor Leoni prächtige alte Villen. Neben dem Seehotel befindet sich die Dampferanlegestelle.

Leoni

(Schiffsanlegestelle, von Abzw. MVV-Bus 961, 596 m über NHN)

Sehenswert Im Jahr 1696 wurde **Schloss Allmannshausen** von Caspar Feichtmayr für Ferdinand Josef von Hörwarth erbaut und 1880 zur heutigen Form erweitert. Wie die Seeburg dient das imposante Schloss dem Missionswerk „Wort des Lebens" als Unterkunft. Die Verehrung für den Reichskanzler Otto Fürst von Bismarck (1815 bis 1898) fand ihren Ausdruck auch in Form von Bismarck-Türmen. Von 240 solcher Türme, die landauf landab errichtet wurden, stehen heute noch 173. Einer davon ist der **Bismarck-Turm** in Assenhausen. Es ist das einzige Bismarck-Denkmal, mit dessen Bau noch zu Lebzeiten des Reichskanzlers begonnen wurde. Die Einweihung des etwa 30 Meter hohen Monuments aus Kalk und Tuffstein erfolgte am 1. Juli 1899. Architekt war Theodor Fischer, den Standort hatte der Maler Franz von Lenbach ausgesucht. Die **Himbsel-Villa** (Assenbucher Straße 53) baute sich der Eisenbahn-Pionier Johann Ulrich Himbsel 1842 für sich selbst. Münchner Künstler

Ein Wohntraum: die Himbsel-Villa direkt am Wasser

schmückten es innen und außen. Die Villa ist privat und nicht zu besichtigen. Dafür kann der **Kreuzweg**, den Himbsel gestiftet hat und der 1857 feierlich eingeweiht wurde, beschritten werden. Er führt hinauf zur Wallfahrtskirche Maria Himmelfahrt in Aufkirchen. Die kunstvoll gestalteten Bildreliefs der 14 Stationen stehen für den Leidensweg Jesu Christi. Im modern gestalteten **Haus Buchenried** veranstaltet die Münchner Volkshochschule ihre Kurse und Tagungen.

aktiv Elektrojachten, Elektro-, Ruder-, Tretboote, Kajaks und SUP's können bei **Gastl Boote** ausgeliehen werden. Assenbucher Straße 43, 82335 Berg-Leoni, Tel: 0163/4772980, www.gastl-boote.de, Montag bis Sonntag, 9-13.15 Uhr, 13.45-19 Uhr. **Tauchakademie Bayern**, Assenbucher Straße 101, 82335 Berg, Tel.: 0171/8753353, www.tauchakademie-bayern.de.

Einkehr *Fischermeister Gastl Café*, Assenbucher Straße 41, 82335 Berg-Leoni, Tel: 08151/5627, www.fischermeister-gastl.de, Mittwoch, Donnerstag bis Sonntag von

11-18 Uhr, hausgemachte Kuchen, Brotzeiten und Fische. **Seehotel Leoni**, Assenbucher Straße 44, 82335 Berg-Leoni, Tel.: 08151/506-0, www.seehotel-leoni.com. **Fischverkauf Galloth**, Assenbucher Straße 35, 82335 Berg-Leoni, Tel: 08151/5370, 654863, 01721390318, www.wuermsee.de, 9-12 und 15-18 Uhr. Die Galloths betreiben auch ein **Speiseeisboot**, www.eisboot.de.

Entspannung in elegantem Ambiente verspricht das Seehotel Leoni seinen Gästen.

Wandern 16 Ausgangspunkt für die Wanderung zum **Bismarck-Turm** ist der Schiffsanleger in Leoni, eventuell kombiniert mit einer Dampferfahrt. Es geht über den historischen Seilbahnweg hinauf zur Rottmannshöhe und Dürrbergstraße. Oder vom Parkplatz in Assenhausen. Gehzeit eineinhalb Stunden, 5,5 km. 17 **Kreuzweg** vom Schroppweg am See nach Aufkirchen und zurück. Gehzeit 1 Stunde, 3 km.
Wegweiser Von Leoni nach Berg geht es vorbei an der Bootswerft Simmerding in den Park von Schloss Berg (Ludwig-Kreuz und Votivkapelle). Der Weg führt aus dem Park hinaus den Hügel hinunter bis zum Strandhotel Schloss Berg und dem Dampfersteg.

Berg

(MVV-Busse 961, 975, 639 m über NHN)
Sehenswert Im Schlosspark von Berg trifft der Seeumrunder auf die **Votivkapelle** und das **Kreuz im See**, das an den tragischen Tod König Ludwigs II. am 13. Juni 1886 erinnert. 10 Jahre nach dem Todestag legte Prinzregent Luitpold den Grundstein für die Kapelle im neuromanischen Stil, 1900 wurde sie eingeweiht. Entworfen hatte sie des Königs Schlösser-Architekt, Hofoberbaurat Julius Hofmann. Alljährlich treffen sich hier am Todestag die Königstreuen zum Gedenken an ihren „Kini".

Gerne auch mal grantig, auf jeden Fall aber ein aufrechter Bayer in Lederhosen: Oskar Maria Graf

Schloss Berg gehört den Wittelsbachern und ist nicht zugänglich.

Eng verbunden mit Berg ist das Leben und Wirken des Schriftstellers **Oskar Maria Graf**. In seinem **Geburtshaus** an der Grafstraße 9 lädt das Oskar-Maria-Grafstüberl

Starnberger See 57

Ein Wallfahrtsort für Kini-Begeisterte: die Votivkapelle und das Kreuz im See im Park von Schloss Berg. Hier fand der Märchenkönig Ludwig II. den Tod.

Der „Kini" hat noch viele Anhänger: Königstreue vor der Votivkapelle in Berg

zur Einkehr. Weitere Graf-Stationen sind das ehemalige Café Maurus, der Schulweg, die Lindenallee, das OMG-Denkmal, die Volksschule Aufkirchen, der Heimrath-Hof in Aufhausen sowie das Kastenjakl-Schlösschen am Kreuzweg. Auf dem Friedhof der spätgotischen Katholischen **Pfarr- und Wallfahrtskirche St. Mariä Himmelfahrt** in Aufkirchen, geweiht um 1500, befindet sich das Familiengrab der Grafs. Die Urne des Dichters wurde von New York nach München überführt und auf dem Alten Bogenhausener Friedhof beigesetzt. Im neuen Teil des Aufkirchener Friedhofs liegen Promis wie der deutsche Schauspieler und Regisseur Heinz Rühmann (1902 bis 1994), der erste BND-Chef Reinhard Gehlen (1902 bis 1979), der Sänger und Schauspieler Fred Bertelmann (1925 bis 2014), die Fernsehmoderatorin Petra Schürmann (1933 bis 2010) und der Sportjournalist Harry Valerien (1923 bis 2012).

aktiv Freunden der Astronomie sei die **Christian-Jutz-Volkssternwarte Berg e.V.** empfohlen. Aufkirchen, Lindenallee, 82335 Berg-Aufkirchen, Tel: 0176 9902 8684, www.sternwarte-berg.de, jeden Dienstag und Freitag bei klarem Himmel Beobachtungsabende, September bis März: 20-22 Uhr, April und August: 21-23 Uhr, Mai bis Juli: 22-24 Uhr. Bei Nachttemperaturen unter minus 5 Grad Celsius bleibt die Sternwarte geschlossen. Es ist keine Voranmeldung erforderlich. Der **Sportverein MTV Berg** steht in den Sparten Bogenschießen und Turnen auch Gästen offen. Oberlandstraße 26, 82335 Berg, Tel.: 08151/9790259, www.mtv-berg.de. Die Geschäftsstelle ist am Dienstag und Mittwoch von 10-14 Uhr geöffnet.

Einkehr **Oskar-Maria-Graf-Stüberl**, Grafstraße 9, 82335 Berg, Tel: 08151/51688, Mittwoch bis Sonntag, 11-22 Uhr. Montag und Dienstag Ruhetag. **Fischerei Kramerfeicht**, Fischspezialitäten und Gastronomie, Grafstraße 6, 82335 Berg, Tel: 08151/50005 (Fischladen), 5706 , 0170/4068494 (Restaurant), www.kramerfeichtfeste.com, jeden ersten Mittwoch und Donnerstag im Monat ab 17.30 Uhr (immer reservieren). Gemütliches, sehr intimes Restaurant. Fischladen Montag, Dienstag und Sonntag geschlossen. Frische und geräucherte Fische aus dem Starnberger See. Die **Post Landgasthof Aufkirchen**, Marienplatz 2, 82335 Berg, Tel: 08151/44612-0, www.post-aufkirchen.de, Donnerstag bis Montag 11.30-22 Uhr, Dienstag und Mittwoch Ruhetag. **Restaurant, Seeterrasse und Café am Schloss Berg**, Seestraße 17 (neben dem Dampfersteg), 82335 Berg, Tel: 08151/9591470, www.hotelschlossberg.de, schöne Sonnenterrasse und Biergarten, täglich 12- 22 Uhr geöffnet. **Kaffeehaus Berg/Bistro**, Grafstraße 26, 82335 Berg, Tel.: 08151/9984599. **Café & Bäckerei Müller**, Aufkirchner Straße 3, 82335 Berg, Tel.: 08151/6537100, https://hm-gmbh.de.

Das Strandhotel Schloss Berg liegt direkt am Dampfersteg.

Wandern 18 Vom alten Rathaus über die Grafstraße und die Wittelsbacherstraße zum Dampfersteg, in den Schlosspark zur **Votivkapelle**, zurück über den König-Ludwig-Weg. Gehzeit 50 Minuten, 3,7 km.

Wegweiser Von Berg über Percha nach Starnberg geht es weiter am See entlang, zunächst rechts und links begrenzt von den hohen Zäunen der privaten Villen. Es folgt ein Naherholungsgebiet mit schöner Aussicht auf die Starnberger Bucht und die Stadt Starnberg. Zwei Zugbrücken führen über den Lüßbach und die Würm. Weiter auf der Straße, vorbei am Hallenbad, Landratsamt und dem Hafen der Seenschifffahrt. Über den Nepomukweg und die Dampfschiffstraße zurück zur Seepromenade, dem Ausgangspunkt.

Kempfenhausen

(MVV-Bus 961, 975, 607 m über NHN)

Sehenswert An der Münchner Straße 27 liegt die herrschaftliche **Villa de Osa** (1909), die jahrzehntelang Teil einer Privatklinik war, in der sich Promis wie Franz Josef Strauß aufpäppeln ließen. Es folgt auf dem Gelände des Landschulheims Kempfenhausen die **Villa Pellet** (1855). Auf Einladung des jungen Königs Ludwig II. verbrachte der Komponist Richard Wagner hier den Sommer 1864. Am Ende des Landschulheimgeländes befinden sich am Seeufer noch *Reste prähistorischer Pfahlbauten*.

aktiv Beliebt ist der *Beach Volleyballplatz am See*, Münchner Straße 47, 24 Stunden geöffnet.

Wandern 19 Von der Münchner Straße (in Höhe der ehemaligen Privatklinik), Haltestelle **Kempfenhausen** Seestraße der MVV-Linien 961 und 975, über den Milchberg (Schloss Kempfenhausen von 1520, Kapelle St. Anna mit Fresken und Rokoko-Hochaltar) ins Manthal, auf dem Bachjägerweg, Manthalhammerweg, An der Leiten, Bachjägerweg und Harkirchner Straße nach **Harkirchen** (über 1000 Jahre alte Kapelle St. Peter und Paul) und zurück zum Ausgangspunkt. Gehzeit 1:27 Stunden, 7 km.

Einkehr *Manthaler Wirtschaft*, Manthalstraße 1, 82335 Berg, Tel: 08151/5566391, www.manthaler.de Dienstag bis Sonntag 11-21 Uhr, Montag Ruhetag, gemütlicher Biergarten. *Müllers auf der Lüften*, Jägerberg 20, 82335 Berg-Farchach, Tel: 08151/4443666, www.muellers-aufderlueften.de, Dienstag bis Sonntag, 11.30-23 Uhr. Montag Ruhetag.

Percha

(MVV-Bus 961, 975, 587 m über NHN)

Sehenswert Die im Jahr 785 erstmals erwähnte *Kirche St. Valentin* bildet die Mitte des alten Perchaer Dorfkerns, zu dem auch noch die *Schmiede* an der Buchhofstraße gehört. Die *Brücke über den Lüßbach* und die *Nepomukbrücke* über die Würm sind Zugbrücken. Sie werden gehoben, wenn ein Segelboot aus- oder einläuft. Interessant zu beobachten ist von der Nepomukbrücke aus das Treiben in der Wassersportsiedlung und der Bootswerft Rambeck. In Percha befindet sich ein Taucherausbildungszentrum der Bundeswehr.

aktiv Minigolf spielen kann man bei *Spielgolf Percha*, Heimatshausener Straße, 82319 Starnberg, Tel: 08151/12601, www.spielgolf-starnberg.de Dienstag bis Freitag von 14-20 Uhr, Samstag, Sonntag und Feiertag von 12-20 Uhr. Montag Ruhetag.

Einkehr *Seestub'n Percha*, Schiffbauerweg 20, 82319 Starnberg, Tel: 08151/746681, www.seestubn-percha.de, Dienstag bis Sonntag 12.30-22 Uhr, Montag Ruhetag, Terrasse mit schönem Blick auf Starnberg. *Landgasthof zum Brückenwirt*, Berger Straße 7, 82319 Starnberg, Tel: 08151/89883, www.brueckenwirt-percha.de, 10-23 Uhr, Dienstag und Mittwoch Ruhetag.

Einkehr *Schlossgaststätte Leutstetten*, Altostraße 11, 82319 Starnberg, Tel: 08151/8156, www.hs-gaststaetten.de, Montag und Dienstag Ruhetag, schöner Biergarten.

Die Klappbrücke ist schon geöffnet. Gleich geht es von der Bootswerft Rambeck aus auf große Fahrt.

Ostfriesland? – Nein, die Nepomukbrücke über die Würm öffnet Freizeitseglern den Weg auf die hohe See ... den Starnberger See!

Weitere touristische Angebote

Tourist Information Starnberg Hauptstraße 1, 82319 Starnberg, Tel: 08151/9060-0, www.starnbergammersee.de, Öffnungszeiten: Mai bis September, Montag bis Freitag 9.30-17.30 Uhr, Mai bis September auch Samstag 10-13 Uhr, Oktober bis April, Montag 10-15 Uhr, Dienstag bis Freitag 10-17 Uhr. Die Starnberger Touristinformation ist die zentrale Anlaufstelle für alle touristischen Angebote und die Zimmervermittlung am Starnberger See und Ammersee.

Tutzing Gäste-Information im Vetterlhaus, Leidlstraße 1, 82327 Tutzing, Tel: 08158/258850, www.tutzing-tourismus.de, Öffnungszeiten: April bis September, Montag bis Freitag 10-12 und 15-17 Uhr, Samstag 10-12 Uhr. Oktober bis April, Montag bis Samstag 10-12 Uhr.

Bernried Tourismusbüro & Post, Dorfstraße 26 (Gemeindezentrum), 82347 Bernried a. Starnberger See, Tel: 08158/8040, www.bernried.de, Öffnungszeiten: Montag bis Freitag (außer Mittwoch) 10-11.30 Uhr, Montag bis Freitagnachmittag 16-17.30 Uhr, Samstag 10-12 Uhr.

Tourist-Information Seeshaupt, Die alte Metzgerei – Ladencafé, Hauptstraße 4, 82402 Seeshaupt, Tel: 08801/9158589, www.seeshaupt.de, Öffnungszeiten: Mittwoch bis Sonntag 10 -17 Uhr.

Tourist-Info Gemeinde Münsing, Weipertshausener Straße 5, 82541 Münsing, Tel: 08177/93093, www.tourismus.muensing.de, Sprechzeiten: Montag bis Mittwoch und Freitag, 8-12 Uhr, Donnerstag 14-18 Uhr.

Geführte Wanderungen, Exkursionen und Vorträge bieten der **Bund Naturschutz,** Kreisgruppe Starnberg (https://starnberg.bund-naturschutz.de) und der **Landesbund für Vogelschutz Starnberg** (www.starnberg.lbv.de) an.

Wanderungen am Starnberger See

1 Starnberg – Maising – Andechs 2 Starnberg – Leutstetten 3 Feldafing – Roseninsel 4 Feldafing – Tutzing 5 Tutzing – Ilkahöhe 6 Bernrieder Klosterweiherweg 7 Bernried – Seeseiten 8 Seeshaupt: Emils Ruh 9 Kleine Frechensee-Runde 10 Rundweg um den Fohnsee 11 Großer Ostersee-Rundweg 12 Ambach – Weidenkam 13 Ambach – Maria Dank-Kapelle 14 Ammerland – Weipertshausen 15 Münsing – Schwabbruck 16 Leoni – Bismarck-Turm 17 Leoni – Aufkirchen (Kreuzweg) 18 Berg – Votiv-Kapelle 19 Kempfenhausen – Harkirchen

Der Brahms-Pavillon in Tutzing

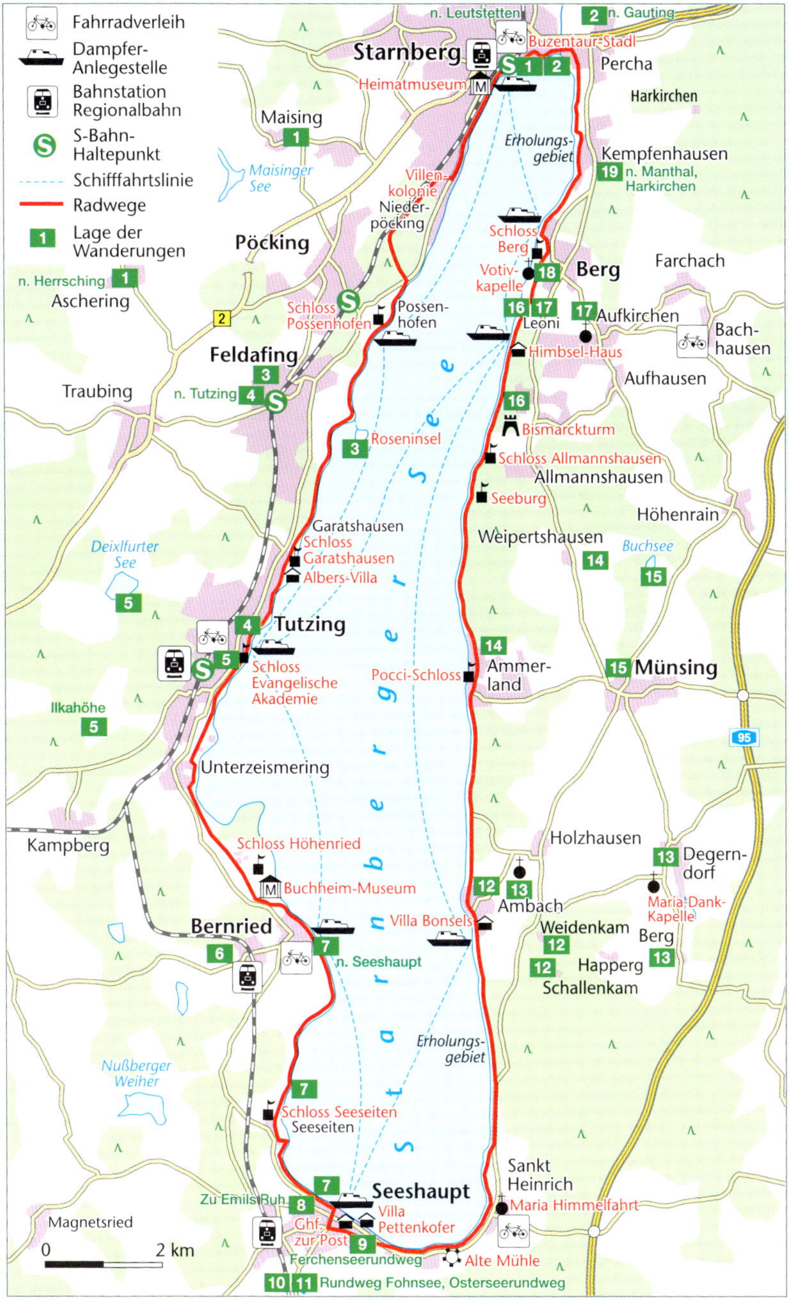
Fahrradverleih
Dampfer-Anlegestelle
Bahnstation Regionalbahn
S-Bahn-Haltepunkt
Schifffahrtslinie
Radwege
Lage der Wanderungen
n. Leutstetten
n. Gauting
Starnberg
Buzentaur-Stadl
Percha
Heimatmuseum
Harkirchen
Maising
Maisinger See
Erholungsgebiet
Kempfenhausen
n. Manthal, Harkirchen
Villenkolonie
Niederpöcking
Pöcking
Schloss Berg
Votivkapelle
Berg
Farchach
n. Herrsching
Aschering
Schloss Possenhofen
Possenhofen
Leoni
Aufkirchen
Bachhausen
Himbsel-Haus
Feldafing
Aufhausen
Traubing
n. Tutzing
Roseninsel
Bismarckturm
Schloss Allmannshausen
Allmannshausen
Seeburg
Höhenrain
Garatshausen
Schloss Garatshausen
Albers-Villa
Weipertshausen
Deixlfurter See
Buchsee
Tutzing
Schloss Evangelische Akademie
Pocci-Schloss
Ammerland
Münsing
Ilkahöhe
Starnberger See
Unterzeismering
Kampberg
Schloss Höhenried
Holzhausen
Degerndorf
Buchheim-Museum
Maria-Dank-Kapelle
Ambach
Bernried
Villa Bonsels
Weidenkam
Berg
n. Seeshaupt
Happerg
Schallenkam
Nußberger Weiher
Schloss Seeseiten
Seeseiten
Sankt Heinrich
Seeshaupt
Zu Emils Ruh
Maria Himmelfahrt
Villa Pettenkofer
Magnetsried
Ghf. zur Post
0
2 km
Ferchenseerundweg
Alte Mühle
Rundweg Fohnsee, Osterseerundweg
95

Segelboote auf glitzerndem Wasser vor Alpenkulisse: Chiemsee!

Der Chiemsee

Im bayerischen Voralpenland ist der Chiemsee das ideale Urlaubsparadies. Die Gletscher der Würm-Eiszeit haben eine abwechslungsreiche Landschaft modelliert: Einen stattlichen See, der zurecht den Beinamen »Bayerisches Meer« trägt. Die Chiemgauer Berge, die hinter dem Südufer aufsteigen. Sie stehen in Kontrast zur sanften Hügellandschaft des nördlichen Teils am Ausfluss der Alz. Verträumte Buchten und unberührte Moorlandschaften, rasch wechselnde Stimmungen von Wolken und Licht zogen die Maler an, als sie im vorletzten Jahrhundert ihre Ateliers verließen und in die Natur aufbrachen. Es bildeten sich Malerkolonien, die bekanntesten wurden die auf der Fraueninsel, der Herreninsel und in Prien. Ihre Gemälde lockten die ersten Touristen an den See. Sie kamen mit der Bahn, nachdem im Jahr 1860 die Strecke München-Salzburg eröffnet worden war. Ihr Zustrom schwoll aber erst richtig an, als 1886 nach dem Tod König Ludwigs II. das Schloss Herrenchiemsee zur Besichtigung freigegeben wurde.

Sehenswert Das *Schloss und sein Park* haben ihre Anziehungskraft bis heute nicht verloren. Eine Dampferfahrt zur Herreninsel und zur malerischen *Fraueninsel* gehört zum klassischen Besuchsprogramm. Damit es beschaulich wird, planen wir ei-

nen Tag ein. Rund um den See reihen sich die Sehenswürdigkeiten wie Perlen an einer Kette. Das **Römermuseum in Seebruck** und der **Archäologische Rundweg** zeigen, dass es schon Kelten und Römer in dieser Gegend ganz nett fanden. Über die uralte Geschichte des Landstrichs gibt das **Privatmuseum des Sondengehers Sebastian Aringer** auf dem Höhenberg bei Aschau Auskunft. Das **Exter-Kunsthaus** in Übersee samt seinem prächtigen Garten und das **Industriedenkmal „Torfbahnhof"** in Rottau bilden weitere Ausflugsziele. Von landschaftlicher Schönheit ist die **Eggstätter Seenplatte** und der **Seeoner See**. Der Chiemsee ist auch deshalb ein Urlaubsparadies, weil flache Uferwege und sanfte Hügel ideal sind für Radler, rund um den See Wassersportler und Badenixen auf ihre Kosten kommen, Reiter in Ising gut aufgehoben sind, kulturell Interessierten die Türen vieler sehenswerter Kirchen und Museen offenstehen. Auf ihre Kosten kommen die Freunde einer soliden, bodenständigen Küche. Wanderern bieten sich die Aussichtspunkte, Filzen und Moose an. Das alles erreicht man bequem ohne Auto im Bus, zumal mit dem Deutschland-Ticket. In Verbindung mit der Gästekarte ist die Ringlinie um den Chiemsee sogar kostenlos (www.chiemsee-agenda.de/mobilität-am-chiemsee/chiemseeringlinie).
Anreise mit der Bahn Mit der Bayerischen Regiobahn RE 5 (München – Rosenheim – Salzburg) oder mit Umsteigen mit der RB 54 München – Kufstein oder RB 58 Mün-

chen – Holzkirchen – Rosenheim in etwa 1 Stunde nach Prien am Chiemsee. Es verkehren auch ICE, EC und der österreichische Railjet. In Prien weiter mit der Chiemsee-Bahn zum Hafen Prien-Stock.

Anreise mit dem Auto Auf der Autobahn A 8 München – Salzburg bis zur Ausfahrt Bernau/Prien. 1 Stunde, 87,3 km.

Route in Kurzform Prien – Rimsting – Breitbrunn – Gstadt – Gollenshausen – Seebruck – Ising – Chieming – Grabenstätt – Feldwies – Übersee – Bernau – Prien.

Streckenlänge um den See 57 Kilometer überwiegend in Ufernähe.

Fahrzeit 4 Stunden

Schwierigkeit Wegen der großen Distanz schwere Tour, die Kondition erfordert. Teer- und Schotterwege ohne größere Steigungen (43 km) oder starke Gefälle. Der Weg ist gut ausgeschildert. Warnschilder weisen auf steile Abfahrten, Kurven und Schotter hin.

Hauptsehenswürdigkeiten Altes und Neues Schloss Herrenchiemsee, Fraueninsel mit Kloster, historische Dampfbahn in Prien und der Schaufelraddampfer Ludwig Feßler, Torfbahnhof Rottau und Museum Klaushäusl, Exter-Haus in Feldwies, Eggstätter Seenplatte mit Kloster Seeon, Römermuseum Seebruck.

Prien

(Bahnstation, Buslinien, Schiffsanlegestelle, 533 m über NHN)

Sehenswert Vom Bahnhof Prien in der *historischen Dampfbahn* nach Prien-Stock. Dort am besten auf den *Schaufelraddampfer „Ludwig Feßler"* von 1926 (www.chiemsee-schifffahrt.de) und hinüber zur *Herreninsel*. Wanderung zum N*euen Schloss* und Besichtigung, Ausstellungen über König Ludwig II. und Fledermäuse, Imbiss in der Schlosswirtschaft. Je nach Lust und Laune Besuch des *Augustinerchorherrenstifts* mit den sehenswerten Ausstellungen. Weiter mit dem Schiff zur *Fraueninsel*, Rundgang, Besichtigung der karolingischen Torhalle des Klosters Frauenchiemsee und Kaffeepause. Rückfahrt nach Prien. Wir fahren zunächst auf die Inseln und setzen nach der Rückkunft in Prien die Seerunde fort.

Der historische Schaufelraddampfer „Ludwig Feßler" sorgt für maritime Gefühle am Chiemsee im bayerischen Voralpenland.

Herreninsel

(Schiffsanlegestelle, höchste Erhebung: Steinwand 544 m)

Sehenswert Die *Herreninsel* ist wie die Fraueninsel vermutlich schon seit der Steinzeit besiedelt. Auf der Herreninsel bietet sich eine Wanderung (20-25 Minuten) oder

Schloss Herrenchiemsee, das „bayerische Versailles", ist die große Attraktion auf der Herreninsel und ein absoluter Besuchermagnet.

eine Kutschfahrt (Mitte April bis Ende Oktober, etwa 15 Minuten einfach) zum **Neuen Schloss** und dessen Besichtigung an. Nach dem Vorbild von Versailles hat es König Ludwig II. von 1878 bis 1885 erbauen lassen. Schloss Herrenchiemsee, Schloss- und Gartenverwaltung, Altes Schloss 3, 83209 Herrenchiemsee, Tel.: 08051/6887-0, www.herrenchiemsee.de Die Öffnungszeiten orientieren sich an den Schifffahrtszeiten (www.chiemsee-schifffahrt.de). Letzter Einlass 30 Minuten vor Schließung. Öffnungszeiten Königsschloss: April bis Oktober, 9-18 Uhr, Einlass bis 17 Uhr. November bis März: 9.40-16.15 Uhr, Einlass bis 15.40 Uhr. Einlass nur mit Führung (30-35 Minuten). Die **Wasserspiele** vor dem Schloss sind vom 1. Mai bis 3. Oktober in Betrieb. Ein Muss ist die umfangreiche Ausstellung über Leben und Wirken des Schlossherrn: **König Ludwig II.-Museum** im Königsschloss, Öffnungszeiten: April bis Oktober 9-18 Uhr, Einlass bis 17.30 Uhr, November bis März, 10-16.45 Uhr, Einlass bis 16.15 Uhr. Im Lichthof des Königsschlosses ist die Ausstellung *„Insel der Fledermäuse"* zu empfehlen. **Augustiner Chorherrenstift** mit Museen (Verfassungskonvent von 1948 und Entstehung des Grundgesetzes, Privaträume des Königs) und Gemäldegalerie „Maler am Chiemsee", Öffnungszeiten: April bis Oktober, 9-18 Uhr, Einlass bis 17.30 Uhr, November bis März, 10-16.45 Uhr, Einlass bis 16.15 Uhr. **Gemäldegalerie Julius Exter** im Augusti-

Wasserspiele vor dem Schloss

Chiemsee

ner Chorherrenstift, Öffnungszeiten: April bis Oktober, 9-18 Uhr, Einlass bis 17.30 Uhr. November bis März geschlossen.

Das letzte Schiff nach Prien fährt im Sommer um 19.10 Uhr, im Winter um 18.15 Uhr ab.

Einkehr *Schlosswirtschaft*, Schlosshotel 5, 83209 Herrenchiemsee, Tel.: 08051/ 9627670, www.swhch.de, Schloss-Café, Neues Schloss, 83209 Herrenchiemsee, Ingeborg Wiesner, Tel.: 08051/968834.

Wandern 1 **Rundwanderweg** über die 240 Hektar große Herreninsel. Ludwig II. hat ihn als Kutschenweg anlegen lassen. Artenreicher Laubmischwald mit reicher Fauna und Flora, Verlandungszonen, steiles Südufer mit üppiger Frühlingsflora, reizvolle Ausblicke auf See und Berge, Seekapelle Hl. Kreuz, historische Schlossauffahrt, frühmittelalterliche Befestigungsanlage. Gehzeit: 2 Stunden, Länge: 7 Kilometer.

Fraueninsel

(Schiffsanlegestelle, 527 m über NHN)

Sehenswert Neben ihrem landschaftlichen und klösterlichen Reiz lockt die Fraueninsel mit *Räucherfischspezialitäten* (Georg Ferber, Haus Nr. 2a, Florian & Thomas Lex, Haus Nr. 31, Franz Minsini, Haus Nr. 5 und Josef Wörndl, Haus Nr. 34). Kunst-

Die karolingische Torhalle auf der Fraueninsel diente einst als vorgelagertes Eingangsgebäude des Klosters, erbaut wurde sie unter Tassilo III. im späten 8. Jahrhundert.

handwerk, liebevoll gepflegte Gärten und diverse Gaststätten sind weitere Attraktionen. Zum obligaten Rundgang gehört eine Besichtigung der mehr als 1200 Jahre alten **Münsterkirche** der Abtei Frauenwörth mit dem freistehenden Kampanile sowie die **karolingische Torhalle**, der älteste Hochbau Süddeutschlands. Dort finden im Sommer Ausstellungen von Werken der Künstler statt, deren Heimat seit dem frühen 19. Jahrhundert die Fraueninsel war.

aktiv Das Kloster bietet in der besonderen Atmosphäre der Stille und Abgeschiedenheit ganzjährig **Kurse** für Einkehr und Besinnung, bildende Kunst, Tanz, Musik und Bewegung an. Benediktinerinnen-Abtei Frauenwörth im Chiemsee, Seminarverwaltung, 83256 Frauenchiemsee, Tel.: 08054/7644, www.frauenwoerth.de

Einkehr Inselhotel „**Zur Linde**", Haus Nr. 1, 83265 Frauenchiemsee, Sebastian Obermaier, Tel.: 08054/90366, www.linde-frauenchiemsee.de. **Inselbräu** Frauenchiemsee, Haus Nr. 28, 83256 Frauenchiemsee, Tel.: 08054/902089, www.inselbraeu-frauenchiemsee.de. Restaurant **Klosterwirt**, Haus Nr. 50, 83256 Frauenchiemsee, Michael Leiner, Tel.: 08054/7765, www.klosterwirt-chiemsee.de. **Fritzi's Biergarten**, Haus Nr. 39, 83256 Frauenchiemsee, Tel.: 08054/902936. Restaurant-Hotel **Inselwirt**, Haus Nr. 43, 83256 Frauenchiemsee, Benjamin Krämmer, Tel.: 08054/630, www.inselwirt.de. **Gästehaus Neumair**, Haus Nr. 25, 83256 Frauenchiemsee, Tel.: 08054/600, www.neumair-chiemsee.de. **Tante Emmas Inselladl**, Haus 56, 83256 Frauenchiemsee, Tel.: 08054/9218, www.tante-emmas-inselladl.de, eine Initiative der Inselfrauen mit Mini-Supermarkt, Kaffee und selbstgemachtem Kuchen.

Wandern 2 **Rundgang um die Fraueninsel** (zwölf Hektar), angenehmer Spaziergang ohne Verkehrslärm, Gehzeit: 25 Minuten, Länge: 1,7 Kilometer. Inselführungen: Monika Huber, Haus Nr. 29a (Uferweg Ostseite), 83256 Frauenchiemsee, Tel.: 08054/322, mobil: 0163/1835283, www.inselfuehrung-fraueninsel.de.

Wir setzen an dieser Stelle unsere Seeumrundung fort.

Sehenswert Kunstfreunde besuchen in **Prien** die Galerien im *Alten Rathaus* (Alte Rathausstraße) mit Wechselausstellungen regionaler und internationaler Künstler und im *Kronast-Haus* (Marktplatz), eines der ältesten Häuser des Ortes von 1598, die Dauerausstellung im ersten Stock mit Werken des Chiemseemalers Hugo Kauffmann. Einen Eindruck vom alten Prien vermitteln die historischen Häuser des **Handwerkerviertels „Am Gries"**

Prächtige Tür zum Heimatmuseum

Historisches Dorfambiente im Priener Handwerksviertel Am Gries

und das **Heimatmuseum** (Valdagno-Platz 2). Alles ist fußläufig gut erreichbar, ebenso die **Pfarrkirche „Mariä Himmelfahrt"**. Das 20 Meter lange Deckengewölbe des spätbarocken Baus mit einer Innenausstattung im Stil des Rokokos zeigt die „Seeschlacht von Lepanto". Der Hofmaler Johann Baptist Zimmermann (bekannt durch die Wieskirche) schuf Stuckaturen und Fresken.

aktiv **Strandbad Schollköpf**, Schöllkopf 1, 83209 Prien, Tel.: 08051/6060; schöner, naturbelassener Platz mit Kiosk (hausgemachter Kuchen), Außenterrasse und Bootsverleih. **Badeplatz Schraml**, Harrasser Straße 41, 83209 Prien, Tel.: 08051/4575, www.schraml-chiemsee.de, große Liegewiese, Eintritt frei, Parkplatz kostenpflichtig, Beachvolleyballplatz, Kinderspielplatz, Liegestuhl- und Sonnenschirmverleih, Umkleidekabinen, Kiosk mit großer Holzterrasse, Bootsverleih (Ruder-, Tret-, Segel- und Elektroboote). Und gleich daneben: **Kletterwald Prien**, Harrasser Straße 39, 83209 Prien, Tel.: 08051/9650885, 08071/1035150, www.kletterwald-prien.de. In hundertjährigen Baumriesen direkt am See 13 Parcours mit mehr als 110 Übungen. Fachkundige Einweisung und moderne Sicherungstechnik, Kinder ab vier Jahren, Waldkiosk mit Terrasse. **Prienavera**, Erlebnisbad und Strandbad, Seestraße 120, 83209 Prien, Tel.: 08051/609570, www.prienavera.de. **Bootsverleih Stöffl**, Seestraße 120, 83209 Prien, Tel.: 08051/2000, www.stoeffl.de. **Bootsverleih Schwarz**, Seestraße-Seepromenade, 83209 Prien, Tel.: 08051/61063. **Bavaria Boote Hans Bösch**, Harrasser Straße 39, 83209 Prien, Tel.: 08051/9640050, www.schraml-chiemsee.de. **DHH Chiemsee Yacht und Segelschule**, Harrasser Straße 71 – 73, 83209 Prien, Tel.: 08051/1740, www. https://www.dhh.de/segelkurse/chiemsee-yachtschule-prien-segelschule. **Segelschule Prien am Chiemsee** von Lothar Böhm am Badeplatz Schraml, Harrasser

Straße 39, 83209 Prien, Tel.: 0175/1949801, 08062/809801, www.netsalem.de/segelschule-prien. Zum Bestand gehört auch das 17 Meter lange **Wikingerboot** aus dem Film „Wiki und die starken Männer".

Einkehr *Wieninger Bräu*, Bernauer Straße 13 b, 83209 Prien, Tel.: 08051/61090, www.wieningerbraeu.de traditionelles Wirtshaus in rustikalem Ambiente im Ortszentrum mit bayerischer Küche, Bräukeller, Biergarten und Spielecke. Zum Fischer am See, Harrasser Straße 145 (am Radweg), 83209 Prien, Tel.: 08051/90760, www.fischeramsee.de, gehobenes Restaurant am Südende von Prien mit breitem Angebot an Fleisch- und Fischspeisen (auch Meeresfische), bayerische und asiatische Küche, große Terrasse mit See- u. Gebirgsblick. *Ristorante Marechiaro*, Seestraße 65, 83209 Prien, Tel.: 08051/965658, www.marechiaro-chiemsee.de, italienisches Restaurant auf dem Weg zum Dampfersteg, benannt nach dem Hafen von Neapel, mit italienischen Spezialitäten. *Schiller Kaffeerösterei*, Seestraße 115, 83209 Prien, Tel.: 08051/9616870, www.schiller-kaffee.de, feine Kaffeespezialitäten, kräftig oder mild, in ganzen Bohnen.

Wandern ③ **Rundwanderweg** durch das **Eichental**. Wir starten im Westen von Prien an der Beilhackstraße und laufen am Mühlbach entlang bis zur Einmündung der Prien, einem der längsten Gebirgsbäche Deutschlands. An ihr entlang geht es durch den Kurpark Eichental mit seinen 100 Jahre alten Eichen und Buchen. Am Weg liegen die Kneipp-Anlage, das alte Elektrizitätswerk von 1906, ein Industriedenkmal, das immer noch in Betrieb ist, sowie die Aumühle aus der Mitte des 18. Jahrhunderts. Die Wasserkraft der Prien nutzten Schmiede, Büchsenmacher, Gerber und Müller. Noch bis 1924 waren sieben Wasserwerke aktiv. Infotafeln erklären Landschaft, Fauna und Flora. Gehzeit: 1:40 Stunden, Länge: 5,8 Kilometer (www.outdooractive.com) ④ **Ausgedehnte Variante** mit Ablegern über Bachham nach Munzing, beziehungsweise über Hoherting nach Urschalling. Am Weg liegen bedeutende Kirchen (St. Salvator und St. Jacobus) und traditionelle Gasthäuser (Schützenwirt im Eichental, Mesner-Stub'n in Urschalling, Gasthof Stocker in Bachham). Gehzeit einfach: 3 Stunden, Länge einfach: 9,9 Kilometer. ⑤ **Die große Variante** führt weiter durch das Priental bis nach Sachrang, vorbei an Schloss Hohenaschau und dem Wasserfall Schlossrinn. Die Wanderung kann auch an der Naturbeobachtungsstation Schafwaschen in Rimsting begonnen werden (Gehzeit einfach: 8 Stunden, Länge einfach: 32

Beeindruckende spätgotische Fresken sind in der St.-Jacobus-Kirche in Urschalling zu bewundern.

Kilometer). www.aschau.de/stationen-prientaler-flusslandschaft-prien-am-chiemsee; Chiemsee Alpenland Tourismus, Wandern, 56 Tourenvorschläge für jede Jahreszeit, 1/2020, www.chiemsee-alpenland.de. **6** *Alpaka-Wanderung* auf Wegen zwischen Prien und Wildenwart. Die gutmütigen und kuscheligen Vierbeiner sollen beruhigend auf Menschen wirken. Kontakt über Familie Rosenwink, Tel.: 08051/65143, helmut.rosenwink@gmx.de.

Wegweiser Prien – Gstadt (14 km): Vom Bahnhof Prien führt die Seestraße hinunter zum See. Nostalgiker folgen der Trasse der Chiemseebahn. Vom Großparkplatz in Stock aus ist der Chiemsee-Rundweg ausgeschildert. Vorbei am Erlebnisbad Prinavera nach Norden Richtung Rimsting. Unterhalb von Rimsting rund um die malerische Schafwaschener Bucht. Hinter Aiterbach schneiden wir die Halbinsel Sassau ab, fahren bis Urfahrn und rund um die Weingarten-Bucht unterhalb von Breitbrunn, und weiter bis Gstadt. Der Ort ist Ablegestelle für den Schiffsverkehr zur Fraueninsel.

Sehenswert *Steingarten*, *Naturerlebnisstation* „Hütte an der Prienmündung", ***König Ludwig-Denkmal*** in Urfahrn, Naturerlebnisstation ***„Ganszipfl"***.

Rimsting

(Buslinien, 564 m über NHN)

Sehenswert In der Gemeinde liegt die ***Ratzinger Höhe***, mit 693 Meter die höchste Erhebung am Chiemsee. Sie bietet einen fabelhaften Blick über das „bayerische Meer" und die Chiemgauer Alpen. Der ***Bahnhof Rimsting*** an der Bahnstrecke Rosenheim-Salzburg wurde 1881 für König Ludwig II. errichtet, der hier mit dem Hofzug aus München ankam, um den Baufortgang seines Schlosses auf der Herreninsel zu inspizieren. Ein kleiner Pavillon, in dem Ludwig auf die Kutsche wartete, die ihn hinunter nach Urfahrn brachte, existiert noch, befindet sich aber neben dem Bahnhof in Prien, vollgestopft mit Bahntechnik. Dafür erinnert in Rimsting noch eine prächtige ***„Königslinde"*** an den Monarchen. Der heutige Rimstinger Bahnhof stammt von 1911 und steht unter Denkmalschutz. 1981 stillgelegt und nur noch als Güterbahnhof genutzt, beherbergt er eine Kulturbegegnungsstätte. Die ältesten Teile der ***Pfarrkirche St. Nikolaus*** sind Chor und Turm, vermutlich aus der Spätgotik. Der Hochaltar war um 1680 für das Augustiner Chorherrenstift Herrenchiemsee gefertigt worden. 1809 erwarb Rimsting den Hochaltar, 1821 die Kanzel. Beide Teile hat der Priener Kistler Anton Kronast der kleineren Rimstinger Kirche angepasst. Dabei arbeitete Kronast den Heiligen Nikolaus vom alten Hochaltar in den neuen ein. 1937 wurde das Langhaus abgerissen und neu aufgebaut. ***Rimstinger Steinlehrpfad*** entlang der Prien bis zur Mündung in die Schafwaschener Bucht. Vor etwa 10 000 Jahren haben die Gletscher Gestein aus den entlegensten Winkeln der Zentralalpen bis an den Chiemsee geschoben. Die Findlinge aus Granit, Gneis, Muschelkalk und Quarzit sind bis zu 250 Millionen Jahre alt und wurden alle in Rimsting zu Tage befördert. An jedem Block geben geologische Texte Auskunft über Alter, Herkunft und Gesteinsart.

aktiv ***Naturstrandbad an der Schafwascher Bucht*** direkt am Uferweg zwischen Prien und Breitbrunn. Parkähnliche Strandanlage für die ganze Familie, Kiosk mit E-Bike-Ladestation, Tel.: 08051/4892, www.strandkiosk-rimsting.de, barrierefreier Seezugang. Volleyball-, Fußball- und Basketballfeld, Bocciabahn, Tischtennis, Slackline (auf einer Leine balancieren). Stand-Up-Paddling- und Bootsverleih. Strandbad Rimsting-Westernach zwischen Rimsting und Prien, Westernach 1, 83253 Rimsting, Tel.: 08051/687621, www.chiemsee-alpenland.de, weitläufige Liegewiese direkt am See mit Umkleidekabinen und WC. Kiosk, Spielplatz, Tischtennis, Volleyballplatz und Bootsverleih, freier Eintritt, Parken gebührenpflichtig. ***Umweltpädagogische Hütte*** an der Einmündung der Prien in die Schafwaschener Bucht. Entlang der Prien führt ein Steinlehrpfad zur Hütte. Hier finden das ganze Jahr über Biberführungen und Vogelbeobachtungen, besonders des Schwarzhalstauchers, statt. Außerdem im Sommer Fledermaustouren und eine erdgeschichtliche Zeitreise mit Goldwaschpfanne und Sieb sowie mit Kescher und Lupe. Infos unter Gemeinde Rimsting, Tel.: 08051/687621) oder www.naturerlebnis-chiemsee.de. Auf der ***Ratzinger Höhe*** führt der Physiker und Astronom Manuel Philipp das ganze Jahr über bei klarem Himmel dienstags und donnerstags durch Sternbilder, galaktische Nebel und Galaxien. Anmeldung bei Philipp unter Tel.: 0174/3049099. Treffpunkt am öffentlichen Parkplatz. Siehe auch www.abenteuer-sterne.de.

Einkehr **Gasthaus Weingarten**, Ratzinger Höhe über Rimsting, Weingarten 1, 83253 Rimsting, Tel.: 08051/9621610, www.gastronavi.de, bayerische Küche, Sonnenterrasse, großer Spielplatz, phantastischer Ausblick über See, Inseln und Berge. ***SeeCafé***

Am Badesteg in Rimsting

Wer bei diesem Anblick nicht zur inneren Ruhe kommt – der muss nochmal vorbeischauen.

Toni an der Straße zwischen Breitbrunn und Rimsting, Hochstätt 7, 83253 Rimsting, Tel.: 08054/577, www.seecafe-toni.de, bayerische Küche, hausgemachte Kuchen und Torten, von der Panoramaterrasse herrlicher Blick über die Schafwascher Bucht auf See und Alpenpanorama.

Wandern [7] Der **Erlebnisweg Ratzinger Höhe** ist ideal für Familien. 14 Stationen, mit großem Abenteuerspielplatz und einem 16 Meter hohen Aussichtsturm mit Blick auf Chiemsee und Simsee. Weiter Rundumblick. Symbol für diesen Weg sind zwei Mammuts aus Schwemmholz in Originalgröße. Start am Parkplatz der Rimstinger Pfarrkirche St. Nikolaus, weiter über die Oberdorfstraße und den Friedhofsweg. Gehzeit: 2 Stunden, Länge: 6,7 Kilometer. [8] Die Wanderung lässt sich zum **Rundweg** verlängern. Von der Ratzinger Höhe weiter nach Haimling, Gänsbach, Greimharting (Kirche St. Peter und St. Leonhard), Hörzing und Burgersdorf zurück nach Rimsting. Gehzeit: 3:45 Stunden, Länge: 12,4 Kilometer. [9] Der Rundweg entspricht auch in weiten Teilen dem beschilderten **Obst- und Kulturweg Ratzinger Höhe**, in den man von Rimsting (www.rimsting.de), aber auch von Prien aus (www.tourismus.prien.de) einsteigen kann. Am Weg wurden viele Obstsorten gepflanzt zum Kennenlernen der Frucht, zum Schneiden von Edelreisern, zum Vergleichen der Standortansprüche und zum Erhalt seltener Sorten. Diese Wanderung führt vor Augen, wie Obstgärten, Streuobstwiesen, Wald und Feld, Kirchen, Kapellen, Feldkreuze, Bildstöcke, Dorfplätze und schmucke Häuserfassaden die seit Jahrhunderten bestehende bäuerliche Kulturlandschaft des Alpenvorlands prägen. Die ist gerade rund um die Ratzinger Höhe noch gut erhalten.

Breitbrunn

(Buslinien, 536 m über NHN)

Sehenswert Breitbrunn am Nordufer des Chiemsees zählt zu den ältesten Siedlungsplätzen am See. Bereits vor etwa 6000 Jahren lebten hier Menschen. Auf einem Hügel über dem Ort thront die katholische **Pfarrkirche St. Johannes der Täufer**, ein neubarocker Saalbau von 1899. Zehn Jahre älter ist die Lourdes-Kapelle am malerischen Dorfweiher mit einem bewegten Marienbild aus Blech. König-Ludwig-Gedenkstein am Urfahrner Spitz, der mit 300 Metern engsten Stelle zwischen Festland und Herreninsel, von der aus sich König Ludwig II. hinüber zu seinem neuen Schloss rudern ließ.

aktiv *Strandbad Breitbrunn-Stadl* am westlichen Ufer der Halbinsel Urfahrn, Königstraße, 83254 Breitbrunn, Tel.: 08054/ 234, www.breitbrunn.com, große Liegewiese, umgeben von schattenspendenden Bäumen, Seezugang über langen Steg mit Badeplattform und behindertengerechter Metalltreppe, Badefloß, flaches Wasser im Uferbereich geeignet für Nichtschwimmer, Spielplatz, Beachvolleyballplatz, kleines Restaurant „Strandpavillon" und ein Kiosk, Eintritt frei, Parkplätze kostenpflichtig, Chiemsee-Uferweg führt direkt am Bad vorbei. Wer mit eigenem Segelboot anreisen will, der sollte sich im *gemeindlichen Segelhafen* einen Gästeliegeplatz reservieren lassen (Tel.: 08054/9039-20). Segelhafen an der Mühlner Bucht, über Tourist-Info der Gemeinde Breitbrunn, Gollenshausener Straße 1, 83254 Breitbrunn, Tel.: 08054/234, www.breitbrunn.com. *Segelschule Chiemsee Sailing Center*, Christopher Käßberger, Königstraße 3, 83254 Breitbrunn, Tel.:08054/2384717, www.chiemsee-sailingcenter.de. *Bootsverleih Andreas Jell*, Seestraße 43, 83254 Breitbrunn, Tel.: 0172/9301007, www.bootsverleih-chiemsee.com. *Yachthafen* auf der Halbinsel Urfahrn, Königstraße 47, 83254 Breitbrunn, Tel.: 08054/7238, www.jell.de.

Sehenswert Drei Chiemseeinsel auf einen Blick sieht man vom B*eobachtungsturm Ganszipfel.* Sie erreichen ihn auf dem Uferweg von Gstadt in Richtung Breitbrunn, vorbei an schönen Malervillen.

Einkehr *Oberleitner-Haus am See*, Seestraße 24, 83254 Breitbrunn-Stadl-Urfahrn, Tel.: 08054/396, www.oberleitner-hausamsee.de, alteingesessene Traditionswirtschaft mit bayerisch-internationaler Küche, Kaffee und Kuchen, direkt am See, Sonnenterrasse mit einzigartigem Blick nach Süden auf See, Mühlener Bucht, Herreninsel, ins Priental und bis zum Kaisergebirge nach Tirol, ganzjährig geöffnet. In unmittelbarer Nähe Anlegestelle der Lastenfähre zur Herreninsel, Segelhafen, Rad- und Fußweg, begrenzte Parkplätze, ab 12 Uhr geöffnet. *Stefano am See meets Thai*, Königstraße 46a (im Strandbad Stadl), 83254 Breitbrunn, Tel.: 08054/4444606, italienisch-thailändische Spezialitäten, sehr schön gelegen mit Terrasse oberhalb des Naturbads mit Blick nach Westen auf die Kailbacher Bucht, begrenztes Platzangebot innen und außen, deshalb Reservierung empfohlen. *Gasthof zur Post*, Rimstinger Straße 3, 83254 Breitbrunn, Tel.: 08054/95199566, bayerische Gastronomie mit österreichischer Note, Biergarten in der Dorfmitte unterhalb der Kirche am Dorfweiher. ***PURA, Restaurant und Barcafé***, Gstadter Straße 1, 83254 Breitbrunn, Tel.: 08054/9085703, www.puracosmos.com, vegetarisches und veganes Gastronomieangebot in der Dorfmitte an der Weggabelung nach Gstadt und Eggstätt.

Wandern **10** **Kulturspaziergang**: Am Weg reihen sich die Wohn- und Wirkungsstätten berühmter Künstler, Maler, Fotografen, Komponisten, Schriftsteller und das Denkmal für Ludwig II. Der Weg verläuft an einem der landschaftlich reizvollsten Uferabschnitte des ganzen Sees. Er beginnt an der katholischen Pfarrkirche St. Johannes am Ortsweiher von Breitbrunn, führt über die Seestraße, Wolfsberger Straße und Königstraße nach Urfahrn, am Seeufer entlang zum Aussichtspunkt Aischinger Höhe (556 m) und zurück zum Ausgangspunkt. Gehzeit: 1:50 Stunden, Länge: 7,2 Kilometer.

11 Dieser Spaziergang lässt sich variieren zum **Höhenweg**, der auch an der Pfarrkirche beginnt und nach Süden über Plötzing, Weingarten, Aisching und dem Beobachtungsturm „Ganszipfl" zurück zum Ausgangspunkt führt. Gehzeit: 1:30 Stunden, Länge: 5,4 Kilometer. Start auch in Gstadt möglich. **12** Oder eine leichte Wanderung nur zum **König Ludwig-Gedenkstein** über Wolfsberg nach Urfahrn und zurück. Gehzeit: 1 Stunde, Länge: 4,1 Kilometer.

Von Gstadt aus verkehrt die einzige Autofähre auf dem Chiemsee.

Gstadt
(Schiffsanlegestelle, Buslinien, 538 m über NHN) / Gollenshausen (540 m über NHN)

Sehenswert Neben Prien ist Gstadt die zweite ganzjährige Anlege- und Abfahrtsstelle für die Schifffahrt auf die Fraueninsel und die Herreninsel. Das verleiht dem kleinen, von Hotels, Pensionen und Boutiquen dominierten Ort (1206 Einwohner) eine permanente Geschäftigkeit. Sie beginnt morgens kurz nach sechs Uhr mit dem ersten und endet abends um 21.20 Uhr mit dem letzten Schiff. Dazwischen flitzen die Wassertaxis hinüber und herüber. Nachts wirken ihre Positionslichter wie Glühwürmchen. An einem warmen Sommerabend wähnt man sich an der Lagune von Venedig. Gstadt ist ein guter Ausgangspunkt für eine Kreuzfahrt auf dem See und hinüber zu den Inseln. Die **Filialkirche St. Petrus** am Hang gehört zu den ältesten Gotteshäusern im Chiemgau. Die Langhausmauern gelten als romanisch. Chor und Turm stammen aus dem 15. Jahrhundert und wurden um 1720 barockisiert. Der Hochaltar aus dem Jahr 1655 wurde 1948 aus der Kirche in Urschalling übernommen. Schräg unterhalb von St. Petrus liegt zum See hin der ***Hofanger***. Der kleine Naturpark mit Rosengarten, Kräuterbeeten, Duftpflanzen und Schmetterlingsbeet lädt

Kräuteridyll vor Fraueninsel, zu bewundern in Gstadt

zum Verweilen ein. Die katholische **Pfarrkirche St. Simon und Judas** in Gollenshausen wurde im Jahr 1313 erstmals urkundlich erwähnt, um 1500 um den Altarraum erweitert und mit einem gotischen Gewölbe versehen. An den Seitenwänden befindet sich ein beachtenswerter Apostelzyklus aus dem 16./17. Jahrhundert. Aus dem 17. und 18. Jahrhundert stammen die drei Bauernhäuser neben der Kirche.
aktiv *Strandbad Hofanger* Gstadt mit Spielplatz, Kontakt über Touristinfo Gstadt-Gollenshausen, Seestraße 5, 83257 Gstadt, Tel.: 08054/442, www.gstadt.de, Eintritt frei, Liegewiese mit Kiosk/Restaurant mit bürgerlicher Küche, See- und Bergblick, Tel.: 08054/9089515, Klettereisberg und Trampolin im See, Volleyballplatz, Tischtennis. *Strandbad Gollenshausen*, am See 5, 83257 Gstadt. *Bootsverleih Grünäugl*, Seeplatz 7, 83257 Gstadt, Tel.: 08054/535, www.gruenaeugl-boote.de, Elektro-, Ruder-, Tret- und Segelboote. *Hainz*, Waldstraße 6, Tel.: 08054/7161, Elektro-, Ruder- und Tretboote. *Christian Heistracher Schifffahrt*, Seeplatz 8, 83257 Gstadt, Tel.: 08054/906690, www.chiemseeyacht.de, Segelboote. *Heistracher*, Seeplatz 10, Tel.: 08054/251, Elektro-, Ruder-, Tretboote. *Pletzenauer*, Seeplatz 2, Tel.: 08054/341, Elektro-, Ruder-, Tretboote. *Bootsverleih Josef Rappl*, Seepromenade, Tel.: 0178/1539316, www.bootsverleih-rappl.de, Elektro-, Ruderboote. *Wölkhammer* Lorenz Senior, Breitbrunner Straße 2, Tel.: 0152/33954838, Elektro-, Ruder-, Tretboote.
Segeln lernen: *Chiemsee Yachtschule Gollenshausen*, Hans-Georg Schunck, Mittererstraße 3a, 83257 Gollenshausen-Gstadt, Tel.: 08054/7170, www.cyg.de.

Auch Großsegler haben mal klein angefangen: Start zum Segelunterricht bei Gollenshausen.

Chiemsee Surfcenter Gstadt, Am Strandbad Hofanger, 83257 Gstadt, Tel.: 0171/5460755, www.chiemsee-surfcenter.de, Schnupper-, Kinder-, Erwachsenen- und Fortbildungskurse in Windsurfen, Kajak und Stand-Up-Paddling (SUP), Verleih von Boards und Kajaks. **Fahrradverleih Gstadt**, Peter Reichl, Breitbrunner Straße 8, 83257 Gstadt, Tel.: 0176/57912881, www.fahrradverleih-gstadt.de, E-Bikes, E-Mountainbikes, Trekkingräder, Crossräder, Mountainbikes, Kinderräder.

Einkehr *Restaurant–Café Inselblick*, Seeplatz 9, 83257 Gstadt, Tel: 08054/7815, www.cafe-inselblick.de, frische regionale Küche, Terrasse und eigener Strand, schöner Ausblick auf Fraueninsel, See und Berge, angenehmes Ambiente drinnen und draußen, direkt am Chiemsee-Rundweg. *Griechische Taverna am Hofanger*, Seestraße 6, 83257 Gstadt, Tel.: 08054/9089515, deutsche und mediterrane Küche. Steghouse, Seeplatz 3, 83257 Gstadt, Tel.: 08054/9084341, www.steghouse.de, Steaks, Burger, Bayerische Tapas, große Terrasse am See. *Landgasthof Schalchenhof* zwischen Gstadt und Gollenshausen am Rundweg, Schalchen 1, 83257 Gstadt, Tel.: 08054/230, www.schalchenhof.de, bayerische Küche, große Terrasse mit Panoramablick, angenehm weitläufig, großer Kinderspielplatz. *Der Chiemseewirt*, Söllerstraße 4, 83257 Gollenshausen-Gstadt, Tel.: 08054/8789949, www.chiemseewirt.restaurant, bayerisch-regionale Küche, Biergarten. *Seehäusl*, Am See 8, 83257 Gollenshausen-Gstadt, bayerische, regionale Küche, Biergarten. *Hofcafé Utz*, Lienzing 6, 83257 Gollenshausen-Gstadt, Tel.: 08054/7458, www.utzhof-chiemsee.de, hausgemachte Kuchen und Brotzeit.

Wandern 13 Ein beliebter Rundwanderweg führt zum **mystischen „Grundlosen See"** ins Lienzinger Moos. Die Wanderung beginnt im Ortszentrum von Gollenshausen und führt Richtung Lienzing, vorbei am Hofcafé Utz, direkt in das Lienzinger Moos. Das ursprüngliche Toteisloch liegt 20 Meter höher als der Chiemsee im Zentrum des Hochmoores Lienzinger Filz (640 m). Über Breitbrunn geht es am See entlang nach Gstadt und wieder zurück nach Gollenshausen. Gehzeit: 3:30 Stunden, Länge: 13,2 Kilometer.

Sehenswert *Ausblick* auf die Fraueninsel und die Berge, **Lehrkräutergarten** Gstadt, *Naturerlebnisstation* „Seebruck" mit Turm, **Römermuseum** und Relikte aus der Römerzeit

Wegweiser Gstadt – Seebruck (9 km): Der Weg verläuft parallel zur Seestraße und steigt in einem Waldstück sanft an. Vor der Zufahrt zum Schalchenhof schwenkt er scharf nach rechts ab und führt hinunter zum See. Eben geht es weiter nach Gollenshausen. Es bieten sich zahlreiche Bade- und Einkehrmöglichkeiten. Vor Seebruck mündet der Radweg in die Römerstraße, die bis zum Ausfluss der Alz führt.

Seebruck

(Buslinien, Schiffsanlegestelle, 526 m über NHN)
Sehenswert Die Lage zwischen ausgedehnten Natur- und Landschaftsschutzgebieten auf der einen und dem Chiemsee samt den Bergen auf der anderen Seite verleihen Seebruck seinen unverwechselbaren Charakter. Dazu kommt noch die **Mündung der Alz**, an der sich einer der größten Segelhäfen des Sees befindet. Diese strategisch günstige Lage hatten bereits die Römer erkannt. Zur Sicherung des Flussübergangs „Bedaium" an der Fernreiseroute Salzburg-Augsburg (Via Julia) errichteten sie ein **Kastell**, dessen Grundmauern noch heute sichtbar sind. Auf den Resten der Burg steht die spätgotische **Pfarrkirche St. Thomas und St. Stephan** von 1474 bis 1477. Sie wurde zum großen Teil mit Steinen des Kastells errichtet. Archäologische Funde sind im nahen Römermuseum Bedaium ausgestellt. Die Staatsstraße 2095 Rosenheim-Traunstein bringt leider viel Verkehr in den „Luftkurort" Seebruck. Zu Radtouren laden die Seeoner Seen und die Eggstätter Seenplatte ein. Im Hochmoor Burghamer Filz steht der ganzjährig frei zugängliche Vogelbeobachtungsturm Burgham/Seebruck. Die Besiedlungsgeschichte des Seeufers beschreibt eine Infotafel am zweiten Seebrucker Aussichtsturm im Kurpark. **Römermuseum Bedaium**, Römerstraße 3, 83358 Seebruck, Tel.: 08667/7503, www.roemermuseum-bedaium.de, Öffnungszeiten: Mittwoch bis Freitag 10-13 Uhr u. 14-7 Uhr, Samstag und Sonntag 10-5 Uhr, Montag und Dienstag geschlossen. 500 Exponate in 18 Vitrinen, Zeugnisse des Alltagslebens in der keltisch-römischen Dorfgemeinschaft, Funde aus der Stein- und Bronzezeit, didaktische Bildtafeln und Grafiken, Museumspädagogik mit Kinderecke. Dazu gibt es Erlebnisführungen mit dem römischen Legionär „Quintus Tiberius Octavius" alias Matthias Ziereis. Im originalen Outfit eines römischen Soldaten lässt er die Antike wieder aufleben. Anmeldung über die Tourist-Information Seebruck, Römerstraße 10, 83358 Seebruck, Tel.: 08667/7139, www.tourismus@seeon-seebruck.de.

Die Römersäule markiert den Archäologischen Rundweg (Wanderung 14).

aktiv Zu empfehlen ist der 27 Kilometer lange, gut beschilderte **Archäologische Rundweg** mit der nachgebauten keltischen Siedlung in Stöffling. Geführte Touren durch 4000 Jahre Menschheitsgeschichte mit Bodendenkmälern aus prähistorischer und frühchristlicher Zeit in den drei Orten Seebruck, Truchtlaching und Seeon sind ebenfalls über die Tourist-Information Seebruck zu buchen. Passend dazu ein **Kelten-Abenteuer-Nachmittag** für Kinder ab fünf Jahren mit Begleitperson im Keltengehöft Stöffling, 83376 Truchtlaching, https://www.seeon-seebruck.de/kelten-abenteuer-nachmittag. Jeden Dienstag ab Pfingsten gibt es ab 14 Uhr drei Stunden lang Geschichte zum Mitmachen. Die Kleinen sehen den keltischen Handwerkern über die Schulter, bauen ein Kettenhemd und erleben, wie aus Rohbernstein Schmuckstücke gemacht werden. Anmeldung über die Tourist-Information Seebruck. **Strandbad Seebruck**, Am Chiemseepark 9, 83358 Seebruck, Tel.: 08667/5819985, www.facebook.com/SeebruckStrandbad, barrierefreier Zugang zur großen Liegewiese, Kinderspielplatz, langer Badesteg, Kiosk und Biergarten mit italienischer Küche, Beachvolleyballplatz, Tischtennisplatte, SUP-Verleih. **Bootsverleih am Seehotel Wassermann**, Ludwig-Thoma-Straße 1, 83358 Seebruck, Tel.: 08667/ 871-0, www.chiemsee-hotel-wassermann.de. **Bootsverleih Kirchmeier**, Traunsteiner Straße 2, 83358 Seebruck, Tel.: 08667/607. **Bootsverleih Ralph Wächter**, Traunsteiner Straße 30, 83358 Seebruck, Tel.: 0170/3219935, www.seeon-seebruck.de. **Bootsverleih Chiemsee Camping**, Lambach 3, 83358 Seebruck, Tel.: 08667/7889, www.camping-am-chiemsee.de. Auf dem Campingplatz Strandbad mit Kiosk/Gastronomie. **Chiemsee-Segelschule**

Seeon, Seebruck und Truchtlaching bilden nicht nur aus der Luft ein eindrucksvolles Trio.

Gemütliche Floßfahrt auf der Alz bei Seebruck

Seebruck, Franz Huber, Rosenheimer Straße 58, 83358 Seebruck, Tel.: 08667/7462, 0179/8476161, 0177/6491326, www.chiemsee-segelschule.de, Kajakverleih und SUP-Verleih, speziell für Alz-Touren bis nach Truchtlaching. **Chiemsee Kaufmann** Seebruck, auch **Minigolf und Fahrradverleih**, Haushoferstraße 1, 83358 Seebruck, Tel.: 08051/7777, www.chiemsee-kaufmann.de. *Alzfloßfahrt* von Seebruck nach Truchtlaching für jedes Alter auf einem 25 Quadratmeter großen Holzfloß mit Sonnensegel, Dauer je nach Wasserstand 2-3 Stunden, Rückfahrt mit dem Bus, Start im Juli, Abfahrt an der Haushoferstraße in Seebruck (hinter dem Minigolfplatz),Tickets nur in der Tourist-Information Seebruck, Römerstraße 10, 83358 Seebruck, Tel.: 08667/7139, www.tourismus@seeon-seebruck.de. Gruppenflossfahrten nur über Familie Niedermaier, Tel.: 08667/508, www.alzflossfahrt.de. Ebenfalls über die Tourist-Information Seebruck kann eine naturkundliche Alzfloßfahrt samt einer Wanderung gebucht werden. Start bei Tagesanbruch oder in der Abenddämmerung, Dauer insgesamt 4 bis 5 Stunden.

Einkehr *Seehotel Wassermann*, Ludwig Thoma-Straße 1, 83358 Seebruck, Tel.: 08667/8710, www.chiemsee-hotel-wassermann.de, eigener Radlparkplatz, große Seeterrasse direkt am Yachthafen, hervorragendes Essen. *Restaurant und Weinlokal Taverna* (im Museumsgebäude), Römerstraße 3a, 83358 Seebruck, Tel.: 08667/7700, www.taverna-weinlokal.de, österreichisch-mediterrane Küche, romantischer Garten. Dienstag und Mittwoch Ruhetag. *Restaurant Hafenwirt*, Am Chiemseepark 7, 83358 Seebruck,Tel.: 08667/611, www.hafenwirt.de.

Wandern 14 Den **Archäologischen Rundweg** auf verkehrsarmen Wegen entlang blühender Wiesen durch kleine Weiler kann man auch gut zu Fuß machen. Gehzeit: 7 Stunden, Länge: 27 Kilometer. 15 Leichte Wanderung von **Seebruck** über **Burgham** und **Lambach** am Seeufer zurück nach Seebruck. Gehzeit: 1:30 Stunden, Länge: 7 Kilometer.

Wegweiser Seebruck – Chieming (Streckenlänge 8 km) Nach der Alzbrücke ortsauswärts unter Alleebäumen entlang der Traunsteiner Straße direkt am Ufer Richtung Chieming. Durch einen Wald mit knorrigen alten Eichen zum Campingplatz Stöttham. Der „offizielle" Chiemsee-Uferweg führt nach links vom Ufer weg über die Straße „Beim Seehäusl" einen kleinen Berg hinauf. Schöner Ausblick. Weiter geht es auf der Straße hinein nach Chieming. Wer diesen Umweg ignoriert, sollte an schönen Tagen auf der Seepromenade das Rad schieben.

Uferpanorama mit Kirchturm in Ising

Ising
(Buslinien, 558 über NHN)

Sehenswert Der Turm der **Wallfahrtskirche Mariä Himmelfahrt** überragt als Landmarke hoch über dem Seeufer noch den Turm des Landschulheims Schloss Ising. Der spätgotische Bau stammt aus der Mitte des 15. Jahrhunderts und wurde 1751 barockisiert. Das Schloss entstand aus einem Gutshof aus dem frühen 19. Jahrhundert und wurde 1892 unter anderem um den Zinnenturm erweitert. 1955 erwarb es der Zweckverband Bayerischer Landschulheime und machte daraus ein Gymnasium mit Internat. Den kleinen Ort prägt außerdem die Hotelanlage Gut Ising. Das 4-Sterne-Hotel verteilt sich auf acht Bauernhäuser auf 69 Hektar Land.

aktiv *Reiten, Polo, Golfen, Tennis, Kegeln, Segeln* und viele Sportarten mehr werden in Ising in Verbindung mit dem Hotel Gut Ising groß geschrieben. Hotel Gut Ising, Kirchberg 3, 83339 Chieming, Tel.: 08667/79-0, www.gut-ising.de, Schnupperkurse in der *El Condor-Poloschule*, Carlos A. Velasquez, Fehling 23, 83339 Chieming, Tel.: 0172/3911288, www.cvpolo.de.

Einkehr Das *Hotel Gut Ising* bietet mehrere gute Restaurants der Spitzenklasse wie den **Goldenen Pflug** (in historischem Gebäude), das Gourmet-Restaurant *Usinga*

Wenn es Abend wird am Chiemsee, verwandelt sich das Eintauchen ins mild-warme Wasser in ein (über-)sinnliches Erlebnis.

und die *Pizzeria Cavallo*. Näheres unter: Hotel Gut Ising, Kirchberg 3, 83339 Chieming, Tel.: 08667/79-0, www.gut-ising.de.

Wandern 16 In Ising ist alles sportlich, auch das Wandern: Schöne **Nordic Walking-Strecke**, Start am Parkplatz der Kirche über Arlaching zum See, weiter nach Schützing, Stöttham (Spielplatz, Kneipp-Anlage), Weidach und Fehling zurück zum Ausgangspunkt. Gehzeit: 2:20 Stunden, Länge: 9 Kilometer.

Chieming

(Buslinien, Schiffsanlegestelle, 537 m über NHN)

Sehenswert Das *flache Seeufer* prägt den Charakter von Chieming und seiner Geschichte bis hin zur Uferpromenade – die ist barrierefrei. Kinder können im seichten Wasser des Sees plantschen, Surfer und Kitesurfer gut in See stechen. Dafür stehen sechs Kilometer frei zugänglicher Badestrand und ein Strandbad zur Verfügung.. Auch zum Radeln sind der Ort und seine Umgebung ideal. Das flache Gelände begünstigte die Anlage von Äckern. Die Lage am See, Wälder, Auen sowie die Nähe von Salzvorkommen lieferten die Nahrungsgrundlage für eine Besiedelung Chiemings schon in der Steinzeit. Entlang der römischen Fernstraße Via Julia siedelten sich Bauern zur Versorgung des Militärs an. Die *Pfarrkirche Mariä Himmelfahrt* entstand 1882/1883 und 1891 im neuromanischen Stil. Beim Abbruch der alten Kirche kamen drei römische Weihesteine zum Vorschein, die im Turmgeschoss eingemauert sind. In Chieming und seinen 38 Ortsteilen sind alte Villen und Bauernhäuser zu bewundern, die unter Denkmalschutz stehen. Barrierefreie *Beobachtungsplattform Chieming*, Seeufer am Parkplatz der Klinik Alpenhof, herrlicher Ausblick auf See und Berge. In

Und zum sanften Gleiten des Katamarans über die immer dunkler werdende Wasserfläche gesellen sich Gedanken an die Unendlichkeit!

einem Landschaftsschutz- und Vogelschutzgebiet liegt der *Pfeffersee* im Süden von Chieming an der Grabenstätter Straße. Er entstand als Toteisloch, in dem sich das Wasser der schmelzenden Gletscher sammelte. Ein historischer Zeitungsartikel lobt dessen weiches und mildes Wasser, das sich vorzüglich für medizinisch verordnete kalte Bäder eigne.

aktiv *Bootsverleih Chieming Thomafischer*, Markstatt 10 (am Dampfersteg), 83339 Chieming, Tel.: 0178/5159806, www.bootsverleih-chieming.de, Tret-, Ruder- und Elektroboote. *Strandbad Chieming*, Bei den Bädern 3, 83339 Chieming, Tel.: 08864/513, www.strandbad-chieming.de, Kiosk sowie Pizza zum Mitnehmen vom naheliegenden italienischen *Restaurant al dente*, nostalgische Holzumkleidekabinen, Volleyballplatz, Tischtennis, SUP-Verleih, Badesteg und behindertengerechter Rollstuhleingang, Wasserrollstuhl wird zur Verfügung gestellt. Die Strandbadbetreiber Thomas und Elisabeth Heimbucher unterhalten neben dem Bad eine Töpferei mit Verkaufsausstellung. *Fahrradverleih „Tour-me"*, Markstatt a, 83339 Chieming, Tel.: 08664/9280015, www.tour-me.info, Verkauf, Verleih, Service, Reparatur, Fahrräder für jung und alt, barrierefreie Dreiräder und E-Bikes. *Golfclub Chieming*, Kötzing 1, 83339 Chieming-Hart, Tel.: 08669/87330, www.golfclubchieming.de, öffentlicher 9-Loch-Kurzplatz und 18-Loch-Meisterschaftsplatz. *Trimm-Parcours*, Schlossplatz am Dampfersteg, Markstatt, 83339 Chieming, Tel.: 08664/988647.

Einkehr *Al Dente*, Bei den Bädern 1, 83339 Chieming, Tel.: 08664/985927, www.aldente-chieming.de, italienische Spezialitäten im Holzhaus und auf der Veranda, Biergarten unter Linden, grandioser Blick auf See und Berge besonders bei Sonnenuntergang, E-Bike-Ladestation, Dienstag Ruhetag. *Chiemseer Wirtshaus* (Unterwirt), Hauptstraße 32, 83339 Chieming, Tel.: 08864/928250, www.chiemseer-wirtshaus.de, schöner großer Biergarten. *Gasthof zur Post Oberwirt*, Laimgruber Straße 5, 83339 Chieming, Tel.: 08664/1481, www.oberwirt-chieming.de, traditionelle Gastwirtschaft seit 1863. Donnerstag Ruhetag. *Gasthof Berghof*, Berghofstraße 5 (auf einer Anhöhe am südlichen Ortsrand), 83339 Chieming, Tel.: 08864/258, www.chieming.de/gasthof-berghof-1. *Sonnendeck Chieming*, Grabenstätter Straße 14, 83339 Chieming, Tel.: 08864/928366, www.sonnendeck-chieming.de, internationale Küche und Café, Terrasse, Liegewiese, Strand. *Haus am See*, Markstatt 8, 83339 Chieming, Gundi Buntz, Tel.: 08664/929697, www.chiemsee.net. *Eiseria Eisdiele*, Hauptstraße 30, 83339 Chieming, Tel.: 01512/7045233. *Landgasthof Goriwirt*, Truchtlachinger Straße 1, 83339 Chieming, Tel.: 08864/98430, www.goriwirt.de, moderner bayerischer Landgasthof mit Gewölbe und Biergarten, Lademöglichkeit für E-Bikes. *Seehäusl Camping und Restaurant*, Seehäusl 1, 83339 Chieming-Stöttham, Tel.: 08664/303, www.camping-seehaeusl.de

Wandern **17** **Tour am Seeufer entlang** über Stützing und Stöttham, Start an der Naturbeobachtungsplattform, nach Stützing von einer kleinen Anhöhe schöner Blick auf den See, kurz vor Stöttham spätgotische Kapelle St. Johann Baptist aus der zweiten Hälfte des 15. Jahrhunderts, Kneipp-Anlage am Ortseingang (Restaurant Seehäusl). Die Wanderung kann auch als leichte Nordic Walking Runde absolviert werden. Gehzeit: 1:20 Stunden, Länge: 6 Kilometer. Die Tour ist zum Ortsteil Egerer (Landgasthof Goriwirt) erweiterbar (plus 20 Minuten und 2 Kilometer) oder zu einem Spaziergang nach Stöttham zu verkürzen (Gehzeit: 45 Minuten, Länge: 4 Kilometer. www.chieming.de/entdecken **18** Eine **Rundwanderung** führt von Chieming über Ising und zurück. Gehzeit: 3 Stunden, Länge 17 Kilometer. Siehe auch Tour 16.

Sehenswert *Naturerlebnisstation* Chieming mit Plattform, *Uferpromenade*, *Hofmark*.

Wegweiser Chieming – Übersee (Streckenlänge 10 km): Erst am Ortsende dürfen die Radler wieder an den See. Der Chiemsee-Uferweg folgt der Staatsstraße nach Grabenstätt, die dann in Höhe eines Jachthafens nach links wegschwenkt. Jetzt wird es einsam auf der Rundtour. Nur einmal noch berührt der Weg die Straße. Schattiger Weg durch das Naturschutzgebiet „Tiroler Achen". In der Hirschauer Bucht Gaststätte und ein Vogelbeobachtungsturm. Nach der Autobahnbrücke über die Tiroler Achen geht es nach links. Die kürzere, wenig reizvolle Alternative wäre hier der Chiemsee-Uferweg entlang der lauten Autobahn. Wenn es nach den Verkehrsplanern geht, soll sie von aus hier bis zur Grenze bei Salzburg in beiden Richtungen jeweils dreispurig ausgebaut werden. Wir aber folgen dem Achental-Radweg etwa drei Kilometer bis nach Übersee. Vor der Bahnlinie nach rechts. Die Schienen der Strecke München-Salzburg führen direkt nach Übersee.

Sehenswert Naturerlebnisstation *„Turm Hagenau"* und *„Hirschauer Bucht"* mit Turm, Achendelta, Kendlmühlfilzen.

Egal von wo aus man ihn sieht: Der Raddampfer Ludwig Feßler bietet immer wieder ein eindrucksvolles Bild.

Die Tiroler Achen bildet bei ihrer Mündung in den Chiemsee ein ausgedehntes Delta.

Grabenstätt

(Buslinien, 526 m über NHN)

Sehenswert Grabenstätt liegt nicht weit entfernt vom **Delta der Tiroler Achen** in den Chiemsee. Es ist ein Rückzugsort für viele Tiere und Pflanzen. Zusammen mit dem südlich angrenzenden Auwald und dem **Grabenstätter Moos** bildet es ein 1250 Hektar großes Naturschutzgebiet von internationaler Bedeutung. Das Grabenstätter Moos ist erst in den vergangenen zweihundert Jahren durch Verlandung durch den Kieseintrag der Tiroler Ache entstanden. Von den beiden **Beobachtungstürmen** in der **Hirschauer Bucht** und bei **Hagenau** lassen sich seltene Wasservögel beobachten. Aus der Zeit um 1430 stammt die gotische **Pfarrkirche St. Maximilian** mit prunkvollen Malereien. Im Jahr 1400 entstand die **Johanneskirche** mit einer seltenen Orgel. **St. Peter und Paul im Thale** in Erlstätt von 1480 ist eine der ältesten Dorfkirchen im Chiemgau. Die Grundmauern eines großen und luxuriösen römischen Gutshofs in Erlstätt belegen die Besiedlung des Ortes in keltisch-römischer Zeit zwischen 50 vor und 300 Jahre nach Christus. Mosaiken, Wandmalereien und zahlreiche Fundstücke lassen sich im **Römermuseum Grabenstätt** in einem Nebengebäude des Schlosses (Rathaus) bewundern. Schloss Straße 17, 83355 Grabenstätt, Tel.: 08661/988731, www.grabenstaett.de/roemermuseum. Mitmachstationen für Kinder. Sonderführungen auf Anfrage, Tel.: 08661/988731. Ebenfalls in einem Raum der Schloss-Ökonomie sind Fundstücke ausgestellt, die Antworten auf die Frage geben sollen, ob der Tüttensee bei Grabenstätt kein urzeitliches Toteisloch, sondern einen Meteoriteneinschlag, den *„Chiemgau Impact"*, darstellt. Öffnungszeiten: Montag bis Freitag 9-12 Uhr, Donnerstag 14-16 Uhr, Juni bis Mitte September Samstag von 9-11.30 Uhr. Führungen auf Anfrage in der Tourist-Info, Tel.: 08661/988731.

aktiv Am nächsten kommt man dem Delta der Tiroler Achen mit dem Boot. Von Mai bis Oktober veranstaltet die Priener Tourismus GmbH (Tel.: 08051/96555-0) vom Dampfersteg Übersee-Feldwies (neben der Seewirtschaft) aus dreistündige **Erlebnisbootsfahrten** in einer alten Barkasse an den Rand des Deltas. Anmeldung erforderlich. **Tennis für Gäste**, TSV Grabenstätt, Sportpark „Am Eichbergfeld", www.info@grabenstaett.de, Spielzeiten jederzeit außer werktags nach 18 Uhr und an Turniertagen. **Chiemsee Strandcamping** direkt am Chiemseeufer, Am Chiemsee 1, 83355 Grabenstätt-Unterhochstätt, Harry Schmidt, Tel.: 08664/500, www.chiemsee-strandcamping.de. **Strandbad Tüttensee**, Lueg 2, Tüttensee, 83377 Vachendorf, Tel.: 08661/983838, 0160/1500244 www.tuettensee-seebad.de, zwei Stege und Leitern, zwei Schwimminseln, Wassertretbecken, Liegewiese, Kiosk und Restaurant mit großer Terrasse, Bogenschießen, Luftgewehrschießen, Kegelbahnen, Tennis, aktiv auf dem Wasser. Von Mai bis Oktober ab 10 Uhr geöffnet.

Einkehr **Gasthof zur Post beim Fliegl**, Raiffeisenstraße 1, 83355 Grabenstätt, Tel.: 0861/14149, www.gasthausfliegl.de, Donnerstag Ruhetag. **Traditionswirtshaus Schwögler**, Kraimoos 11, 83355 Grabenstätt, Tel.: 08664/288, www.traditionswirtshaus.de, bayerische Küche, Gewölbe, schattiger Biergarten. **Gasthof Grabenstätter Hof**, Marktplatz 5, 83355 Grabenstätt, Tel.: 08661/983766, Dienstag Ruhetag. **Restau-**

Radeln auf dem Damm der Tiroler Achen bei Grabenstätt

rant *Hotel Chiemseefischer*, Hagenau 2, 83355 Grabenstätt, Tel.: 08661/982658, www.hotel-chiemseefischer.de, Montag Ruhetag (Feiertag geöffnet), bayerische und mediterrane Küche, frischer Fisch, von leichter Anhöhe Blick über die Hirschauer Bucht. ***Wirtshaus zur Hirschauer Bucht***, Hirschauer Bucht 1, 83355 Grabenstätt, Tel.: 08661/528, www.hirschauerbucht.de, fangfrische Chiemseefische, bayerische und mediterrane Küche, Donnerstag Ruhetag. ***Kymsee Whisky,*** Oliver Lange, Destille, Gewerbestraße 1, 83355 Grabenstätt, Tel.: 08661/929922, www.kymsee-whisky.de, handgemachter bayerischer Single Malt.

Wandern [19] **Tüttensee-Spaziergang**, schön angelegter Rundweg um den idyllischen Moorsee, Gehzeit: 30 Minuten, Länge: 1,8 Kilometer, [20] **Hirschau-Rundweg**, reizvolle Schilflandschaften, im Mai/Juni blau leuchtende Irisblüten und das Gebirgspanorama, vom Grabenstätter Rathaus durch das Grabenstätter Moos zum Beobachtungsturm Hagenau, Hirschau und zurück über Marwang nach Grabenstätt. Gehzeit: 1:50 Stunden, Länge: 7,5 Kilometer. [21] Der **Kraimoos-Rundweg** führt vom höher gelegenen Erlstätt bergab in die einst weitläufigen Feuchtgebiete südöstlich von Chieming, von denen leider nur ein kleiner Rest geblieben ist. Das Niedermoor hat noch Verbindung zum Grundwasser und weist Schilf, Binsen sowie verschiedene Lilien- und Orchideenarten auf. Start und Ziel ist der Gasthof Fliegl in Erlstätt. Gehzeit: 1:50 Stunden, Länge: 7,2 Kilometer.

Feldwies/Übersee

(Buslinien, Schiffsanlegestelle, Bahnstation, 525 m über NHN)

Sehenswert Weithin sichtbar ist in Übersee der rote Ziegelbau der neugotischen **Pfarrkirche St. Nikolaus** von 1904, auch „Achentaler Dom" genannt. Fresken aus dem 15. und 16. Jahrhundert birgt die zunächst romanische und dann gotische ***Kapelle St. Peter und Paul*** auf dem Westerbuchberg. Ein Muss für Kulturfreunde ist das ***Exter-Kunsthaus*** im Ortsteil Feldwies. In dem Haus inmitten eines prächtigen Gartens hat der Maler Julius Exter (1863 bis 1939) gelebt und gearbeitet. Er schuf Chiemseelandschaften in vitaler Farbenpracht, die im Haus ausgestellt sind. Exter-Kunsthaus, Blumenweg 5, 83236 Über-

Im Exter-Kunsthaus bieten sich Einblicke in eine vergangene Künstlerwelt.

see, Tel.: 08642/895083, www.uebersee.com/exter-kunsthaus, Öffnungszeiten: etwa von Pfingsten bis zum 2. Sonntag im September, Dienstag bis Sonntag jeweils 17-19 Uhr, Montag geschlossen. Der **Naturpavillon** bietet wechselnde Ausstellungen und Naturexkursionen für alle an Natur und Umweltschutz Interessierten. Naturpavillon im Zellerpark, Hochfellnweg 1, 83236 Übersee, Tel.: 08642/1551, www.wiesmuehl-uebersee.lbv.de. Übersee wirbt mit dem **längsten Naturbadestrand** am „Bayerischen Meer". Einen Blick auf den westlichen Teil des Achendeltas mit seiner einmaligen Vogelwelt öffnet der **Turm Lachsgang**. Sie erreichen ihn vom Parkplatz am Strandbad Übersee auf dem Uferweg zu Fuß vorbei an Streuwiesen und knorrigen Eichen und Pappeln (etwa 2 Kilometer).

aktiv **Strandbad und Beachbar Übersee**, Julius-Exter-Promenade 31, 83236 Übersee, Tel.: 0171/7918947, www.facebook.com/strandbaduebersee, 40 000 Quadratmeter großes Gelände mit Strandcafés, Beachbar, Strandkioske, Biergärten, Rasenschach, Tischtennis, Beachvolleyball- und Fußballfeld, Kinderspielplätze, größter Vier-Sterne-Camping- und Caravan-Abstellplatz direkt am Chiemsee, abgegrenzter FKK-Badeplatz. Strandbad Schweinebucht, 83236 Übersee. Übersee hat auch ein schattiges und erfrischendes **Kneipptretbecken** am Bach in der Ortsmitte. **Hochseilgarten Übersee**, Julius-Exter-Promenade 23, 83236 Übersee, Tel.: 08642/5955650, www.parkeroutdoor.com roter Parcours bis zu acht Meter Höhe, schwarzer Parcours bis zu 12 Meter Höhe, Kajak & SUP-Verleih, Café & Bar. **Fahrradverleih: Fahrrad Brunner**, Grassauer Straße 44, 83236 Übersee, Tel.: 08642/6656. **Südbike**, Gewerbestraße 6, 83236 Übersee, Tel.: 08642/6107, www.suedbike.de **Bootsverleih Feldwieser Bucht**, Julius Exter-Promenade 9, 83236 Übersee, Tel.: 0174/4147507, www.bootsverleih-feldwieserbucht.de Tret-, Ruder- und Elektroboote. **SUP Chiemsee Verleih**, Julius-Exter-Promenade 31, 83236 Übersee, Tel.: 0176/84370385, www.sup-chiemsee.de **Wassersportschule Chiemgau** – Motorboot- und Segelschule, Greimelstraße 34, 83236 Übersee, Tel.: 08642/595581, www.wssc.de

Einkehr **Seewirt's Strandhaus**, Andreas Mittermaier, Julius-Exter-Promenade 11, 83236 Übersee, Tel.: 08642/1222, www.seewirts-strandhaus.de Sommer ab 11, Winter ab 12 . Uhr geöffnet. **Restaurant Rotkäppchen**, Seestraße 10, 83236 Übersee, Tel.: 08642/5966860, www.instagram.com/rotkaepchen.uebersee Burger und Thaifood. **D'Feldwies** (nahe dem Exter-Haus), Greimelstraße 30, 83236 Übersee, Tel.:08642/595715, www.wirtshaus-feldwies.de bayerische Schmankerl, Biergarten, Kinder-

Eine ordentliche Einkehr rundet die Wanderung oder Radtour erst ab: Gasthof Feldwies.

spielplatz. **Chiemsee-Stuben**, Feldwieser Straße 104, 83236 Übersee, Tel.: 08642/389, www.chiemsee-stuben.de Grill- und internationale Spezialitäten, Montag bis Mittwoch Ruhetage. **Taverna Lindos**, Dorfstraße 1, 83236 Übersee, Tel.: 08642/2446117, www.taverne-lindos.de Griechische Küche, täglich ab 17 Uhr, Dienstag Ruhetag. **Gasthof Hinterwirt**, Dorfstraße 35, 83236 Übersee, Tel.: 08642/228, www.hinterwirt. de Bayerische und internationale Küche, Montag Ruhetag.

Wandern 22 Zum Aussichtspunkt Kreuzbichl am **Westerbuchberg**. Beliebte Rundwanderung zum höchsten Punkt der Gemeinde Übersee (603 m) mit einer fabelhaften Aussicht auf den Chiemsee, die Alpen und das Hochmoor Kendlmühlfilzen. Der Westerbuchberg war neben dem Osterbuchberg, dem Herrenberg in Prien und der Herreninsel eine Insel im früheren Ur-Chiemsee, weil diese Erhebungen aus härterem Molassegestein bestehen und deshalb von den Gletschern nicht abgeschliffen wurden. Sehenswert ist die Kapelle St. Peter und Paul.

Einkehr *Gasthof zur schönen Aussicht*, Westerbuchberg 9, 83236 Übersee, Tel.: 08642/8970, www.chiemgau-hotel.de Start an der St. Nikolauskirche. Gehzeit: 2 Stunden, Länge: 6,4 Kilometer. www.outdooractive.com

Wandern 23 **Kapellenweg** – Osterbuchbergrunde, Start am Parkplatz an der Tiroler Achen, Gehzeit 1:30 Stunden, Länge: 5,4 Kilometer, www.outdooractive.com Auf dem Osterbuchberg (598 m) steht die Zaißlkapelle. Es folgen das Haindlsteiner Wegkapellchen und die Filialkirche St. Leonhard in Almau von 929. Wie schon der Name sagt, war die Kirche im Mittelalter ein sehr beliebtes Wallfahrtsziel bei den Bauern. Zahlreiche Votivtafeln stammen aus dieser Zeit.

Wegweiser Übersee – Bernau (Streckenlänge 9 km): Nach dem Bahnübergang nach rechts in die Feldwieser Straße. Bereits nach wenigen Metern weist ein Schild nach links zum Exter-Kunsthaus. Schräg gegenüber schattiger Biergarten des Wirtshauses D'Feldwies. Hinter der Tourist-Information an der Feldwieser Straße Fußweg in Richtung Kirche. Wir unterqueren ein massives Steinviadukt. In einer schattigen Grünanlage Kneipp-Anlage am Überseer Bach. Von der Kirche aus über Dorf-, Ring-, Hocherlacher- und Wessener Straße zum Westerbuchberg (Achentalradweg). Entweder an einer Weggabelung nach links den kurzen, aber steilen Anstieg zum Westerbuch-

Ein Leckerbissen für Freunde der Industriegeschichte: die historische Schmalspurbahn am Torfbahnhof

berg. Bis zum Aussichtspunkt ein Umweg von zwei Kilometern. Oder dem bequemeren Weg (Angerling, Wessen) folgen und nach rechts am Berg entlang. Auf dem Gelände übt die Strafvollzugsanstalt Bernau hoheitliche Rechte aus. Nach einem Gehöft mündet der Wessener Weg in eine Schotterstraße, die zur Bahnlinie und zum Torfbahnhof führt. An der Bahn entlang nach Bernau.

Sehenswert Industriedenkmal *Torfbahnhof mit Museum*, bayerisches Moor- und Torfmuseum, Hackenstraße 180, 83224 Rottau, Tel.: 08051/9637064, www.museumtorfbahnhof.de. Öffnungszeiten: 4. Mai bis 29. September, 10 – 15.30 Uhr.

Einkehr *Gasthof Hinterwirt*, Dorfstraße 35, 83236 Übersee am Chiemsee, Tel.: 08642/228, www.hinterwirt.de, Öffnungszeiten: Mittwoch bis Sonntag täglich, 11 – 14.30 Uhr und 17 – 22 Uhr, Samstag und Sonntag bei schönem Wetter durchgehend geöffnet, Montag und Dienstag Ruhetag. Bayerische Küche, Fischspezialitäten, gemütliche Zimmer.

Bernau/Felden

(Bahnstation, Buslinien, Schiffsanlegestelle, Höhe 544 m über NHN)

Sehenswert Zu den historischen Gebäuden von Bernau zählt in der Ortsmitte der *Gasthof Alter Wirt* von 1697. Gleich daneben thront auf einer Anhöhe die *Pfarrkirche St. Laurentius*. Sie wurde 1408 als Filialkirche von Prien erstmals urkundlich erwähnt. 1926 – Bernau war 1806 eigene Pfarrei geworden – musste sie wegen Platzmangels einem größeren Neubau weichen, wobei Turm und Teile der Westwand der alten Kirche stehen blieben. Nicht weit vom Gasthaus steht das *Bonn-Schlössl* mit seinen markanten Türmen, benannt nach dem Hofschauspieler Ferdinand Bonn (1861 bis 1933). Es dient heute als Hotel. Im Park der Grundschule an der Schulstraße 1 stehen die

Die ehemalige Privatresidenz des Schauspielers Ferdinand Bonn ist heute ein edles Hotel.

Originale der Steinfiguren von *vier griechischen Weisen*, die bis 1943 den Aufgang zur Bayerischen Staatsbibliothek in München zierten. Dort befinden sich Duplikate. Bereits in der Römerzeit schätzten besonders Legionäre die gute Luft des Luftkurorts. Es fanden sich Hinweise auf eine *Villa rustica* und ein *römisches Badehaus*, die als Station zur neuen **Römerregion Chiemsee** (www.roemerregion-chiemsee.de) gehören. Sehenswert ist im Ortsteil **Hittenkirchen** die **Kirche St. Bartholomäus** aus dem Jahr 1345 sowie der **Aussichtspunkt am Kriegerdenkmal**. **Fundmuseum Höhenberg,** Höhenberg 15, 83229 Aschau, Tel: 08052/2596, www.zimmervermietung-aringer.de/Hofmuseum, Funde der Bronze- und Römischen Zeit, ausgegraben von Sebastian Aringer, donnerstags von 18-20 Uhr geöffnet, nur mit Führung und einem Beitrag von fünf Euro zu besichtigen. Der **Beobachtungsturm Irschener Winkel** (Richtung Strandbad/Segelhafen) bietet einen Blick in Röhricht- und Teichrosenfelder. **Modellautomuseum Bernau**, Buchenstraße 17, 83233 Bernau, Tel.: 08051/8822, www.modellautomuseum-bernau.de, 20000 Automodelle von Wiking und Siku bis zu Märklin und Schuko hat Thomas Schneider gesammelt und sich mit einem eigenen Museum (direkt an der A 8) einen Lebenstraum verwirklicht.

aktiv Auf einer kleinen Halbinsel am südlichen Chiemseeufer liegt das **Strandbad Chiemsee Park Bernau Felden**, Beachvolleyball und Beachsoccerfeld, Bocciabahn, Tischtennisplatten, Abenteuerspielplatz, Wasserrutschen, behindertengerechter Badeinstieg. Strandcafé und Kiosk H2o, Birkenallee 54, 83233 Bernau, Tel.: 0151/55756427, www.bernau-am-chiemsee.de, große Terrasse. **Chiemsee-Bootsverleih**, Chiemsee-Park Bernau-Felden, Rasthausstraße 29, 83233 Bernau, Tel.: 0175/3213783, www.chiemsee-bootsverleih.de. **SUP Chiemsee Center Bernau**, Rasthausstraße 29, 83233 Bernau, Tel.: 08051/7777, www.chiemsee-kaufmann.de Vom 1. Mai an täglich ab 10 Uhr, in den Sommerferien ab 9 Uhr geöffnet. **Bootsverleih Thomas Pfliegl**, Chiemseepark Felden, Birkenallee 54, Tel.: 08051/80960, www.chiemsee-bootsverleih.de. **Chiemsee Cruising Bootsverleih**, Geigelsteinstraße 23, 83233 Bernau, Tel.: 08008323323, www.chiemsee-cruising.de. **Sepp Pfliegl Bootsverleih**, Joseph-Decker-Straße 23, 83233 Bernau, Tel.: 08051/7739. **Fahrradverleih Chiemsee Fritz Müller**, Felden 12, 83233 Bernau, Tel.: 0170/4851930, www.fahrradverleih-chiemsee.de, Fahrräder und E-Bikes, Tourenvorschläge. Moderne **Kneipp-Anlage** im Kurgarten im Ortszentrum. **BernaMare Familienbad & Sauna**, Erlenstraße 14, 83233 Bernau, Tel.: 08051/7230, www.bernamare.de. **Kletterhalle Bernau**, Buchenstraße 17, 83233 Bernau, Tel.: 08051/8822, www.tenniszentrum-bernau.de. **Minigolfplatz Chiemsee Kaufmann**, Rottauer Straße 5, 83233 Bernau, Tel.: 08051/7777. **Chiemgauer Hochseilgarten**, Bernauer Straße 48, 83229 Aschau, Tel.: 0179/8115229, www.chiemgauer-hochseilgarten.de. **Ballonfahrten Szemborsk**i, Mailinger Weg 5, 83233 Bernau-Hittenkirchen, Tel.: 08051/4381, www.ballonfahrten-oberbayern.de. **Alpakawanderung**, Lenz'n Hof, Baumannstraße 9a, 83233 Bernau, Tel.: 0160/94189903. **Erlebnisbauernhof und Hofladen Sepp'n-Bauer**, Rottauer Straße 72a, 83233 Bernau, Tel.: 08051/9617222, www.seppenbauer.com.

Einkehr **Gasthof Alter Wirt**, Robert Stolz, Kirchplatz 9, 83233 Bernau, Tel.: 08051/965699-500, www.alter-wirt-bernau.de Traditionswirtshaus und Hotel mit eigener Metzgerei und Biergarten, bayerische und internationale Küche. Montag Ruhe-

tag. **Gasthof Kampenwand Bernau**, Aschauer Straße 12, 83233 Bernau, Tel.: 08051/964090, www.gasthaus-kampenwand.de bayerische Küche, Biergarten. Mittwoch Ruhetag. **Landgasthaus Hittenkirchen**, Patrick Bellahouel, Hittostraße 8, 83233 Bernau-Hittenkirchen, Tel.: 08051/2391, www.der-landgasthof.bayern.de. Pfiffige regionale und nachhaltige alpenländische Gerichte. **Sallers Badehaus Bernau-Felden**, Christian Saller, Rasthausstraße 11, 83233 Bernau, Tel.: 08051/9663450, www.sallers-badehaus.de, bayerische und österreichische Küche, Terrasse direkt am Chiemsee-Ufer, Mittwoch und Donnerstag Ruhetag. **Restaurant Fischerei Minholz**, Dominik Minholz, Birkenallee 48, 83233 Bernau-Felden, Tel.: 08051/6019259, www.fischerei-minholz.de Fischspezialitäten, Biergarten, Montag und Dienstag Ruhetag.

Die Tür ist offen zur Einkehr beim Alten Wirt in Bernau.

Wandern 24 **Alte Bernauer Bauernhöfe**. Der Weg führt durch die Ortsteile Westerham, Reitham, Bergham und Felden vobei an alten Höfen. An den Häusern informieren Tafeln über Alter und frühere Besitzer. Gehzeit: 4 Stunden, Länge: 13,2 Kilometer, www.bernau-am-chiemsee.de. 25 **Chiemseeblick**, von Bernau über Hötzing zum Aussichtspunkt Hittenkirchen und zurück, mittelschwere Wanderung, Gehzeit: 4 Stunden, Länge: 11,2 Kilometer. 26 **Bernauer Ache**, leichte Familienwanderung, kurzer Anstieg nach Kraimoos, meist Feldwege, sonnig, zurück am Bernauer Moos entlang. Gehzeit: 3 Stunden, Länge: 9,2 Kilometer. 27 **Große Bärnsee-Runde**, hinauf zum Seiserhof (Einkehrmöglichkeit), durch den Wald über die Abendmahlkapelle zum Bärnsee, auf gemütlichem Weg zurück nach Bernau. Gehzeit 3:30 Stunden, Länge: 10,2 Kilometer.

Wegweiser Bernau – Prien (Streckenlänge 7 km): Am Ortsanfang von Bernau nach rechts dem Lauf der Bernauer Achen folgen. Wir unterqueren die Bahn und überqueren nach wenigen Metern die Achen, dann am rechten Ufer »Am Mühlwinkl« entlang. Unter der Autobahn durch führt der Weg kerzengerade in Richtung See. In Höhe des Medical Park Chiemsee scharf nach links durch das Bernauer Moos. Der Chiemsee-Uferweg ist wieder erreicht, wir folgen seiner Beschilderung. Bis zur Harrasser Straße durch unberührte Natur, dann Jachthäfen, Werften, Segelclubs, Kliniken und Hotels. Am Großparkplatz der Chiemsee- Schifffahrt folgen wir links der Trasse der Schmalspurbahn bis zum Bahnhof.

Weitere touristische Angebote

Tourismusbüro Prien Alte Rathausstraße 11, 83209 Prien am Chiemsee, Tel.: 08051/6905-0, www.tourismus.prien.de, Öffnungszeiten: 1. Mai bis 30. September, Montag bis Freitag 8.30-17 Uhr, Samstag 8.30-16 Uhr, 1. Oktober bis 30. April, Montag bis Freitag 8.30-17 Uhr.

Tourist Info Rimsting Schulstraße 4, 83253 Rimsting, Tel.: 08051/6876-21, https://urlaub-rimsting.de, Öffnungszeiten: Montag und Donnerstag 8-12 Uhr, 14-16 Uhr, Dienstag 8-12 Uhr, Mittwoch 8-12 Uhr und 14-18 Uhr, Freitag 8-12 Uhr. (Montag- und Donnerstagnachmittag bitte klingeln.)

Tourist-Info Breitbrunn Gollenshausener Straße 1, 83254 Breitbrunn a. Chiemsee, Tel.: 08054/234, info@breitbrunn.com, www.breitbrunn.com, Öffnungszeiten: Mai, Juni, September: Montag bis Freitag, 10-12 Uhr, Montag, Dienstag und Donnerstag, 15 bis 17 Uhr. Im Juli und August: Montag bis Samstag 10-12 Uhr, Montag bis Donnerstag, Freitag 15-17 Uhr. Oktober bis April: Montag bis Donnerstag 10 – 12 Uhr, Montag und Donnerstag 15-17 Uhr.

Tourist Info Gstadt/Gollenshausen Seeplatz 5, 83257 Gstadt am Chiemsee, Tel: 08054/442, www.gstadt.de, Öffnungszeiten: Montag bis Donnerstag 9-12 Uhr, 13-17 Uhr, Freitag 9-12 Uhr, Samstag, Sonn- und Feiertag geschlossen.

Tourist-Info Seeon-Seebruck-Truchtlaching Römerstraße 10, 83358 Seebruck, Tel: 08667/7139, www.seeon-seebruck.de, Öffnungszeiten: (bis 17.5.): Montag bis Freitag 9-12 Uhr und 14-17 Uhr, Freitag 9-12 Uhr. (18.5. bis 30.6.): Montag bis Freitag 9-12 Uhr und 13-17 Uhr, Samstag 9-12 Uhr. (1.7. bis 8.9.): Montag bis Freitag 9-12 Uhr 13-17 Uhr, Samstag 9-14 Uhr. (9. September bis Mitte Mai): Montag bis Donnerstag 9-12 Uhr und 14-17 Uhr, Freitag 9-12 Uhr. Individuelle Terminvereinbarung außerhalb der Öffnungszeiten nach Absprache möglich.

Tourist-Info Chieming, Haus des Gastes, Hauptstraße 20 b, 83339 Chieming, Tel: 08664/9886-47,www.chieming.de, Öffnungszeiten: Montag bis Donnerstag, 8-12 Uhr, 14-17 Uhr. Freitag, 9-12 Uhr.

Tourist-Information Grabenstätt Schloss-Straße 17, 83355 Grabenstätt, Tel: 08661/988731, www.grabenstaett.de, Öffnungszeiten: Montag bis Freitag von 9-12 Uhr, donnerstags von 14-16 Uhr.

Tourist Information Übersee-Feldwies Feldwieser Straße 27, 83236 Übersee, Tel: 08642/295, info@uebersee.com, www.uebersee.com, Öffnungszeiten: Montag bis Freitag 9-12 Uhr, 14-17 Uhr. Samstag und Sonntag geschlossen.

Tourist-Info Bernau am Chiemsee, Widholzer Straße 5, 83233 Bernau am Chiemsee, Tel: 08051/9868-50, www.bernau-am-chiemsee.de, Öffnungszeiten: Montag bis Donnerstag, 8.30-17 Uhr, Freitag 8.30-14 Uhr, Samstag und Sonntag geschlossen.

Tourist Info Aschau im Chiemgau & Sachrang Kampenwandstraße 38, 83229 Aschau i. Chiemgau, Tel: 08052/9049-0, www.aschau.de, Öffnungszeiten: Juli bis September, Montag bis Freitag, 8-18 Uhr, Samstag 9-12 Uhr. Oktober bis Juni, Montag bis

Freitag, 8-18 Uhr, Samstag 9-12 Uhr. November bis März, Montag bis Donnerstag 8 – 12 Uhr und 13.30 – 17 Uhr, Freitag 8-13.30 Uhr.

Chiemsee-Alpenland-Tourismus (Landkreis Rosenheim) Felden 10, 83233 Bernau am Chiemsee, Tel: 08051/965550, www.chiemsee-alpenland.de Geöffnet Montag bis Freitag von 9-17 Uhr.

Chiemgau Tourismus (Landkreis Traunstein) Seuffertstraße 12, 83278 Traunstein, Tel: 0861/9095900, www.chiemsee-alpenland.de, Geöffnet Montag bis Freitag von 9-16 Uhr.

Abwasser- und Umweltverband Chiemsee (Chiemsee-Rundweg) Stiedering 1, 83253 Rimsting, Tel: 08051/69010, www.auv-chiemsee.de Informationen über Naturerlebnisse am Chiemsee, Beobachtungsstationen, Vogel- und Naturführungen, den Chiemsee Rund- und Radweg etc. unter www.chiemseeagenda.de.

Kampenwandseilbahn An der Bergbahn 8, 83229 Aschau i. Chiemgau, Tel: 08052/906440, automatisches Infotelefon: 08052/9064420, www.kampenwandbahn.de.

Chiemsee-Schifffahrt Ludwig Feßler KG Seestraße 108, 83209 Prien am Chiemsee, Tel: 08051/6090, www.chiemsee-schifffahrt.de.

Schloss- und Gartenverwaltung Herrenchiemsee 83209 Herrenchiemsee, Tel: 08051/6887-0, www.herrenchiemsee.de, Die Prunkräume im Neuen Schloss Herrenchiemsee können nur im Rahmen eines geführten Rundgangs besichtigt werden. (Führungen finden laufend statt.) Eintrittskarten an den Kassen am Anleger auf der Insel. Einen Teil der Karten gibt es online im Ticketshop: https://herrenchiemsee.bsv-ticketshop.de. Auch wenn online keine Karten mehr erhältlich sind, gibt es in der Regel noch welche an der Kasse.

Abtei Frauenwörth Frauenchiemsee 50, 83256 Chiemsee, Tel: 08054/9070, www.frauenwoerth.de.

Bahnhof Prien Bahnhofplatz 2, 83209 Prien, www.bahnhof.de/prien-am-chiemsee.

Seit Jahrhunderten ein Pol der Ruhe im bayerischen Meer: die Fraueninsel, von der Ratzinger Höhe aus betrachtet (siehe Wanderung 7)

Wanderungen am Chiemsee
1. Rundweg Herrenchiemsee
2. Rundweg Fraueninsel
3. Durch das Eichental
4. Über Bachham nach Munzing
5. Priental – Sachrang
6. Alpakawanderung
7. Ratzinger Höhe
8. Von Haimling nach Gänsbach
9. Obst- und Kulturweg
10. Kulturspaziergang
11. Höhenweg
12. Zum König Ludwig-Gedenkstein
13. Zum „Grundlosen See"
14. Archäologischer Rundweg
15. Seebruck – Burgham
16. Nordic Walking in Ising
17. Über Stützing und Stöttham
18. Rund um Ising
19. Tüttensee-Spaziergang
20. Hirschau-Rundweg
21. Kraimoos-Rundweg
22. Auf den Westerbuchberg
23. Kapellenweg – Osterbuchbergrunde
24. Alte Bernauer Bauernhöfe
25. Chiemseeblick
26. Bernauer Ache
27. Große Bärnsee-Runde

Chiemsee

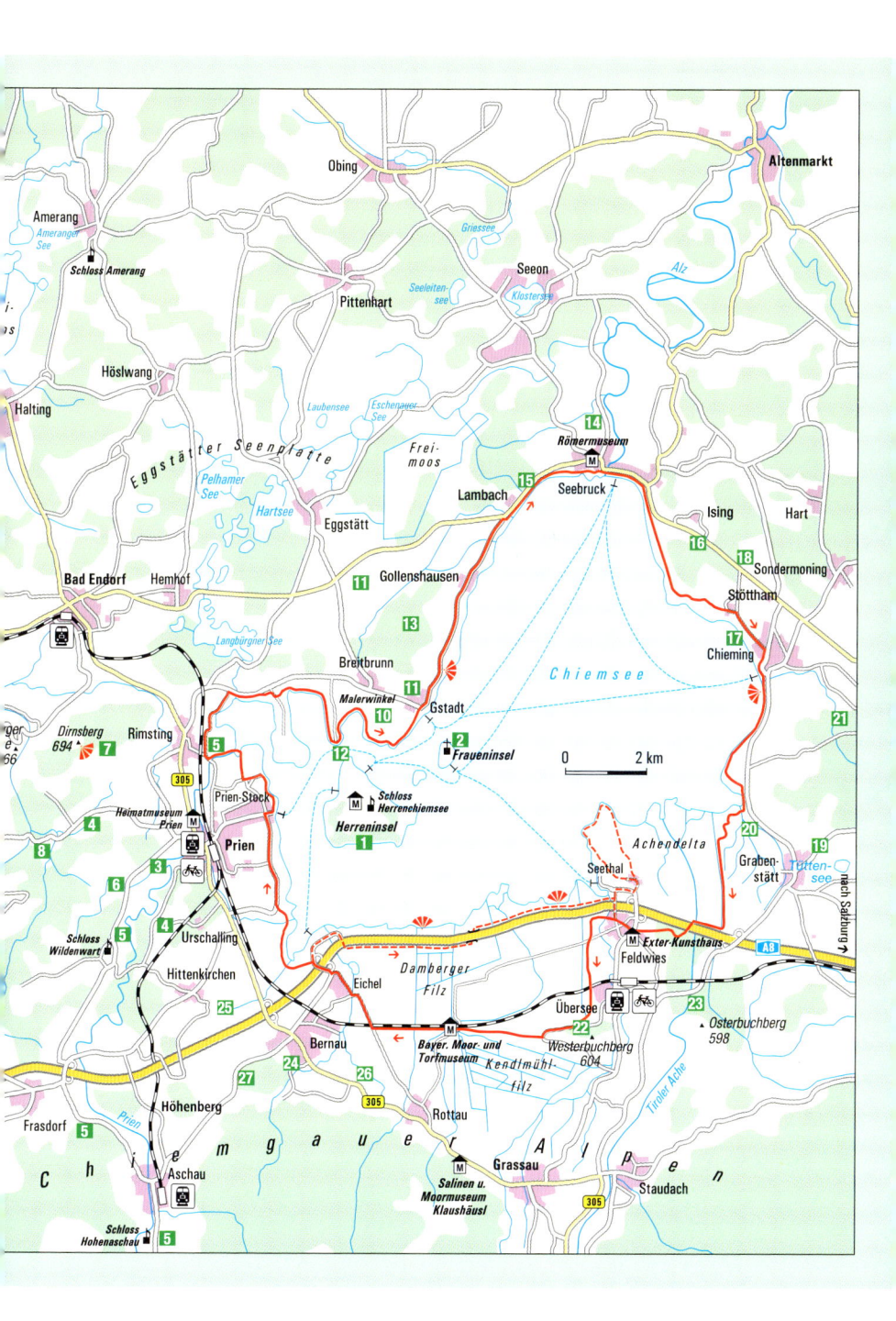

Das soll ein künstlicher See sein? Dann waren hier wirklich Künstler am Werk!

DER FORGGENSEE

Der Forggensee ist ein Stausee im bayerischen Allgäu nahe der Stadt Füssen, der vom Lech durchflossen wird. Wegen der zahlreichen Schlösser und Burgen, allen voran Neuschwanstein und Hohenschwangau, trägt die Gegend den Namen „Königswinkel". Mit einer Fläche von 15,2 Quadratkilometern ist der Forggensee der fünftgrößte See in Bayern und der flächenmäßig größte Stausee Deutschlands. Gründe für seinen Bau waren die Energiegewinnung und der Schutz vor Hochwasser. Bei Niedrigwasser kann mehr Wasser in den Lech geleitet werden, um die Lech abwärts gelegenen Kraftwerke zu betreiben. Sogar der Wasserstand der Donau lässt sich von hier aus regulieren. Wohl kaum ein anderer Stausee passt sich so gut in die Landschaft ein und hat für die Energiegewinnung die Natur so wenig in Mitleidenschaft gezogen. Bei starken Niederschlägen in den Bergen wird der Wasserspiegel vorsorglich abgesenkt, damit der Stausee mehr Regenwasser aufnimmt. Anfang 1951 begann der Bau der Talsperre bei Roßhaupten, 1954 füllte sich zum ersten Mal das Seebecken mit Wasser. Dabei versanken drei Ortschaften mit 50 zuvor bewohnten Häusern und Bauernhöfen in den Fluten. Unter anderem auch der Weiler Forggen, der dem See seinen Namen gab. 256 Einwohner mussten umgesiedelt werden. Für den Uferbereich gilt ein Bauverbot.

Deshalb ist das Seeufer anders als bei den übrigen Voralpenseen fast überall frei zugänglich. Auch wenn der Forggensee kein natürlicher See ist, liegt er doch in einem Becken, das in der letzten Eiszeit noch von einem weitaus größeren See ausgefüllt war. Dieser sogenannte Füssener See verlandete allmählich. Übrig blieben neben dem Forggensee auch die benachbarten kleineren Seen: der Bannwaldsee, Hopfensee, Schwansee und Weißensee. Der Alpsee unterhalb von Hohenschwangau war dagegen immer ein eigenständiger See. Der Forggensee ist bis zu 8,7 Kilometer lang, 2,8 Kilometer breit und 35 Meter tief. Seine Wasserqualität ist hervorragend. Im See leben unter anderem Hechte, Karpfen, Zander, Regenbogen- und Seeforellen. Zuflüsse sind der Lech, die Füssener und Mühlberger Ache, Abfluss ist wiederum der Lech. Im Sommer hat der See von Juni bis Oktober seine volle Stauhöhe und dient der Naherholung. Es gibt mehrere öffentliche Badestellen. Wassersportarten sind Segeln, Rudern, Elektroboot fahren, Windsurfen, Stand-Up-Paddling sowie Schnorcheln. Motorboote sind verboten. Anliegergemeinden sind Füssen, Rieden am Forggensee, Roßhaupten, Halblech und Schwangau.

Seit 1955 verbindet die **Forggensee Schifffahrt** ab Mitte Juni die Orte Füssen (Bootshafen und Festspielhaus), Rieden (Osterreinen und Dietringen), Roßhaupten (Tiefental und Staudamm) sowie Schwangau (Waltenhofen und Brunnen). Die täglich fünf kleinen Rundfahrten mit dem MS Allgäu im südlichen Seebereich vom 1. Juni bis zum 15. Oktober dauern jeweils eine Stunde. Die täglich drei großen Rundfahrten des MS Füssen (ab dem 1. Juni bis 29. September) dauern zwei Stunden. Sie führen zum nördlichen Seeufer und wieder zurück. Vom 30. September bis zum 15. Oktober finden täglich zwei Rundfahrten ab 12.30 Uhr statt. Forggensee-Schifffahrt, Hiebelerstraße 47, 87629 Füssen, Tel.: 08362/3002-950, https://www.forggensee-schifffahrt.de

Im Winter wird der Wasserpegel zum Hochwasserschutz am Lech abgesenkt. Flachere Bereiche fallen trocken. Sichtbar werden dann die Grundmauern früherer Gebäude und die Spuren alter Straßen bis zurück zu den Römern. Im April 2000 wurde im Süden des Sees auf einem neu aufgeschütteten 45 000 Quadratmeter großen Grundstück ein neues Theater mit Blick auf Schloss Neuschwanstein eröffnet. Vom Stil her ähnelt es dem Richard Wagner-Festspielhaus in Bayreuth. Uraufführung hatte das Musical „Ludwig II. – Sehnsucht nach dem Paradies". Seitdem hat das Haus Höhen und Tiefen erlebt.

Anreise mit der Bahn Von München mit der bayerischen Regiobahn (RB 68) in 2:23 Stunden, beziehungsweise von Augsburg mit RB 77 in 2:10 Stunden jeweils im Zwei-Stunden-Takt nach Füssen.
Anreise mit dem Reisebus Flixbus fährt von München nach Füssen (www.flixbus.de)
Anreise mit dem Auto Von München auf der Lindauer Autobahn (A 96) bis zur Ausfahrt Landsberg am Lech, weiter auf der B 17 bis nach Füssen (1:50 Stunden, 127 km). Die A 7 vom Kreuz Ulm-Elchingen wird hinter dem Grenztunnel Füssen an der österreichischen Grenze zur Fernpassstraße, die nach Reutte in Tirol führt.
Route in Kurzform Füssen, Osterreinen, Rieden, Dietringen, Roßhaupten, Kniebis, Rauhenbichl, Greith, Hegratsried, Brunnen, Waltenhofen, Horn, Füssen.
Streckenlänge um den See 30,2 km, 170 hm.
Fahrzeit 2 Stunden
Gehzeit 7 Stunden
Schwierigkeit Familienfreundliche Rundtour von mittlerer Schwierigkeit. Gut ausgeschilderter Radweg, meistens Teerstraßen und Schotterwege, Bade- und Essplätze. Am nördlichen Ende des Sees steht ein Kiosk, der auch Werkzeug für die Fahrradreparatur bereithält. Wenn unterwegs die Kräfte schwinden, bietet sich eine Etappe mit dem Schiff an.
Hauptsehenswürdigkeiten Königsschlösser, Festspielhaus, Tegelbergbahn, Museum der bayerischen Könige, Illasbergsee.

Die Forggensee Schifffahrt nimmt gerne auch Radfahrer mit.

Entspannt Kaffee trinken in der schmucken Füssener Altstadt – was kann es Schöneres geben zur Stärkung vor oder Erholung nach der Wanderung im Umland?

Füssen
(Bahnstation der Regionalbahnen von München, bzw. Augsburg, Buslinien (Allgäumobil: 56, 70, 71, 72, 73, 78, Schiffsanlegestelle; 808 m über NHN)
Füssen liegt am Lech nahe der Südspitze des Forggensees. Die Anfänge gehen bis auf die Römerzeit zurück. Eine der wichtigsten Römerstraßen, die Norditalien mit Süddeutschland verband, führt hier vorbei: die Via Claudia Augusta. Ein römisches Kastell auf dem heutigen Schlossberg unterstrich die strategische Bedeutung. Füssen entwickelte sich zum wichtigen Umschlagplatz für den Handel zwischen dem Süden und dem Norden. Denn nach dem Lechfall am südlichen Stadtrand wurde der Fluss schiffbar. Die Waren schwammen auf Flößen und Schiffen den Lech hinunter. Eine große Rolle spielte im Mittelalter der Salzhandel. Im 8. Jahrhundert entstand das Benediktinerkloster St. Mang und daneben ein fränkischer Königshof. Der Dauerkonflikt zwischen geistlichen und weltlichen Herrschern durchzieht die folgenden Jahrhunderte. Um seine Ansprüche auf die Region abzusichern, errichtet Herzog Ludwig II. eine Burg über dem Kloster. Im Tauschweg gelangt diese an die Kirche, die sie als weithin sichtbares „Hohes Schloss" ausbauen lässt. 1628 wird ein Franziskanerkloster gegründet. Immer mehr Menschen ziehen zu. Ende des 13. Jahrhunderts erhält Füssen das Stadtrecht. Die Burg dient den Augsburger Fürstbischöfen als Sommersitz. 1803 fällt das Kircheneigentum im Zuge der Säkularisation an das Kurfürstentum Bayern. Heute bestimmen Touristen das Stadtbild. Viele Brunnen, ansehnliche, bunt

bemalte Bürgerhäuser und Geschäfte laden zu einem Bummel durch die Gassen der Altstadt ein. Sie umgibt eine gut erhaltene Stadtmauer.

Als persönlicher Urlaubsplaner bietet sich die neue kostenlose FüssenWebApp an. Sie bringt alle urlaubs-relevanten Informationen über Touren, Sehenswertes, Events, Unterkünfte und Gastronomie direkt auf das Smartphone.

Sehenswert *Altstadt* mit Hohem Schloss, *Lechfall*, *Kalvarienberg* mit Ausblick auf die Stadt, die **Königsschlösser** und das *Lechtal*.

Museen befinden sich im **Hohen Schloss** (Staatsgemäldesammlungen und städtische Gemäldegalerie) und im **Kloster St. Mang** (Museum der Stadt Füssen). Hohes Schloss, Magnusplatz 10, 87629 Füssen, Tel.: 08362/940162, https://stadt-fuessen.org, Öffnungszeiten (im Sommer): Vom 2. April an Dienstag bis Sonntag 11-16 Uhr. Stadtmuseum, Lechhalde 3, 87629 Füssen, Tel.: 08362/903143, https://stadt-fuessen.org, Öffnungszeiten (Sommer): Vom 2. April an Dienstag bis Sonntag 11-16 Uhr.

aktiv *Minigolfplatz* am Füssener Bootshafen. *Badestellen* am Füssener Bootshafen. Weitere *öffentliche Badegelegenheiten* gibt es an den Naturseen rund um Füssen: Hopfensee, Alatsee, Bannwaldsee, Weißensee, Faulensee, Schwansee, Obersee, Mittersee und Alpsee. *Baumkronenweg*, Walderlebniszentrum Ziegelwies am Lechfall, Tiroler Straße 10, 87629 Füssen-Ziegelwies, Tel.: 08341/90022150, https://www.walderlebniszentrum.eu, Öffnungszeiten: täglich von 10-16.30 Uhr geöffnet. Das Zentrum bietet auch einen 1,7 km langen *Bergwaldpfad* sowie einen 1,5 km langen *Auwald-*

Nur einen Spaziergang von der Altstadt entfernt: der Lechfall

pfad am Lechfall. **Reptilienzoo Allgäu** (im Magnuspark), Mühlbachgasse 10, 87629 Füssen, Tel.: 08362/9247074, https://www.reptilienzoo-allgaeu.de, Öffnungszeiten (1.4. bis 31.10.): täglich außer Freitag von 11-17 Uhr, jede Menge Schlangen, Echsen und Alligatoren.

Einkehr *Mar Y Sol Seegastronomie*, Weidachstraße 84, 87629 Füssen, Tel.: 0174 7604223, Öffnungszeiten: Montag bis Sonntag 10-22 Uhr. ***Gasthof Krone***, Schrannengasse 17, 87629 Füssen, Tel.: 08362/7824, https://krone-fuessen.de, täglich von 12-22 Uhr, bayerische Küche. ***Gasthof Weizenbräu Woaze***, Schrannengasse 10, 87629 Füssen, Tel.: 08362/6312, www.gasthof-woaze.de, Öffnungszeiten: täglich 12-21.30 Uhr, Donnerstag geschlossen, bayerische Spezialitäten. ***Taverne Beim Olivenbauer***, Ottostraße 7, 87629 Füssen, Tel.: 08362/6250, https://beim-olivenbauer.de, Öffnungszeiten: Montag bis Sonntag 11-22 Uhr, mediterrane Küche. Auch in Hopfen am See, Uferstraße 30, 87629 Füssen-Hopfen, Tel.: 08362/926584, Öffnungszeiten: Montag bis Sonntag von 11-22 Uhr, unfiltrierte Biere aus eigener Brauanlage. ***Steakhaus Füssen*** (am Lechfall), Tiroler Straße 31, 87629 Füssen, Tel.: 08362/8838767, https://www.steakhaus-fuessen.de, Öffnungszeiten: Montag bis Donnerstag 17- 21 Uhr, Freitag bis Sonntag 13-21 Uhr. Auch Tapas und vegetarische Gerichte.

Wandern **[1]** **Zum Lechfall** von der Altstadt aus, leichte Wanderung für die ganze Familie. Ausgangspunkt ist die Tourist Information am Kaiser-Maximilian-Platz 1. Weiter durch die Reichenstraße und den Magnusplatz vorbei am Hochschloss am Fluss entlang zum Lechfall an der Tiroler Straße 291. Unter lautem Getöse stürzen die grünen Wassermassen zwölf Meter tief in eine enge Klamm. Von einer Brücke aus lässt sich alles bequem betrachten. Gehzeit: 1 Stunde, 3 km. Wir empfehlen, die Wanderung wegen der prächtigen Aussicht um den **Kalvarienberg** [2] zu erweitern. Gehzeit: 1:30 Stunden, 150 hm, 3 km. [3] **Burgen-Wanderung** bei Pfronten, Ausgangspunkt Wanderparkplatz „Burgruinen Eisenberg und Hohenfreyberg" an der Pröbstener Straße westlich des Hopfensees in 87637 Eisenberg. Vom Wanderparkplatz den Burgweg zwischen den Wiesen hinauf. Gehzeit: 35 Minuten, 1,8 km. Rundwanderung über Zell mit Besuch des Burgenmuseums. Gehzeit: 2 Stunden, 5,4 Kilometer.

Einkehr ***Schlossbergalm Zell***, Burgweg 50, 87637 Eisenberg, Tel.: 08363/1748, https://www.schlossbergalm.de, Öffnungszeiten: Dienstag bis Sonntag 10-18 Uhr, Montag Ruhetag.

Die dritte Burgruine steht auf dem Falkenstein. Ausgangspunkt: Pfronten-Meilingen, Parkplatz am König-Ludwig-Weg. In einem Fantasie-Schloss auf dem Falkenstein wollte König Ludwig II. seine letzte Ruhestätte schaffen. Gehzeit: 3 Stunden, 7,8 km, 530 hm. Ritterspielplatz, Meilinger Straße, 87459 Pfronten. Burgturm mit Graben und Hängebrücke sowie Mauern mit gebuckelten Steinen zum Klettern und Erstürmen.

[4] **Wandern auf den Spuren** der Wittelsbacher von Füssen nach Hohenschwangau: Mittelschwere Wanderung. Ausgangspunkt ist wieder die Tourist Information. Wir

Einmal rund um den Forggensee: Tolle Ausblicke sind garantiert.

wandern durch die Altstadt, über den Lech zum Kalvarienberg mit grandiosem Ausblick auf Füssen und die Königsschlösser Neuschwanstein und Hohenschwangau. Weiter am Schwansee entlang (Bademöglichkeit) bis nach Hohenschwangau. Wer die Schlösser besichtigen will, sollte vorher die Tickets im Ticket Center, Alpseeestraße 12, gelöst haben. Zuruck über den Alpenrosenweg und das Königssträßchen am Schwarzenberg vorbei. Am Lechfall über den Lech und in die Altstadt. Gehzeit 3:30 Stunden, 9,5 km, 189 hm.

Wegweiser Wir umrunden den Forggensee im Uhrzeigersinn. Die Schilder „Forggensee Rundweg" weisen den Weg. Start ist am Bootshafen Füssen, wo es auch einen Parkplatz gibt (Nr. 7). Weiter geht es am Festspielhaus vorbei auf Teerstraßen und -wegen parallel zur B 16 am See entlang nach Osterreinen, Rieden und Dietringen. Am Ufer reiht sich ein schöner Badeplatz an den anderen. Vor dem Café Maria ist auf eine Länge von einem Kilometer ein enger Kiesweg zu bewältigen. Auf der Südseite des Segelhafens Osterreinen steht am Ende des Schutzdammes der angeblich höchstgelegene Leuchtturm Deutschlands: „D'r Hartmut". Er dient als Warnzeichen vor einer Untiefe der Hafeneinfahrt.

Rieden

(Buslinie 72, Höhe über NHN 814 m) Osterreinen (Höhe 813 m über NHN)
Als in den 1950-er Jahren der Forggensee erstmals aufgestaut wurde, versanken auch einige Häuser eines kleinen Weilers unterhalb von Osterreinen in den Fluten. Er wurde auch Unteres Osterreinen genannt. Der heutige Ort trug den Namen Oberes Osterreinen.

aktiv Attraktion ist ein **Badeplatz auf der Halbinsel Osterreinen**. Man plantscht hier königlich mit Blick auf Schloss Neuschwanstein und die Berge. Im See ist eine Badeplattform verankert. Dazu kommen ein neuer Piratenspielplatz und eine Liegefläche aus Holz und Sandstein. Adresse: Bachtalstraße 10 c, 87669 Rieden am Forggensee, Tel.: 08362/37025, www.rieden.de Südlich von Osterreinen liegt das **Naturbad „Café Maria"**. Angeleg-

Wasserspaß für alle am Strand „Café Maria"

ter Wasserspielplatz mit Wasserpumpen für die kleinen Badegäste. Badeplatz am Faulensee, kleiner von Wald und Wiesen eingerahmter Moorsee im Westen von Rieden. Nur zu Fuß oder mit dem Fahrrad erreichbar.

Wandern 5 Mittelschwere Rundwanderung **von Hopfen zum Faulensee**: Von der Hopfener Uferpromenade über den Dotzenwangweg zum Faulensee (Badegelegenheit) und zurück über die Burgruine Hopfen. Gehzeit: 2:30 Stunden, 7,9 km.

Einkehr *Café-Restaurant Maria*, Forggensee Straße 18, 87669 Rieden, Tel.: 08362/37025, https://cafe-maria.allgaeuserver.de, Öffnungszeiten: von 11.30 bis 17 Uhr, Mittwoch und Donnerstag Ruhetag. *Pizzeria-Ristorante Il Gambero* (im Camping Magdalena), Bachtalstraße 10, 87669 Rieden am Forggensee, Tel.: 08362/941253, https://www.il-gambero.restaurant, Öffnungszeiten: täglich von 11.30-14 Uhr und 17.30-22 Uhr. *Eiscafé-Gelateria Florenzi*, Bachtalstraße 1, 87669 Rieden-Osterreinen, Samstag und Sonntag 13-17 Uhr. *Rainis Faulenseehütte*, Faulenseestraße 51, 87669 Rieden, Tel.: 08362/941125, https://www.fauelnseehuette.de, Öffnungszeiten: Mai bis September Mittwoch bis Sonntag 12-17 Uhr, Montag und Dienstag Ruhetag.

Dietringen
(Buslinie 72, 814 m über NHN)

Sehenswert Das *Toteisloch*, Seestraße 20, 87669 Rieden am Forggensee, ist ein kleines, völlig abgeschlossenes Becken. Es entstand, als sich ein Eisblock vom Lechgletscher ablöste und als „Toteisblock" mit Geröll und Geschiebe zugedeckt wurde. Nachdem das Eis abgeschmolzen war, blieb der Trichter zurück. In Dietringen verläuft die alte Römerstraße Via Claudia Augusta direkt in den See hinein. Bei abgelassenem Wasser ist noch ihr Damm zu erkennen.

aktiv *Badeplatz Dietringen*, Seestraße 18, 87669 Rieden-Dietringen, Tel.: 08362/37025, www.rieden.de, weitläufige Liegewiese, Kiosk, Segelschule mit Bootsverleih, Kinderspielplatz, Anlegestelle der Schifffahrt. *Römerrastplatz* „Mansione Via Claudia Au-

Ein Ort mit sehr, sehr langer Geschichte: das Toteisloch bei Dietringen

gusta", Tiefental 1, 87669 Rieden. Auf dem Rastplatz für Wanderer und Radler soll sich einmal eine römische Pferdewechselstation befunden haben. Liegen und Wasserspielplatz. **Forggensee-Yachtschule**, Seestraße 10, 87669 Rieden-Dietringen, Tel.: 08367/471, www.forggensee-yachtschule.de. **Kletterzentrum DAV Allgäu**, Dietringer Straße 50, 87669 Rieden, Tel.: 08362/940187, https://neinauf.de, 880 Quadratmeter große, bis zu 15 Meter hohe Indoor-Kletteranlage mit 100 abwechslungsreichen Routen.

Einkehr **Landhotel Schwarzenbach, Dietringen** 1, 87669 Rieden, Tel.: 08367/343, https://www.landhotel-schwarzenbach.de, Öffnungszeiten: Mittwoch bis Samstag, 14-20 Uhr, Sonntag 11.30-20 Uhr, Dienstag Ruhetag. Montag nur für Hausgäste.

Wegweiser Vor Roßhaupten führt eine Brücke über das tief eingeschnittene Tiefental. Wir umfahren die „Nase" des Forggensees und erreichen die 35,4 Meter hohe Staumauer des Kraftwerks Roßhaupten, die wir überqueren. Vom Panoramastadl kurz vor dem idyllischen Illasbergsee bietet sich der wohl schönste See- und Bergblick der Rundtour. Von jetzt an wird es merklich ruhiger und einsamer.

Dank guter Beschilderung kann sich hier niemand verfahren oder verlaufen.

Einkehr *Kiosk Panoramastadl am Forggensee*, direkt am Radweg , 87642 Halblech, Tel.: 08368/914794, mobil: 0160 901 33004, April bis Oktober bei trockener Witterung 11-18 Uhr, Kuchen, Eis, herzhafte Brotzeit, Fahrradwerkzeug, E-Bike-Ladestation, Aussichtsterrasse mit Blick auf den Forggensee und die Ammergauer Alpen.

Roßhaupten

(Buslinie 72, 816 m über NHN)
Alemannische Gräberfunde weisen darauf hin, dass der Ort bereits im 6. Jahrhundert besiedelt wurde. Der heilige Magnus, Apostel des Allgäus, christianisierte im 8. Jahrhundert von Füssen aus die Gegend. Der wilde Lech mit Schluchten, dichten Wäldern, Mooren und Höhlen war „Drachenland". Die Legende besagt, dass Magnus einen Drachen, der in einer tiefen Schlucht hauste und besonders gern Pferden nachstellte, getötet hat. Er soll ihm einen Pechkranz in den Rachen geschleudert haben, worauf das Ungeheuer zerbarst. Fortan hieß Roßhaupten das Drachendorf.

aktiv *Kutschfahrt Allgäu*, Haflingerhof Roßhaupten, Landhotel Haflingerhof, Vordersulzberg 1, 87672 Roßhaupten, Tel.: 08364/1402, https://www.haflingerhof.com, 1,5 Stunden lange Kutschfahrten mit Zwei- und Vierspänner. Fahrkurse und Ferienreitkurse. *Spielgolfanlage* am Kurpark mit Kiosk, Abenteuerspielplatz und kleinem Naturteich, Am Kurpark 22, 87672 Roßhaupten, Tel.: 08367/9138883, www.roßhaupten.de, Öffnungszeiten: April bis Oktober täglich 10-22 Uhr, Dezember bis März Donnerstag bis Sonntag 17-20 Uhr, Montag Ruhetag. *Dorfmuseum im Pfannerhaus*, täglich 10-18 Uhr, Hauptstraße 1, 87672 Roßhaupten, Tel.: 08367/606, Öffnungszeiten Mai bis September, Sonntag, 15-18 Uhr. Juli und August, zusätzlich Samstag 15-18 Uhr, und nach Vereinbarung. *Via Claudia Augusta Infozentrum*, täglich 10-18 Uhr (Seiteneingang links, Türöffner betätigen.) *Stoager's Wettebad*, von Bäumen umstandenes, kostenloses Freibad am Dorfrand, Reichenbergstraße 19, 87672 Roßhaupten, Tel.: 015126120654, https://stoagers-wette.de, ein Kiosk bietet Getränke und einen kleinen Imbiss.

Sehenswert *Infozentrum am Wasserkraftwerk* Roßhaupten an der Staustufe 1. An jedem Mittwoch um 14 Uhr im Kraftwerk Führungen. Am Freitag beginnt um 9 Uhr eine Wanderung am Kraftwerk. Zu jedem Termin vorher in der Tourist Information Roßhaupten anmelden: Tel.: 08367/364.

Wandern 6 *Roßhauptener Drachenweg*: kurzer, familienfreundlicher Erlebnisweg für Erwachsene und besonders Kinder. An Stationen werden Drachengeschichten erzählt. Der Ausgangspunkt liegt nahe der Brücke über das Tal. Der Wanderweg führt über die Höhen von Alte Reiten und durch das romantische Tiefental zwischen Rieden und Roßhaupten. Gehzeit: 0:45 Stunden, 2,2 km, 111 hm.

Wegweiser Es folgt der Kiosk Illasbergsee am gleichnamigen Badeplatz. Nach einem kurzen Anstieg geht es über Kniebis und Greith flott bergab nach Hegratsried am

Der Betreiber Uniper bietet auch Führungen durch das Wasserkraftwerk Roßhaupten an.

kleinen Hegratsrieder See, dem wärmsten Badesee weit und breit. Der Hegratsriedhof mit Kapelle liegt malerisch am Hang. Ein paar Meter östlich der Landzunge Brunnen befindet sich das versunkene Dorf Forggen. Zwischen Forggensee und Bannwaldsee führt der Weg bergab nach Waltenhofen und an Schwangau vorbei. Schöner Blick auf die Altstadt von Füssen. Am Bannwaldsee trafen sich 1947 zum ersten Mal deutschsprachige Schriftsteller zur „Gruppe 47".

Einkehr **Kiosk Illasbergsee**, OAL 1, 87642 Halblech, Tel.: 08367/92627, www.illasbergseehof.de, Öffnungszeiten: Montag bis Freitag 11-18 Uhr, Samstag und Sonntag 10-18 Uhr. **Kiosk Abrakadabra**, Hegratsrieder Straße, 87642 Halblech-Greith, Tel.: 08368/913902, geöffnet im Sommer bei trockener Witterung. **Brunnenstüberl**, Seestraße 81, 87645 Schwangau-Brunnen, Tel.: 08362/987284, https://www.brunnenstüberl.de, Öffnungszeiten: täglich von 11.30-21.30 Uhr, Mittwoch Ruhetag. Traditionelle schwäbische und Allgäuer Gerichte. **Café Im Landgarten**, Kreuzweg 18, 87645 Schwangau-Waltenhofen, Tel.: 08362/9309680, https://www.landurlaub-schwangau.de, Öffnungszeiten: Freitag und Samstag ab 14 Uhr.

Waltenhofen/Schwangau

(Buslinie 73, 78. 756 m über NHN)

Die Pfarrkirche St. Maria und Florian mit ihrem weithin sichtbaren markanten Turm direkt am See in Waltenhofen zählt zu den ersten Kirchen in der Region. Sie geht auf das Jahr 746 zurück. Die erste Besiedlung Schwangaus reicht bis in die mittlere Steinzeit, wie Werkzeugfunde auf dem Frauenberg bei Horn und am Nordufer des Bannwaldsees nahelegen.

Sehenswert Schloss Hohenschwangau, Schloss Neuschwanstein und die Marienbrücke über die Pöllatschlucht, Museum der bayerischen Könige, Tegelbergbahn, Wallfahrtskirche St. Coloman aus dem 17. Jahrhundert.

Kronprinz Maximilian, der spätere bayerische König Maximilian II., erwarb 1832 die Burgruine **Hohenschwangau** und ließ sie bis 1836 in der heutigen neugotischen Form ausbauen. Sein ältester Sohn, der spätere König Ludwig II., ließ anstelle der Burgen

Vorder- und Hinterschwangau das **Schloss Neuschwanstein** errichten. Der Grundstein wurde 1869 gelegt. Der Tod des Königs im Jahr 1886 unterbrach die Bauarbeiten, weshalb das Schloss unvollendet blieb. Karten zur Besichtigung beider Schlösser gibt es nur im Ticketcenter, Alpseestraße 12, 87645 Schwangau, Tel.: 08362/930830, https//www.hohenschwangau.de, Öffnungszeiten: täglich von 8-16 Uhr. Wegen des hohen Besucherandrangs wird empfohlen, Tickets rechtzeitig online zu erwerben. Führungen in Hohenschwangau: 9-17 Uhr (Sommer), im Winter 10-17 Uhr. Führungen in Neuschwanstein: 9-18 Uhr (Sommer), im Winter 10-16 Uhr. Die Schlösser sind nur geführt zu besichtigen, eine Führung dauert etwa 30 Minuten. **Tegelbergbahn**, Tegelbergstraße 33, 87645 Schwangau, Tel.: 08362/98360, https://www.tegelbergbahn.de, Öffnungszeiten (Sommer): 9-16.30 Uhr. **Museum der bayerischen Könige**, Alpseestraße 27, 87645 Schwangau, Tel.: 08362/9264640. Das Museum erzählt in einem architektonisch ansprechenden Ambiente anhand zahlreicher Exponate die Familiengeschichte der Wittelsbacher vom Mittelalter bis heute. **Römischer Gutshof** am Tegelberg. Die Ausgrabungen sind täglich von 9-17 Uhr zu besichtigen. Führungen auf Anfrage unter Tel.: 08362/8198-0 (Tourist Information).
aktiv **Kristall Therme beim Kurpark Schwangau**, Am Ehberg 16, 87645 Schwangau, Tel.: 08362/926940, https://kristalltherme-schwangau.de, Öffnungszeiten: Sonntag bis Donnerstag 9-21 Uhr, Freitag und Samstag 9-22 Uhr, jeden Dienstag ab 19 Uhr textilfreies Baden (außer in den bayerischen Schulferien). Solebäder, Fit- und Wellness-Angebote. 760 m lange **Sommerrodelbahn** und Spielplatz am Tegelberg

Am Ufer grüßt der Turm der Kirche von Horn.

Wandern ▣ *Zum Schloss Neuschwanstein*: Ausgangspunkt sind die Parkplätze P 2 und P 3 in Hohenschwangau. Leichte, ausgeschilderte Wanderung auf einer Teerstraße direkt hinauf zum Schloss. Gehzeit: 0:30 Stunden. Reizvoll und einsam, aber wegen häufiger Unwetterschäden nicht immer begehbar ist der Weg durch die Pöllatschlucht zur Marienbrücke und zum Schloss. Vom Ticketcenter auf der Alpsee- und Colomanstraße nach Norden und nach rechts in den Pöllatweg. Diesem bis zum markierten Einstieg in die Schlucht folgen. Zurück über die Teerstraße oder rund um den Alpsee. Für die Schlucht mit einem kurzen, steilen Aufstieg ist festes Schuhwerk erforderlich. Bei Nässe besteht auf den Treppen Rutschgefahr. Einfache Gehzeit 1: 10 Stunden, 4 km, 190 hm. ▣ *Zum Schloss Hohenschwangau*: Ausgangspunkt der leichten Wanderung auf breiten Wegen ist der Parkplatz P 4. Direkt zum Schloss hinauf braucht man über Treppen nur zehn Minuten. Deshalb bietet sich eine Rundwanderung um den Alpsee an, den man über die Alpseestraße erreicht. Bänke laden zur Rast und zum Schauen. Gehzeit: 1:30 Stunden, 5 km.

Einkehr *Hotel-Restaurant Müller*, Alpseestraße 16, 87645 Schwangau-Hohenschwangau, Tel.: 08362/81990, http://www.hotel-mueller.de, Öffnungszeiten (1.5.-31.10.): täglich von 7-21 Uhr. Eines der führenden Häuser am Platz mit Biergarten. Tisch rechtzeitig reservieren. **Panoramagaststätte auf dem Tegelberg** (1730 m), Tegelbergstraße 33, 87645 Schwangau, Tel.: 08362/930431, https://www.panorama-gaststaette.de, Öffnungszeiten: täglich 9-17 Uhr (bei Betrieb der Tegelbergbahn). **Schloss Bräustüberl & Biergarten**, Alpseestraße 25, 87645 Schwangau, Tel.: 08362/70300, https://schloss-braeustueberl-neuschwanstein.de, Öffnungszeiten: täglich von 11.30-21 Uhr. Bayerische Küche und eigene Metzgerei. **Ristorante Pizzeria Da Pietro** (mitten in Schwangau), Kröb 2, 87645 Schwangau, Tel.: 08362/8392, http://dapietro.de, Öffnungszeiten: Warme Küche Dienstag bis Sonntag von 17-21 Uhr, Montag Ruhetag. Seit 30 Jahren bietet die Familie Di Genova italienische und mediterrane Küche.

Aktiv **Sup Forggensee**, Wanderparkplatz Brunnen, 87645 Schwangau, Tel.: 01575 4001 798, https://www.sup-forggensee.de, Verleih von SUPs, Tretboote und Kajak.

Wegweiser Über Horn und die historische Lechstaumauer zurück zum Ausgangspunkt.

Ein Bild wie ein Gemälde: Wer genau hinsieht, erkennt ungefähr im rechten Drittel die beiden Schlösser Neuschwanstein und Hohenschwangau.

Weitere touristische Angebote
Tourist Information Füssen, Kaiser-Maximilian-Platz 1, 87629 Füssen, Tel.: 08362/93850, https://www.fuessen.de, Öffnungszeiten: Montag bis Freitag 9-17 Uhr, Samstag 9-12 Uhr, Sonn- und Feiertage geschlossen.
Tourist-Infopunkt Weißensee (im Dorfladen), Seeweg 4, 87629 Füssen-Weißensee, Tel.: 08362/6500. Öffnungszeiten: Montag und Donnerstag 9-11 Uhr.
Tourist-Information Rieden am Forggensee, Lindenweg 4, 87669 Rieden am Forggensee, Tel.: 08362/37025, https://www.rieden.de, Öffnungszeiten: Montag 9.30-12 Uhr und 14-19 Uhr, Dienstag 9.30-12 Uhr und 14-16.30 Uhr, Mittwoch 8-12 Uhr, Donnerstag 9.30 -12 Uhr und 14-16.30 Uhr, Freitag 9.30-12 Uhr.
Tourist-Information Roßhaupten, Hauptstraße 10, 87672 Roßhaupten, Tel.: 08367/364, https://www.rosshaupten.de, Öffnungszeiten: Montag 8-12 Uhr und 14-17 Uhr, Dienstag 8-12 Uhr, Mittwoch 8-12 und 14-18 Uhr, Donnerstag 8-12 Uhr, Freitag 8-12 Uhr und nach Vereinbarung.
Gästeinformation Waltenhofen, Sonnenstraße 9, 87448 Waltenhofen, Tel.: 08379/728146, Öffnungszeiten: Montag 8-12 Uhr, Dienstag 8-12 Uhr und 14-17 Uhr, Mittwoch 8-12 Uhr, Donnerstag 8-12 Uhr und 14 bis 18 Uhr, Freitag 8-12 Uhr, Samstag und Sonntag geschlossen.
Gästeinformation Halblech, Bergstraße 2a, 87642 Halblech, Tel.: 08368/285, https://halblech.de, Öffnungszeiten: Montag bis Mittwoch, 9-12 und 14-17 Uhr, Donnerstag 9-12 und 13.30-17 Uhr, Freitag 9-12 und 14-17 Uhr, Samstag und Sonntag geschlossen.

Jede Rast verspricht wunderbare Ausblicke.

Tourist Information Schwangau, Gipsmühlenweg 5 (im Schlossbrauhaus), 87645 Schwangau, Tel.: 08362/8198-0, https://www.schwangau.de, Öffnungszeiten: Montag bis Freitag 9-17 Uhr.
Infostelle-Hohenschwangau, Alpseestraße 2, 87645 Schwangau, Tel.: 08362/819840, Donnerstag bis Montag von 10-16.30 Uhr geöffnet.
Tourist Information Hopfen am See, Höhenstraße 14, 87629 Füssen-Hopfen am See, Tel.: 08362/7458, Öffnungszeiten (1. April-31. Oktober): Mittwoch und Freitag 9-11 Uhr.

Wanderungen am Forggensee

1 Altstadt Füssen – Lechfall **2** Kalvarienberg **3** Burgenwanderung bei Pfronten **4** Von Füssen nach Hohenschwangau **5** Von Hopfen zum Faulensee **6** Roßhauptener Drachenweg **7** Zum Schloss Neuschwanstein **8** Zum Schloss Hohenschwangau

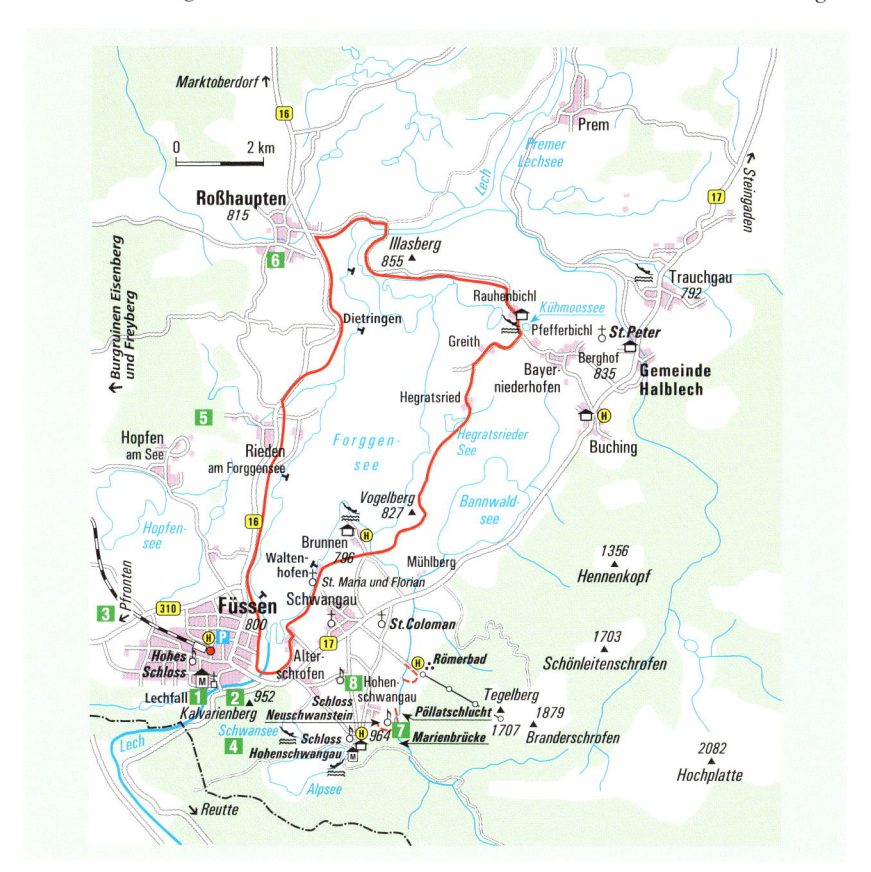

Forggensee

DER KOCHELSEE

Der Kochelsee liegt etwa 70 Kilometer von München entfernt am Rand der bayerischen Voralpen. Vor mehr als 20 000 Jahren haben die Gletscher der Würmseiszeit sein Becken ausgeschürft. Ursprünglich reichte er im Norden bis Penzberg, ist aber im Laufe der Jahrtausende immer mehr verlandet. Diese Zonen bilden heute die Loisach-Kochelsee-Moore. Sie begrenzen den See im Norden, während ihn im Süden Jochberg (1567 m), Herzogstand (1731 m) und Heimgarten (1790 m) einrahmen. Der Kochelsee ist knapp sechs Quadratkilometer groß. Zufluss ist die Loisach bei Schlehdorf und die Isar über das Walchenseekraftwerk, Abfluss ist wiederum die Loisach am nördlichen Ortsrand von Kochel. Hauptorte am See sind Kochel und Schlehdorf. Der Kochelsee ist über 60 Meter tief, der Umfang beträgt knapp 15 Kilometer. See, Moore und Berge bieten vielfältige Möglichkeiten zur Freizeitgestaltung. Dazu gehören Baden und Wassersport ebenso wie Wandern und Klettern. Einen guten Überblick ermöglicht die eineinhalbstündige Rundfahrt mit dem Motorschiff „Herzogstand". Stationen sind Kochel, Franz Marc-Museum, Seehotel Grauer Bär, Altjoch (Walchenseekraftwerk), Schlehdorf und wieder Kochel. Die Saison geht von Ostern bis zum Kirchweihsonntag Mitte Oktober. Motorschifffahrt Kochelsee, Kirchenweg 1, 82431 Kochel, Tel.: 08851/416 oder 7291, https://motorschifffahrt-kochelsee.de.

Den Kochelsee vom Boot aus erkunden – ein besonderes Erlebnis

Den erholungssuchenden Stadtmenschen erwartet eine klassische oberbayerische Kulturlandschaft in weitgehend intakter Natur. Zu jeder Jahreszeit und Wetterlage spielen Sonne und Wolken mit den Farben. Das warme Braun der Moore vor dem kräftigen Blau der im Dunst liegenden Berge – dieser Kontrast hat die Maler des Blauen Reiter in die ländliche Abgeschiedenheit gezogen: Franz Marc, Wassily Kandinsky, Gabriele Münter und Heinrich Campendonk. Sie nannten die Gegend „Blaues Land". Auf den Wiesen und Hügeln zwischen Sindelsdorf, Kochel und Murnau setzten sie sich mit der Darstellung der Natur auseinander und beschritten den Weg hin zur Abstraktion. Im ersten Jahrzehnt des 20. Jahrhunderts machte sie das zur weltweit bewunderten Avantgarde der Modernen Kunst. Mit vorzüglichen Museen haben die Gemeinden Kochel, Murnau und Penzberg ihren berühmten Bürgern ein bleibendes Denkmal gesetzt. Schon die Kelten, Römer und Bajuwaren erlagen dem Reiz der Landschaft und hinterließen ihre Spuren. Über die Jahrhunderte bildeten dann die Klöster Benediktbeuern, Schlehdorf und Ettal einen eigenen Kosmos. Die Mönche begannen, die dicht bewaldete Region zu roden. Handwerk, Wissenschaft und Künste hielten Einzug. An der wichtigen Verbindungsstraße aus dem Süden nach Norden prägten Handel und kriegerische Auseinandersetzungen Land und Leute. Wäre sein Denkmal im Zentrum Kochels nicht aus Metall, könnte der Schmied von Kochel so

Kochelsee

manche Geschichte über die Kämpfe mit den Tiroler Nachbarn erzählen. Mit dem Walchenseekraftwerk hielt schließlich die Moderne Einzug in das bäuerliche Land. Ende des 19. Jahrhunderts war es bereits durch den Bau der Eisenbahn zum bevorzugten Ziel der Sommerfrischler geworden.

Anreise mit der Bahn Von München aus ist man in gut einer Stunde in Kochel. Vom Hauptbahnhof verkehrt die Werdenfelsbahn (RB 66) im Stundentakt.

Anreise im Auto Mit dem Auto fährt man auf der A 95 München – Garmisch-Partenkirchen bis zur Ausfahrt Murnau/Kochel und dann nach links neun Kilometer über Großweil und Schlehdorf nach Kochel, oder auf der B 11 über Wolfratshausen, Königsdorf und Benediktbeuern.

Route in Kurzform Wir umrunden den See entgegen dem Uhrzeigersinn, um schnell in der freien Natur zu sein. Start ist am Bahnhof in Kochel, wo es auch Parkplätze gibt. Alternative ist der Großparkplatz Kochelsee, der über die Trimini Straße am nordwestlichen Ortseingang erreichbar ist. Über Schlehdorf und Raut geht es zum Felsenweg und nach Altjoch zum Walchenseekraftwerk. Wir folgen ein Stück der Kesselbergstraße und erreichen wieder Kochel. Orte am See sind Kochel, Schlehdorf, Raut und Altjoch.

Streckenlänge um den See 17,5 Kilometer auf Radwegen, Teer- und Schotterstraßen.

Fahrzeit etwa 1 bis 1,5 Stunden.

Schwierigkeit Die leichte Tour ist für Familien mit Kindern ab sechs Jahren geeignet. Die Strecke ist überwiegend eben, bis auf den Felsenweg am Südufer des Sees. Hier muss das Fahrrad etwa 20 Meter weit bergauf und bergab getragen werden. E-Bikes sind dafür zu schwer. Alternative ist das Schiff von Schlehdorf (Anlegestelle am Klosterbräu) nach Kochel.

Hauptsehenswürdigkeiten sind in Kochel das Franz Marc Museum, das Walchenseekraftwerk und die Kristall Therme trimini. In Schlehdorf der Klostergasthof mit dem König-Ludwig II.-Zimmer und in Großweil das Bauernhofmuseum des Bezirks Oberbayern auf der Glentleiten.

Kochel

(Bahnstation, Buslinien, Schiffsanlegestelle, 605 m über NHN)

Sehenswert Der Luftkurort Kochel am See ist etwa 1250 Jahre alt. Hervorgegangen aus Fischerlehen, war Kochel bis zur Säkularisation 1803 Teil der klösterlichen Herrschaft von Benediktbeuern. Die Eröffnung der Eisenbahn im Jahr 1898 macht aus dem Fischer- und Bauerndorf einen Fremdenverkehrsort. Fortan haben es die Münchner leicht, an den Kochelsee und Walchensee zu gelangen. Eine zweite Strecke, die Isartalbahn, führt von München nach Bichl. Es entstehen Hotels und Pensionen. Bekannt gemacht hat den Ort Kochel aber auch Balthasar Mayer, der sagenhafte *„Schmied von Kochel"*. Im Verlauf des Spanischen Erbfolgekriegs soll er 1705 im Kampf der

Abschalten, abhängen, ablesen: Das Seeufer in Kochel bietet für jeden etwas.

Bauern gegen die kaiserlichen Besatzer im Friedhof zu Sendling den Heldentod gestorben sein. Er stieg zum bayerischen Volkshelden auf. Ob er wirklich gelebt hat, ist nicht belegt. Sein Denkmal in der Ortsmitte erinnert an den bayerischen Mythos. Einen weiteren Aufschwung bringt der Ausbau der **Kesselbergstraße** bis 1897 unter Prinzregent Luitpold. Zwischen 1905 und 1907 finden dort die ersten internationalen Straßenrennen für Rennwagen und Motorräder statt. Im ersten Jahrzehnt des 20. Jahrhunderts kommen die Maler der späteren Künstlervereinigung „Blauer Reiter" an den Kochelsee, darunter Franz Marc, Wassily Kandinsky und Gabriele Münter. Mit dem **Franz Marc Museum** hat ihnen die Gemeinde Kochel 1986 ein Denkmal gesetzt. Franz Marc Museum, Besucher-Parkplatz, 82431 Kochel am See, Tel.: 08851/924880, https://Franz-marc-museum.de, Öffnungszeiten: Mittwoch bis Sonntag 10-17 Uhr, Montag geschlossen, Dienstag 10-17 Uhr.

aktiv Sehr beliebt ist die **Kristall Therme trimini**, Seeweg 2, 82431 Kochel am See, Tel.: 08851/5300, https://kristall-trimini.de, Öff-

Historische Gestalt oder Legende? – In Kochel steht der legendäre Schmied jedenfalls fest auf seinem Sockel.

Kochelsee 117

Trimini-Freibad mit Badesteg, Bergblick gratis dazu

nungszeiten: Montag bis Donnerstag 10-22 Uhr, Freitag 10-23 Uhr, Sonntag 9-22 Uhr. Geboten werden diverse Becken für jedes Alter, Rutschbahnen, und Saunen, Dampfbad und Hamam. Einen besonderen Reiz hat es, sich im Winter bei leichtem Schneefall im 36 Grad warmen Thermal-Außenbecken mit Massagedüsen und Sprudelsitzen zu entspannen und dabei auf See und Berge zu schauen.

Einkehr *Restaurant „Zum Franz"* in der Kristall Therme (siehe oben), *„Franz am See"*, Bistro im Franz Marc Museum, (siehe oben), Tel.: 08851/9401193. *Lenas Café im Schusterhaus*, Bahnhofstraße 12, 82431 Kochel am See, Tel.: 08851/2419834, www.cafe-lena.de, Öffnungszeiten: Dienstag bis Freitag, 6.30-15 Uhr, Samstag 6.30-12.30 Uhr, Sonntag 8-11 Uhr, Montag Ruhetag. *Kochler Stuben in der Heimatbühne*, Mittenwalder Straße 14, 82431 Kochel am See, Tel.: 08851/5193, www.kochler-stuben.de, Öffnungszeiten: Freitag 17-22 Uhr, Samstag, Sonntag sowie an Feiertagen 11-22 Uhr, Montag bis Donnerstag Ruhetag.

Wandern **1** **Rund um den Kochelsee** Mittelschwere Wanderung auf Teerstraßen und Schotterwegen, schöne Ausblicke auf die Landschaft, Start vom Parkplatz Kochelsee an der Trimini Straße. Weiter über Schlehdorf, Raut, Altjoch (Walchenseekraftwerk) nach Kochel. Gehzeit: 4 Stunden, 15,2 km. **2** Auf dem **Höhenweg von Kochel nach Benediktbeuern** und zurück. Mittelschwere Wanderung auf überwiegend gut begehbaren Wegen. Auf dieser Runde ist alles vereint, was zu einer Wanderung am Kochelsee gehört: See und Berge, Almwiesen und Moorlandschaften. Ausgangs- und

Endpunkt ist der Bahnhof von Kochel, an dem es auch Parkmöglichkeiten gibt. Auf der Bahnhofstraße in den Ort hinein, bis nach links die Kalmbachstraße abzweigt. Wir laufen sie entlang, bis sie zur Kohlleite wird. Es geht über den Kalmbach und bergauf. Dann verläuft der Weg eben durch Almwiesen und ein Waldstück. Vor Pessenbach geht es nach rechts, man überquert den Pessenbach und wandert auf einem einfachen Bergpfad bis Pfisterberg. Ausblicke auf das Loisach-Kochelsee-Moor, Herzogstand (1732 m), Heimgarten (1791 m) und das Kloster Schlehdorf. Wir folgen einem Landwirtschaftsweg und biegen nach links in einen Fußweg ab, der bis zum Alpenwarmbad Benediktbeuern führt. Wir gehen entlang der Schwimmbadstraße, überqueren die B 11 und gehen weiter zum Kloster. Basilika, Kräutergarten, Klosterbräu und die Fraunhofer Glashütte laden zu einer Besichtigung ein. Wem es reicht, kann stündlich mit dem Zug zurück nach Kochel fahren. Der Bahnhof ist 100 Meter vom Kloster entfernt. Gehzeit: 3 Stunden, 10,3 km, 250 hm. Zurück den Schildern durch das Moor folgen, durchwegs flache und breite Wege mit schönem Blick nach Süden auf den Kochelsee und den Herzogstand. Auf einer Holzbrücke überqueren wir den Lainbach.   Gehzeit 2:30 Stunden, 8,7 km.

Einkehr *Klosterbräustüberl Benediktbeuern*, Zeilerweg 2, 83671 Benediktbeuern, Tel.: 08857/9407, www.klosterwirt.de, Öffnungszeiten (vom 1. April bis 22 Oktober 10-22 Uhr, Dienstag Ruhetag. (vom 23. Oktober bis 31. März) 11-22 Uhr, Montag und Dienstag Ruhetage. Schöner Biergarten.

Wegweiser Von Kochel nach Schlehdorf: Vom Bahnhof Kochel aus biegen wir gleich nach rechts (nach Norden) in den Friedzaunweg ab und erreichen nach 400 Metern die Schlehdorfer Straße. Zum ersten Mal geht es über die beiden Abflüsse der Loisach. Eine Schleuse am ersten Abfluss reguliert den Wasserstand des Kochelsees, der sonst durch den Zufluss vom Walchensee über das Kraftwerk in Altjoch zu stark schwanken würde. Der Ausblick auf See und Herzogstand „erzwingt" den ersten Fotostopp. Weiter geht es auf dem Radweg entlang der Straße Richtung Schlehdorf. Rechts erstreckt sich das Loisach-Kochelsee-Moor mit den typischen Hütten. Wir

Ob beim Wandern, Radeln oder Ausruhen, wunderschöne Ausblicke auf den See sind hier garantiert.

erreichen eine Brücke und überqueren zum zweiten Mal die Loisach, diesmal ihren aus Richtung Garmisch-Partenkirchen kommenden Zufluss. Bald ist Schlehdorf erreicht.

Schlehdorf
(Buslinie 9611, 9613, Schiffsanlegestelle, 604 m über NHN)

Sehenswert Im Jahr 763 wurde das ***Kloster Schlehdorf*** erstmals urkundlich erwähnt. Es stand immer im Schatten des Konkurrenten Benediktbeuern. Das Kloster in seiner heutigen Form haben die Augustiner Chorherren im 18. Jahrhundert erbaut. Zuletzt führten es die Missions-Dominikanerinnen. 2019 wurde es an eine Münchner Wohnungsbaugenossenschaft verkauft. Im Cohaus Kloster, wie es heute heißt, findet ein Gäste- und Seminarbetrieb statt. (www.cohaus-schlehdorf.de). Es kann nicht besichtigt werden, dafür aber die renovierte Pfarrkirche St. Tertulin (April bis September 8.30 Uhr-18 Uhr; Oktober bis März 8.30-16 Uhr). Mit dem Bau der barock-klassizierenden Kirche mit den markanten Doppeltürmen war 1726 begonnen worden. Die auffällig geraden und rechtwinklig aufeinander zustoßenden Straßen verdankt der Ort genauen Vorgaben von König Ludwig I. Im Jahr 1846 hatte eine Feuersbrunst die Häuser nahezu vollständig zerstört. Der neue Ort entstand auf dem Reißbrett. Scheunen, Ställe und Wohnhäuser waren von gleicher Bauart. Zweites markantes und ältestes Gebäude des Ortes ist der Klosterbräu aus dem Jahr 1317. Hier übernachteten die Könige Maximilian II. und Ludwig II. auf dem Weg in die Berge. Heute noch kann man sich im Königszimmer einmieten.

Kloster mit Bootshäusern. Heute läuft in der Anlage ein Seminar- und Gästebetrieb.

Einkehr *Gasthof und Hotel Klosterbräu*, Seestraße 2, 82444 Schlehdorf, Tel.: 08851/286, https://klosterbraeu-schlehdorf.de, Öffnungszeiten Montag bis Sonntag 11.30-22.20 Uhr. *Landgasthaus Fischerwirt*, Unterauer Straße 1, 82444 Schlehdorf, Tel.: 08851/484, https://fischerwirt.bayern, Öffnungszeiten: Mittwoch bis Sonntag 10-23 Uhr, Montag u. Dienstag Ruhetag. *Glentleitner Wirtschaft & Brauerei*, An der Glentleiten 1, 82444 Schlehdorf, Tel.: 08851/185-47, https://www.glentleitner.de, Öffnungszeiten: Mittwoch bis Freitag 11-17 Uhr, Samstag und Sonntag 10-17 Uhr. **Kreutalm**, Kreut 1, 82439 Großweil, Tel.: 08841/5822, https://kreutalm.de, Kinderspielplatz.

Gleich legt das Schiff an, und dann geht es über den See mit Bick auf den Herzogstand.

Wandern 3 Von Schlehdorf **auf die Kreutalm** (800 m), leichte Wanderung mit herrlichem Ausblick auf den Kochelsee und die Berge. Start ist am Gasthof Klosterbräu. Wir gehen die Seestraße in südwestlicher Richtung entlang und biegen nach etwa 300 Meter rechts in die Karpfseestraße ein. Wir wandern aus dem Ort und folgen auf der Reuterbühler Straße der Beschilderung „Kreutalm" und „Freilichtmuseum". Nach einer kleinen Asphaltstraße und einem Schotterweg führt der Weg auf Wiesenpfaden bis zur Kreutalm. Auf dem gleichen Weg zurück. Gehzeit 2 Stunden, 6,6 km, 180 hm.

4 Von Schlehdorf über den Pionierweg zum **Sattel des Kesselbergs**, zurück über das Walchenseekraftwerk in Altjoch und den Felsenweg am Seeufer: Mittelschwere Tour für geübte Bergwanderer mit Kondition, landschaftlich sehr reizvoll. Von Schlehdorf aus den Schildern in Richtung Heimgarten und Herzogstand folgen. Von einem Forstweg gelangen wir dann auf den Pionierweg, den 1892 bayerische Pioniere als Übung in nur zwei Wochen durch die Nordflanke des Herzogstands gebaut haben. Waghalsig überquert werden dabei tief eingeschnittene Schluchten, bis der ehemalige Reitweg von Max II. hinauf zum Herzogstandhaus erreicht ist. Wir gehen nach links weiter zum Sattel des Kesselbergs und über die alte Kesselbergstraße hinunter nach Altjoch. Dort bietet sich ein Besuch des Kraftwerks an. Zurück am Seeufer entlang über den Felsenweg und Raut nach Schlehdorf. Alternativ kann man auch das Schiff nehmen. Festes Schuhwerk erforderlich. Gehzeit 6:17 Stunden, 15,9 km, 500 hm.

Immer der Nase nach – oder der Beschilderung folgen

Wegweiser Von Schlehdorf nach Altjoch: Am Klostergasthof geht es nach links in die Seestraße, die zur Rauter Straße wird. Sie verzweigt sich nach wenigen Metern. Wir radeln nach links am See entlang durch Wiesen vorbei an Villen. Nach rechts würde der Weg über den Pionierweg auf den Herzogstand führen. Wir bleiben unten und erreichen den Felsenweg, der hier zum Fußweg wird. Man sollte das Rad schieben und die Stelle hurtig passieren, denn es besteht Steinschlaggefahr. Weiter auf einem schmalen Pfad durch Wiesen. Eine malerische Bucht lädt zum Baden ein. Wir überqueren den Abfluss des Walchenseekraftwerks und erreichen Altjoch. Nach dem Campingplatz Kesselberg endet der Weg, gleichzeitig die Zufahrt zum Walchenseekraftwerk, an der stark befahrenen Mittenwalder Straße.

Altjoch
(Buslinie 9608, Schiffsanlegestelle, 600 m über NHN)
Sehenswert ist in Altjoch das ***Walchenseekraftwerk***, Altjoch 21, 82431 Kochel am See, Tel.: 08851/77225, www.uniper.energy, Öffnungszeiten: von Mai bis Oktober täg-

Das Walchenseekraftwerk liefert seit 100 Jahren zuverlässig Strom aus Wasserkraft.

lich 9-17 Uhr. Mit dem Bau des Hochdruck-Speicherkraftwerks wurde nach dem Ende des Ersten Weltkriegs begonnen, 1924 ging es in Betrieb. Treibende Kraft des ehrgeizigen Projekts war der Elektrotechniker und Wasserkraftpionier Oskar von Miller, der auch das Deutsche Museum in München gegründet hat. Mit einer Leistung von 124 MW ist es eines der größten Kraftwerke seiner Art in Deutschland und produziert mehr als 300 Gigawattstunden Ökostrom im Jahr. Über sechs gewaltige Stahlrohre stürzt das Wasser des Walchensees 200 Meter tiefer und treibt die acht Turbinen des Kraftwerks an. Dazu kommt noch Wasser aus der Isar und dem Rißbach. In einem Besucherzentrum wird ausführlich über die Funktionsweise des Kraftwerks informiert. Jährlich besichtigen etwa 100 000 Besucher das Industriedenkmal. Im Jahr 2030 läuft die Konzession für das Walchensee-Kraftwerkssystem ab. Dann müssen die Wassermengen, welche die Turbinen antreiben, neu verhandelt werden. An der Zufahrt zum Walchenseekraftwerk fallen rechter Hand zwischen Straße und Seeufer zwei schroffe Felskegel auf, die *große* und die **kleine Birg**. Auf ihnen gab es einen mit Wällen befestigten Platz, auf den sich die Menschen der Urnenfeldzeit (1200 bis 700 v. Chr.) bei Gefahr zurückzogen. Von hier aus begann die Besiedelung Kochels.

Einkehr **Oskar von Miller Einkehr** im Walchenseekraftwerk, Altjoch 21, 82431 Kochel am See, Tel.: 08851/9403135, https://kraftwerk-einkehr.de, Öffnungszeiten (Ostern bis Oktober) Mittwoch bis Sonntag von 10-17 Uhr, Montag und Dienstag Ruhetag.

Wandern 5 Auf der **Alten Kesselbergstraße nach Urfeld**: Kurz nach dem Abzweig nach Altjoch zweigt etwas versteckt die Alte Kesselbergstraße ab. Man kann sie hinaufwandern und nachempfinden, wie beschwerlich in früheren Zeiten eine Fahrt mit der Postkutsche war. Der Weg führt teilweise recht steil, aber gut ausgebaut und breit den Kesselberg hinauf, entlang dem Kesselbach und am Kesselbachwehr vorbei. Zwischendurch berührt der Weg die neue Kesselbergstraße, zweigt aber bald wieder von dieser ab. Man passiert die Gedenktafel zum Bau der Kesselbergstraße in den Jahren 1893/1894, bis man auf dem Sattel wieder auf die neue Straße trifft. Immerhin war es in vor- und frühgeschichtlicher Zeit die Verbindung von Bayern nach Italien, auf der auch Johann Wolfgang von Goethe mehrmals reiste. Weil der Rückweg wegen des Gerölls gefährlich ist, fahren wir mit dem Bus 9608 ab Urfeld. Gehzeit 1 Stunde, 3,2 km.

Wegweiser Von Altjoch nach Kochel: Nach dem Campingplatz Kesselberg stößt der Weg auf die Mittenwalder Straße. Wir folgen ihr bis kurz vor das altehrwürdige Seehotel „Grauer Bär" aus dem Jahr 1899, dessen Terrasse am See zu Kaffee und Kuchen einlädt. Der Maler Wassily Kandinsky ist hier im Sommer 1902 mit seiner Frau Anja und einer Malklasse abgestiegen. Wir passieren den Fabrikkomplex der Firma Dorst, die Maschinen und Anlagen für die Herstellung keramischer und pulvermetallurgischer Produkte produziert und haben wieder Kochel erreicht. In Höhe des Badeplatzes müssen wir auf die Straße wechseln, denn der Seeweg endet in steilen Stufen. Auf einer Anhöhe liegt rechts das Franz Marc Museum. Nachdem der Berg erklommen ist,

Dem Herzogstand begegnen Besucherinnen und Besucher häufig beim Wandern oder Radfahren in der Gegend. Hier steht er mächtig über dem Ausfluss der Loisach.

folgen wir der Hauptstraße und biegen vor der Rechtskurve in die Badstraße ab, um wieder an den See zu gelangen. Über den Seeweg geht es weiter am Thermalbad vorbei über die Triministraße zum Parkplatz oder weiter über die Schlehdorfer Straße in den Ort hinein.

Einkehr *Seehotel „Grauer Bär"*, Mittenwalderstraße 82-86, 82341 Kochel am See, Tel.: 08851/92500, https://grauer-baer.de, Öffnungszeiten: Täglich außer mittwochs 11.30-22 Uhr, Mittwoch je nach Wetter ab 15 oder 17.30 Uhr geöffnet.

Weitere touristische Angebote

Tourist Info Kochel am See (im Bahnhof), Bahnhofstraße 23, 82431 Kochel am See, Tel.: 08851/338, http://www.zwei-seen-land.de, Öffnungszeiten: 1. Juli bis 8. September, Montag bis Freitag 9-12 Uhr und 14-17 Uhr. Samstag 9-12 Uhr. 2. Mai bis 30. Juni und 9. September bis 31. Oktober, Montag bis Freitag 9-12 und 14-17 Uhr. 2. November bis 30. April, Montag bis Donnerstag 9-12 und 14-17 Uhr, Freitag 9-12 Uhr.
Tourismusverein Schlehdorf-Unterau e.V., c/o Landgasthaus Fischerwirt, Unterauer Straße 1, 82444 Schlehdorf, Tel.: 08851/484, https://www.urlaub-in-schlehdorf.de. Info-Point Schlehdorf, Terminal 0-24 Uhr, Kocheler Straße 22. Internet-Terminal: Gasthof Waltraud, Bahnhofstraße 20, 82431 Kochel am See, Tel.: 08851/333.

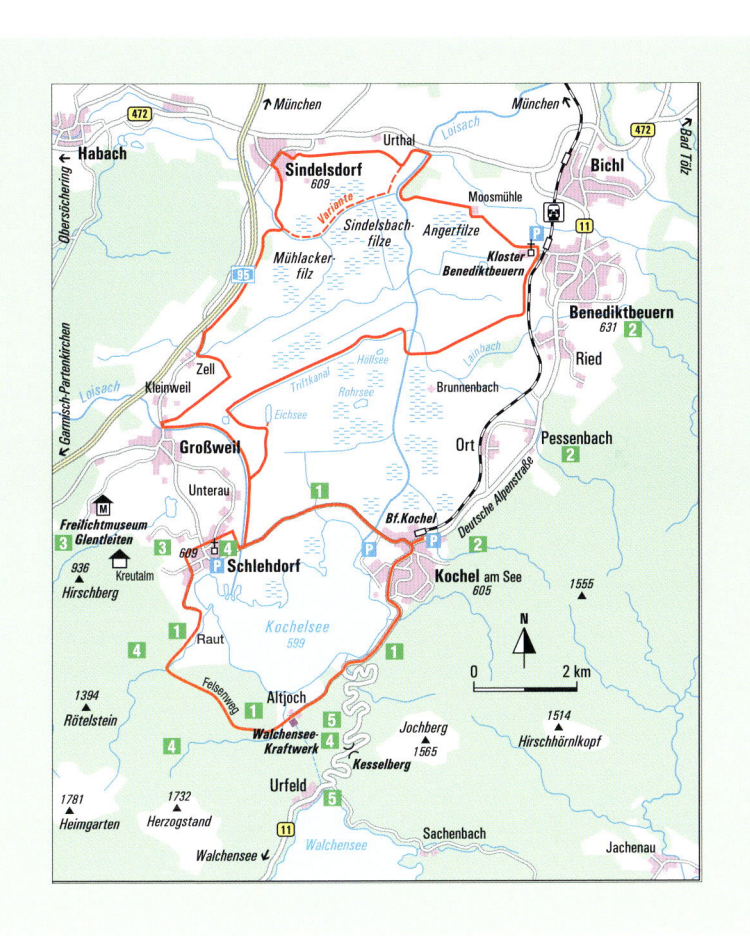

Wanderungen am Kochelsee

1 Rund um den Kochelsee   **2** Kalvarienberg   **3** Von Schlehdorf auf die Kreutalm
4 Von Schlehdorf zum Sattel des Kesselbergs   **5** Auf der alten Kesselbergstraße nach Urfeld

Am Badesteg des Trimini in Kochel

Karibik in Bayern? – Nein, der Walchensee!

DER WALCHENSEE

Seine einsame Lage inmitten von bewaldeten Bergen verleiht dem Walchensee einen einzigartigen Charakter unter den bayerischen Seen. Allein schon der Aha-Effekt, wenn man im Frühjahr oder Herbst die trübe Nebelsuppe des Kochelsees überwunden hat und am Kesselbergsattel unvermittelt in ein sonnendurchflutetes Paradies eintaucht. Dazu die smaragdgrüne oder stahlblaue Farbe des Sees, die Ruhe und die majestätische Bergkulisse. Traumhaft! Mit einer Tiefe von 190 Metern ist er der tiefste See und mit mehr als 16 Quadratkilometer Fläche auch der größte Alpensee Deutschlands. Entstanden ist er in der Würmeiszeit, als das Schmelzwasser der Gletscher eine tektonische Senke füllte. Sein Wasser ist sauber, aber kühl, im Sommer 17 bis 19 Grad. Zuflüsse sind eine Reihe von Bächen, darunter als größter die Obernach, sowie über Zuleitungen die Isar und der Rißbach. Abflüsse sind der Stollen zum 200 Meter tiefer liegenden Walchenseekraftwerk und die Jachen. Seine typische smaragdgrüne Farbe erhält der See durch den hohen Kalkanteil des Wassers. Der Walchensee liegt 75 Kilometer von München entfernt auf 800 Meter Meereshöhe, ist sieben Kilometer lang und fünf Kilometer breit. Im Norden bilden Heimgarten, Herzogstand, Kesselberg und Jochberg eine Barriere zur bayerischen Ebene, im Süden umgeben ihn Simetsberg, Altlacher Hochkopf und dahinter die Gipfel des Karwendels. Die bewaldete Insel Sassau nahe dem Ostufer ist 2,9 Hektar groß. In den See hinein ragt die Halbinsel Zwergern. Orte am See sind der Luftkurort Walchensee, Einsiedl, Urfeld und Zwergern.

Je nach Wetterlage hat der See in seiner Abgeschiedenheit etwas Eigenartiges, Unheimliches – der ideale Nährboden für Sagen aller Art. Am bekanntesten ist die Sage von einem mächtigen Waller, der eingeringelt auf dem Seegrund schläft. Wenn es die sündigen Münchner zu bunt treiben, wacht er auf und zerschlägt mit seinem Schwanz den Kesselberg, worauf sich eine Flutwelle in die Ebene ergießt. Der Ausbau der Kesselbergstraße von 1893 bis 1897 bringt die ersten Touristen in die Abgeschiedenheit. Im 20. Jahrhundert lässt sich in Urfeld ein buntes Völkchen von Künstlern, Schriftstellern und Politikern nieder. Der Walchensee-Maler Lovis Corinth ließ sich in Urfeld ein Häuschen bauen, das später der Physiker Werner Heisenberg als Sommerhaus nutzte, ebenso der erste Vorsitzende der bayerischen SPD, Georg von Vollmar.

Immer wieder war der Walchensee auch Filmkulisse, bevorzugt für Wikingerfilme. So 1958 in „Die Wikinger" mit Kirk Douglas. Ein Jahr später bei der Serie „Tales oft he vikings" mit Christopher Lee, und 1965 in „Der Spion, der aus der Kälte kam" mit Richard Burton und 2008 in dem Film „Wickie und die starken Männer" von Michael Herbig.

Schroffer Berg, glatter See: Blick auf Walchensee und Herzogstand

Sportmöglichkeiten Klares Wasser lockt die Taucher, Surfer und Segler kommen dank spezieller Windverhältnisse auf ihre Kosten. Die relativ hohen Berge im Norden und Nordosten schützen den Walchensee vor den rauen Winden aus der Ebene. Die verhältnismäßig niedrigen Berge im Süden ermöglichen optimale Sonneneinstrahlung. Bei Hochdruck wehen Fallwinde zwischen Herzogstand und Jochberg hindurch vom Mittag bis zum frühen Abend zuverlässig und nicht unter Stärke vier. Die Wassersportler nennen das Düse. Ferner Angeln, Stand-up-Paddeln, Rudern und Baden. Die 27 Kilometer lange Uferlinie bietet fast rundherum freien Zugang zum See mit vielen naturbelassenen Badestellen. Dank des Landschaftsschutzgebietes hat der See Trinkwasserqualität. Viele Wandermöglichkeiten.

Anreise mit der Bahn Von München aus fährt man mit der Werdenfelsbahn in gut einer Stunde nach Kochel und vom Bahnhof Kochel mit dem Bus 9608 in 20 Minuten nach Walchensee.

Anreise mit dem Auto Auf der A 95 München – Garmisch-Partenkirchen bis zur Ausfahrt Murnau/Kochel und dann nach links neun Kilometer über Großweil und Schlehdorf nach Kochel. Weiter geht es über die Kesselbergstraße an den Walchensee.

Anreise mit dem Fahrrad Vom Bahnhof Kochel bis zum Walchensee braucht man etwa 30 Minuten. Die Strecke über die Serpentinen der Kesselbergstraße ist 9 Kilometer lang, es sind 250 Höhenmeter zu bewältigen. Man kann auch vom Ort Jachenau aus den Walchensee erreichen. Mit dem Fahrrad legt man die 5 Kilometer in 19 Minuten zurück. Wanderer gehen die 4,7 Kilometer in 1:09 Stunden. Mountainbikern ist die Strecke von Eschenlohe entlang der Eschenlaine nach Einsiedl vorbehalten: Fahrzeit: 1 Stunde, 11,1 km, 344 hm. Wanderer brauchen knapp 3 Stunden.

Route in Kurzform Um dem Autoverkehr zu entgehen, umrunden wir den See im Uhrzeigersinn und starten in Urfeld Richtung Sachenbach. Weitere Stationen sind Niedernach, Altlach, Einsiedl, Zwergern, Walchensee und wieder Urfeld. Für die Strecke Walchensee – Urfeld entlang der stark befahrenen B 11 gibt es leider keine naheliegende Alternative. Hier bietet sich eine kurze Busfahrt an.

Streckenlänge um den See Um den Walchensee sind es 26,5 Kilometer auf Teer- und Forststraßen.

Fahrzeit Mit dem Fahrrad 1,5 Stunden, zu Fuß ist man 6:30 Stunden unterwegs.

Schwierigkeit Die leichte Tour ist für Familien mit Kindern ab 8 Jahren geeignet. Die Strecke ist überwiegend eben, nur von Niedernach nach Einsiedl steigt sie unmerklich an. Einziger spürbarer Anstieg ist mit 50 Höhenmetern zwischen Niedernach und Sachenbach die Abkürzung über eine Anhöhe.

Hauptsehenswürdigkeiten Der See als solcher mit seinen Buchten und den Bergen drumherum, Halbinsel Zwergern mit historischen Fischereieinrichtungen, Herzogstandbahn, Walchensee-Museum in Urfeld.

Mitnehmen Badesachen nicht vergessen! Zum Baden eignet sich die Halbinsel Zwergern, eine Liegewiese bei Einsiedl und ein 2,5 Kilometer langer Strand am Südufer.

Urfeld

(Buslinie 9608, 805 m über NHN)

Sehenswert ist in Urfeld das *Walchensee-Museum* der Friedhelm-Oriwol-Stiftung im ehemaligen „Hotel Post". Es zeigt Objekte, welche Kunst, Kultur und Geschichte am Walchensee, Kochelsee, der Jachenau und dem Herzogstand darstellen. Das Hauptaugenmerk des Sammlers Friedhelm Oriwol gilt Lovis Corinth, von dem über zweihundert graphische Werke zu sehen sind. Außerdem zeigt das Museum umfangreiche heimatkundliche Sammlungen aus der Gegend, verbunden mit einem atemberaubenden Ausblick auf den Walchensee. Humorvoll wird es, wenn der Hausherr Friedhelm Oriwol durch sein Museum führt. Walchensee-Museum, Urfeld 4, 82432 Urfeld, Tel.: 08851/1486, https://walchenseemuseum.de, Öffnungszeiten: Anfang Juni bis Anfang Oktober, Donnerstag bis Sonntag 10.30 Uhr - 16.30 Uhr.

Der Gründer Friedhelm Oriwol in seinem Museum

Einkehr *Café am See*, Urfeld 27, 82432 Kochel am See, Tel.: 08851/940354, Öffnungszeiten: täglich von 8-19 Uhr. *Restaurant Karwendelblick*, Urfeld 15, 82432 Kochel am See, Tel.: 08851/410, www.hotel-karwendelblick.de, Öffnungszeiten: Hauptsaison ab 8 Uhr Frühstück, 11.30-20.30 Uhr warme Küche. Nebensaison: 12 Uhr bis zum Einbruch der Dunkelheit.

Wandern **1** In etwa einer Stunde ist der **Lovis Corinth-Weg** mit einer Höhendifferenz von 50 Meter zu bewältigen. Er beginnt schräg gegenüber dem Walchensee-Museum hinter dem Café am See und umfasst sieben Stationen, an denen Tafeln über Leben und Werk des Künstlers am Walchensee informieren. **2** Vom Kesselbergsattel auf dem ehemaligen Reitweg von Max II. **zum Herzogstand-Haus** (1575 m). Leichte, ausgeschilderte Wanderung auf einem gut ausgebauten Schotterweg. Gehzeit: 2 Stunden, 14,4 km, 880 hm. Eine halbe Stunde braucht man auf den Gipfel (1731 m). Für die beliebte Gratüberschreitung zum Heimgarten (1791 m), die 1:30 Stunden dauert, sind Trittsicherheit und Schwindelfreiheit notwendig. Abstieg nach Walchensee 2 Stunden. Von der Bergstation der Herzogstandbahn sind es nur wenige Minuten bis zum Herzogstandhaus. **3** **Jochberg**: Der Jochberg (1575 m), der sich östlich des Kesselberg-Sattels erhebt, ist in einer leichten Wanderung zu erreichen. Gehzeit insgesamt 3:30 Stunden, 750 hm.

Einkehr *Berggasthaus Herzogstand*, Reitweg, 82432 Kochel am See, Tel.: 08851/234, www.berggasthaus-herzogstand.de, 1. Mai bis 15. November, Öffnungszeiten: täglich 9.30 bis 17 Uhr, Dienstag Ruhetag. Das Berggasthaus bietet nach Voranmeldung auch die Möglichkeit zur Übernachtung. *Heimgartenhütte* (1775 m) unterhalb des Heimgartengipfels, geöffnet vom 1. Mai bis 15. November. *Jocheralm* (1382 m), geöffnet von Ende Mai bis Mitte Oktober, Montag Ruhetag.

Wegweiser Von Urfeld nach Sachenbach (Gehen: 34 Minuten, Fahrrad 10 Minten, 2,6 km): Vom Walchensee-Museum geht es auf der St 2072 nach Osten, vorbei am Einlass-Bauwerk des Walchenseekraftwerks. Mehrere Marterln am See gemahnen daran, wie gefährlich der See sein kann. Leichtsinnige Taucher verschlingt er ebenso wie unvorsichtige Schwimmer und Wassersportler. Der Kiosk mit rustikalen Holzbänken

Erinnerung an einen tragischen Ertrinkungstod

in Sachenbach lädt zur Pause ein. Auf der Speisekarte stehen Getränke, kleine Brotzeiten und hausgemachte Kuchen – den Ausblick auf See und Herzogstand inklusive. Die Bauernhöfe sind seit Jahrhunderten in Familienbesitz und laden zu Ferien auf dem Bauernhof ein. In Sachenbach zweigt eine Straße in die Jachenau ab. (Gehen 1:14, Fahrrad 21 Minuten, 6,1 km).

Sachenbach
(805 m über NHN)
Sehenswert Um 1185 hatte das Kloster Benediktbeuern begonnen, das bis dahin menschenleere Ostufer zu roden und zu besiedeln. Im Jahr 1275 wird die kleine Siedlung erstmals urkundlich erwähnt. Der *„Jörglbauernhof"* gehört seit mehr als 800 Jahren der Familie Sachenbacher. Sie betreibt die Landwirtschaft so nachhaltig

Hier fühlen sich auch die Rindviecher wohl.

wie die Familie Oswald, die den *„Seppenbauernhof"* gegenüber bewirtschaftet. Die deutsche Ski-Langläuferin und Biathletin Evi Sachenbacher-Stehle hat ihre Wurzeln beim Seppenbauer. 2008 drehte der Regisseur Michael „Bully" Herbig in der Sachenbacher Bucht den Wikingerfilm „Wickie und die starken Männer". Teile des Wikinger-Dorfes, das hier aufgebaut worden war, stehen im Ort Walchensee und den Bavaria-Filmstudios. In der Ortschaft Walchensee stehen noch drei statt wie bisher fünf Hütten als Tourismus-Attraktion. Das eigens nachgebaute Wikingerschiff Freya schwimmt mittlerweile auf dem Chiemsee.
Einkehr *Kiosk/Hofladen Sachenbach*, Sachenbach 1, 83676 Jachenau, Tel.: 08851/359. Öffnungszeiten: Mai bis Oktober (bei schönem Wetter) 10 bis 18 Uhr, ab Pfingsten täglich.
Wandern **4** **Rundweg** Jachenau – Sachenbach – Niederach: Mittelschwere, abwechslungsreiche, ausgeschilderte Wanderung auf überwiegend gut begehbaren Wegen, Kondition und Trittsicherheit erforderlich. Start am Parkplatz Schützenhaus in Jachenau (Gebühr 5 Euro/Tag). Auf der Gemeindestraße zum Ortsteil Berg und durch den Wald ansteigend zur Fieberkapelle. Weiter auf der für Autos gesperrten Straße Richtung Sachenbach. Es geht durch den Wald und durch das offene Wiesental vorbei an dem Martel, das an den Tod zweier Frauen erinnert, die Anfang Mai 1945 von der SS erschossen wurden. Am See nach links am Ufer entlang Richtung Niederach. Schöner Blick auf den See, die Insel Sassau und das Karwendel. Bei der Waldschenke Niederach gehen wir nach rechts über die Brücke und dann links den Fußweg Rich-

tung Jachenau. Ab Mühlraut beginnt der Fahrweg, der über die Ausläufer des Sagrinnenköpfels auf- und absteigend durch den Wald führt. Vor dem Ortsteil Mühle überqueren wir die Jachen und gehen auf dem Fußweg durch die Wiesen zurück nach Jachenau. Gehzeit 4 Stunden, 14,5 km, 160 hm.

Wegweiser Von Sachenbach nach Niedernach: (Gehen: 1:07 Stunden; Fahrrad: 19 Minuten, 4,9 km): Auf der Etappe passieren wir die Sachenbacher Bucht, dem Drehort von „Wickie und die starken Männer" sowie die Insel Sassau, die einzige im Walchensee. Wenn Feinde das Kloster Benediktbeuern bedrohten, zogen sich die Mönchen mit den Pretiosen des Klosters auf die Insel Sassau zurück. Sie steht unter Naturschutz.

Wasser aus dem Rißbachstollen rauscht über die Kanaltreppe des Kraftwerks Niedernach.

Niedernach
(818 m über NHN)

Sehenswert Die *Einöde* ist einer der 28 Ortsteile der Gemeinde Jachenau. Der Ort entstand ebenfalls aus einer Rodung und Weide der Benediktbeuerer Mönche. Weil der Walchensee nur kleine Bäche als Zuflüsse hatte, mussten die Ingenieure des Walchenseekraftwerks das Wassereinzugsgebiet des Sees künstlich erhöhen. Zunächst versperrt in der Niedernacher Bucht ein Wehr den natürlichen Abfluss der Jachen. Seit 1951 kommt das Wasser des Rißbachs dazu. Er entspringt an der Landesgrenze südlich von Vorderriß, unterquert die Isar und tritt nach einem sieben Kilometer langen Stollen oberhalb von Niedernach wieder zutage. Über weitere Stollen strömt das Wasser durch ein Druckrohr mit einer Fallhöhe von 21 Meter in die Turbinen des Kraftwerks Niedernach. Überschüssiges Wasser fließt über breite Stufen in den Walchensee. Zusätzliches Wasser für das Kraftwerk liefert die „Isar-Überleitung", der wir auf unserem Weg noch begegnen.

Einkehr *Waldschenke Niedernach*, Niedernach 55 ½, 83676 Jachenau, Tel.: 0160 93826403, www.waldschaenke-niedernach.de, Öffnungszeiten: April bis November, Samstag bis Mittwoch, 11-17 Uhr, Donnerstag u. Freitag Ruhetag. Brotzeit, warme Gerichte und selbstgemachte Kuchen, großer Biergarten direkt am See.

Wegweiser Von Niedernach nach Altlach (Gehen 1:18 Stunden, Fahrrad 18 Minuten, 5,8 km) geht es weiter am Seeufer entlang. Am Ufer verstreut liegen mehrere Anwesen.

Altlach
(810 m über NHN)

Sehenswert Das größte Anwesen in Altlach am Südufer des Walchensees, ein *stattlicher zweistöckiger Hof*, nutzte König Ludwig II. zur Rast vor dem Aufstieg zu seiner **Bergresidenz auf dem Altlacher Hochkopf** (1328 m). Die Jagdhütte hatte der Monarch von seinem Vater Max II. übernommen. Sie ist eine von 19 „Pirschhäusern" an den schönsten Flecken der bayerischen Berge, in denen Ludwig nach einem strengen Zeitplan Zuflucht suchte. Heute bietet das „Haus Kiefersauer" Feriengästen Logis. Auch das Königszimmer ist buchbar. Über der Balkontür im ersten Stock und am Giebel zwischen zwei Gemsen prangen Ludwigs Initialen. Auf der Wiese vor dem Haus tagte damals ein paar Mal das bayerische Kabinett. Die Jagdhütte auf dem Hochkopf mochte König Ludwig ganz besonders, weil dort auf seine Einladung hin der von ihm verehrte Komponist Richard Wagner im August 1865 zehn Tage verbracht hatte. Am Anfang der Forststraße erinnert ein Denkmal an den Aufenthalt des Komponisten.

Gehoben logieren auf den Spuren des Königs

Einkehr *Kiosk Biergartl*, Altlach 59, 83676 Jachenau, Tel.: 08043/368 (Gemeindeverwaltung Jachenau), Öffnungszeiten: bei schönem Wetter im Mai und Oktober am Wochenende, von Juni bis September täglich.

Obacht! Zwischen Altlach und der Ortschaft Walchensee gibt es keine Einkehrmöglichkeit.

Wandern 5 Von **Altlach auf den Hochkopf**: Leichte Bergwandung auf Forststraßen und Waldpfaden. Ausgangspunkt ist der Parkplatz (815 m) an der Mautstraße Walchensee-Jachenau, 300 m vor dem auf einer Wiese am See stehenden Hof. Etwa 100 m vor dem Haus zweigt nach rechts eine Forststraße zum Hochkopf ab. Der wildromantische Weg führt meist unter Bäumen an den Wasserfällen der Altlach entlang. Blaue Markierungen weisen den Weg. Zwischendurch zeigen sich Jochberg, Herzogstand und Simetsberg. Von der Bank vor der Hütte bietet sich ein prächtiger Ausblick auf die Zugspitze und das Wettersteingebirge. Von der Hütte führt ein unmarkierter Pfad zum Gipfel. Zurück auf demselben Weg. Gehzeit (gesamt): 3:30 Stunden, 10,4 km, 560 hm.

Wegweiser Von Altlach nach Einsiedl (Gehen 49 Minuten, Fahrrad 11 Minuten, 3,7 km): Unser nächstes Ziel ist der Weiler Einsiedl an der Einmündung des Obernach-Kanals. Kurz vorher passieren wir das Laufwasserkraftwerk Obernach, das 1955 in Betrieb ging. Es gehört zum Verbund des Walchenseekraftwerks. Seine beiden Turbinen werden von der Überleitung der Isar gespeist. Das Isarwasser kommt wiederum vom Stauwehr bei Krün, unterquert vor Wallgau die B 11 und mündet südlich von Einsiedl in den Sachensee. Von dort fließt es durch Stollen ins Kraftwerk Obernach und in den Walchensee. Das Südufer zwischen Niedernach und Einsiedl eignet sich im Sommer gut für einen Badeaufenthalt.

Einsiedl
(804 m über NHN)

Sehenswert Es gab Zeiten, da schlichen geheimnisvolle Gestalten durch Einsiedl. Mit Schaufeln und Metalldetektoren stiegen sie auf den nahen Steinriegel, einen bewaldeten Hügel. Es waren Schatzsucher, die den Waldboden oberhalb des Kraftwerks Obernach nach dem ominösen „Reichsbank-Gold" vom Walchensee durchwühlten. Denn in den letzten Tagen des Zweiten Weltkriegs hatten die Nazis einen Teil der Reichsbank-Bestände vor der anrückenden Roten Armee aus Berlin in die Abgeschiedenheit des Walchensees geschafft. Es sollen acht Beutel mit Devisen und 365 Säcke mit je einem Goldbarren gewesen sein. Gesamtwert 300 Millionen Reichsmark oder 76,6 Millionen Euro. Für eine Nacht wird der Schatz im Stall des **Forsthauses Einsiedl** zwischengelagert. Dann tragen Mullis die Säcke auf den Steinriegel. Dort gräbt der Begleittrupp drei große Löcher, in denen die Wertsachen verschwinden. Wochen später bekommen die Amerikaner von der Sache Wind. US-Soldaten buddeln das Nazi-Gold aus und bringen es ins Hauptquartier nach Garmisch-Partenkirchen. Dort verliert sich seine Spur. Über die Existenz weiterer Devisen- und Edelsteinverstecke wird immer noch spekuliert. Das Forsthaus dient heute als Heim der Münchner Schützenjugend.

Wandern **6** **Rundwanderung Einsiedl – Steinriegel** (972 m) – Altlach (1:57 Stunden, 7,7 km, 148 hm): Ausgangspunkt der leichten Wanderung ist der Parkplatz in Einsiedl an der Mautstation der Privatstraße nach Jachenau (Parkgebühr 2 Euro für 2 Stunden, ganzer Tag 5 Euro). Entlang der B 11 führt der alte Forstweg zunächst bergauf nach Süden, um dann nach 950 Metern nach links zu schwenken. Diesen Weg dürfte auch das Reichsgold genommen haben. Er mündet in östlicher Richtung bald in eine breite Forststraße. See und Herzogstand schimmern durch die Bäume. Wir stoßen auf diverse Senken mit weichem Waldboden, die wohl als Versteck in Frage kamen. Neben der Straße plätschert mittlerweile die Altlach. Der Weg mündet in die Forststraße 491. Immer weiter geht es bergab bis kurz vor den gleichnamigen Weiler. Entweder auf dem gleichen Weg zurück oder auf der Mautstraße zurück bis zum Ausgangspunkt. Am besten ist die Tour mit dem Mountainbike zu machen (Fahrzeit 46 Minuten). **7** Von **Einsiedl nach Eschenlohe** (Wandern 2:50 Stunden, Fahrrad 51 Minuten, 12 km, 170 hm) Mittelschwere, romantische Tour auf einer gut begehbaren Forststraße durch das Tal der Eschenlaine mit Gumpen und Wasserfällen. Ausgangspunkt ist die Bushaltestelle in Einsiedl. Die B 11 überqueren und der dort beginnenden Asphaltstraße folgen. Vom Parkplatz geht es nach rechts bergauf in den Wald. Der jetzt folgende 20-minütige Anstieg bleibt der Einzige der Tour. Den Schildern Eschenlohe folgen. In Eschenlohe Bahnanschluss (RB 6 Garmisch – Partenkirchen – München).

Wegweiser Einsiedl – Zwergern (Wandern 1 Stunde, Fahrrad 13 Minuten, 4,1 km): Wir überqueren den Obernachkanal und folgen der Teerstraße Einsiedl auf die Halbinsel Zwergern mit dem gleichnamigen Weiler. Der Weg führt durch eine weitläufige Wiesenlandschaft und endet nach dem Campingplatz Walchensee in Lobesau.

aktiv *Fahrrad- und Bootsverleih Einsiedl*, Einsiedl 1, 82432 Walchensee.

Halbinsel Zwergern
(804 m über NHN)

Sehenswert ist die *Aussicht* über Blumenwiesen auf See und Jochberg, einer der reizvollsten Abschnitte auf der Walchensee-Tour. *Einbäume in einer alten Bootshütte* erinnern an die Fischerei früherer Zeiten. Auch die Pfahlreihen, die in der Zwergerner Bucht aus dem Boden ragen, haben mit der Fischerei zu tun. Es handelt sich um einen „Fischkalter", eine mittelalterliche Fischereianlage. Wahrscheinlich riegelten die Pfähle, verbunden mit Geflecht, die Bucht ab, um dort Fische zu züchten. Gegenüber den alten Fischerhäusern steht die vermutlich um 1400 errichtete Barockkapelle St. Margareth. Das Kloster Schlehdorf hatte die ersten Zwerger im 12. Jahrhundert zum Zweck der Fischerei angesiedelt. Nachdem wir um die Nordspitze des Katzenkopfs gebogen sind, so heißt die Erhebung auf der Halbinsel, fällt ein mächtiger Bau auf, den eine Mauer umgibt: das Klösterl. Es wurde 1688 als Einsiedelei gegründet und zum Ziel einer Wallfahrt.

Himmlisch schön radeln bei St. Margareth

Weil die Wallfahrer auch Kost und Logis in Anspruch nahmen, brach zwischen den Klöstern Schlehdorf und Benediktbeuern ein erbitterter Streit aus. Im Zuge der Säkularisation wurde das Klösterl aufgelöst. Heute dient das markante Barockgebäude als Jugendbildungshaus der Diözese Augsburg.

Einkehr *Fischerei Zwergern*, Zwergern, 82432 Kochel am See, Tel.: 0176 55112028

Von der Herzogstandbahn aus geht der Blick zurück zum Walchensee.

Wandern 8 Rund um die Halbinsel Zwergern: Start der leichten Wanderung ist am Parkplatz Einsiedl. Auf einer für den Autoverkehr gesperrten Teerstraße geht es durch den Weiler Zwergern. Es lohnt sich ein kurzer Abstecher über einen Feldweg zum Spitz und zum Besuch der Kirche St. Margareth. Auf dem schattigeren Teil der Halbinsel laufen wir am Klösterl vorbei und blicken auf die gegenüberliegende Ortschaft Walchensee. Ein breiter Schotterweg führt über den Katzenkopf zurück zum Ausgangspunkt. Gehzeit 1:35, 6 km, 70 hm. **Wegweiser** Lobesau-Walchensee: Über die Lobesau und entlang der Bucht erreichen wir den Ort Walchensee.

Walchensee

(Buslinie 9608, 803 m über NHN)

Sehenswert Der Luftkurort Walchensee ist ein Ortsteil der Gemeinde Kochel, hat etwa 250 Einwohner und liegt am Westufer des Sees am Fuß des Herzogstands (1731 m). Die Geschichte des Ortes begann um 1130 mit der Rodung des dichten Waldes, um Platz zu schaffen für ein erstes Fischerhaus. Die 1291 gebaute Kirche wurde dem heiligen Jakob geweiht und 1712 durch einen Neubau im Barockstil ersetzt. Mit dem Bau der Alten Kesselbergstraße kamen zunehmend Besucher in die abgelegene Gegend, so dass 1494 die erste Taferne des Ortes eröffnete. 1994 ging die **Kabinen-Seilbahn auf den Herzogstand** in Betrieb. Eine weitere Attraktion sind drei **Wikingerhäuser**, Überbleibsel des Films „Wickie und die starken Männer" (Seestraße 28).

Einkehr *Strandcafé Bucherer*, Seestraße 1, 82432 Walchensee. Gemütliches Café mit Terrasse und grünem Garten am Seeufer. Hausgemachten Kuchen und kleine Speisen. *Gasthof zur Post*, Seestraße 52, 82432 Walchensee, Tel.: 08858/7129973. *Restaurant Café Zum Schwaigerhof*, Seestraße 42, 82432 Walchensee, Tel.: 08858/92020. *Gasthof Wallerei*, Seestraße 42, 82432 Walchensee, Tel.: 08858/9291920, https://www.wallerei.de, Öffnungszeiten: Mittwoch bis Sonntag 12-22 Uhr. *Gasthof Edeltraut*, Seestraße 90, 82432 Walchensee, Tel.: 08858/262, www.gasthof-edeltraut.de, Öffnungszeiten: Donnerstag bis Montag 17-22 Uhr, Dienstag und Mittwoch Ruhetage.

Wandern 9 Von **Walchensee zum Heimgarten und Herzogstand**: Mittelschwere Wanderung, Kondition, gutes Schuhwerk, Trittsicherheit und Schwindelfreiheit notwendig. Ausgangspunkt ist die Talstation der Herzogstandbahn. Wir folgen dem Deiningbach in Richtung Heimgarten. Der Wanderweg schlängelt sich in Serpentinen durch den Wald aufwärts. Nach einem letzten steilen Anstieg über eine offene Bergwiese zum Gipfel des Heimgarten (1791 m). Über den Gratweg hinüber zum Herzogstand (1731 m) (Siehe auch Wanderung 2). Abstieg über Serpentinen zurück zum Ausgangspunkt. Gehzeit 7:27 Stunden, 15,4 km, 1150 hm.

Wegweiser Walchensee – Urfeld (Fahrrad: 10 Minuten, 5 km). Weil das Wandern entlang der besonders am Wochenende stark befahrenen Straße unzumutbar ist, nehmen wir den Bus 9608. Mit dem Fahrrad geht es unterhalb der Kirchelwand zum Schutz vor Lawinen und Steinschlag durch Tunnels. Über die Jahrhunderte ließ sich an dieser Stelle die Straße gut verbarrikadieren, um Eindringlinge abzuhalten.

Weitere touristische Angebote

Tourist Info Walchensee, Ringstraße 1, 82432 Kochel am See-Walchensee, Tel.: 08858/411, https://www.zwei-seen-land.de, Öffnungszeiten: 1. Mai bis 30. Juni: Montag bis Freitag, 9-12 Uhr und 13-17 Uhr. 1. Juli bis 15. September, Montag bis Freitag 9-12 Uhr und 13-17 Uhr, Samstag 9-12 Uhr. 16. September bis 30. Oktober Montag bis Freitag 9-12 Uhr und 13-17 Uhr. 1. November bis 30. April, Montag bis Freitag 9-12 Uhr und 13-16 Uhr.

Wanderungen am Walchensee

1 Lovis Corinth-Weg **2** Kesselbergsattel – Herzogstandhaus **3** Auf den Jochberg **4** Rundweg Jachenau – Sachenbach – Niedernach **5** Von Altlach auf den Hochkopf **6** Einsiedl-Steinriegel-Altlach **7** Von Einsiedl nach Eschenlohe **8** Rund um die Halbinsel Zwergern **9** Walchensee – Heimgarten – Herzogstand

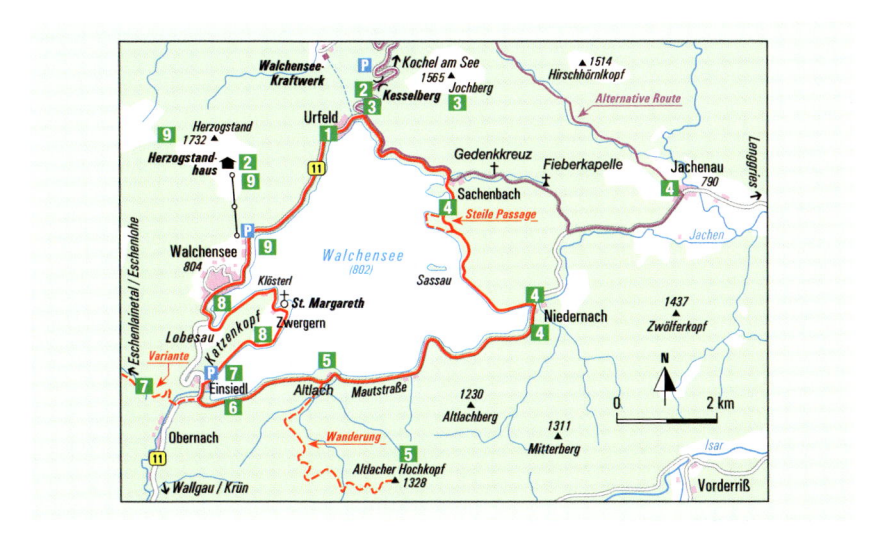

Inselreich in Oberbayern: die Insel Wörth im Staffelsee

Der Staffelsee

Sieben Inseln machen den Staffelsee inmitten einer voralpinen Moorlandschaft westlich von Murnau zum inselreichsten See im Alpenvorland. Sein warmes, mildes Moorwasser mit Temperaturen von 22 bis 26 Grad Celsius im Hochsommer ist auch etwas für Verfrorene. An seinen Ufern liegen zahlreiche Buchten und beschauliche Dörfer. Der See entstand durch die Gletscher der Würmeiszeit, wobei sein Becken relativ flach ausgeschürft wurde. Er ist 4,6 Kilometer lang, 3,7 Kilometer breit und durchschnittlich 10 Meter tief. Zu- und Abfluss ist die Ach, die im Westen in den Staffelsee mündet und ihn vor Uffing in nordwestlicher Richtung wieder verlässt. Dank der Kanalisation am Westufer hat der See eine gute Wasserqualität. Bekannt ist der Staffelsee für die farbenprächtige Schiffsprozession an Fronleichnam. Von der Dorfkirche zieht die Prozession zum See und setzt mit Booten zur Simpertkapelle auf der Insel Wörth über. Im Sommer bietet sich Wassersport wie Rudern und Tretbootfahren an, im Winter Eislauf, Eishockey und Eisstockschießen. Allerdings friert der See nur noch in strengen Wintern zu. Zwischen den Anliegergemeinden Murnau, Seehausen am Staffelsee und Uffing verkehren das Fahrgastschiff MS Seehausen und die solarelektrisch betriebene Staffelseerin.

Anreise mit der Bahn Ab München Hauptbahnhof mit der Werdenfelsbahn (RB 6, 61, 62) über Starnberg stündlich, in der Hauptverkehrszeit halbstündlich in 55 Minuten nach Uffing und Murnau. www.brb.de
Anreise mit dem Auto Auf der A 95 München-Garmisch-Partenkirchen bis zur Ausfahrt Sindelsdorf oder Murnau/Kochel, dann rechts nach Murnau. Oder die B 2 über Weilheim nach Murnau. Parkmöglichkeiten in Murnau: Bootsanlegestelle Murnauer Bucht, Bahnhof Murnau-Ort (Richtung Seehausen/Uffing fahren), Festplatz an der Weilheimer Straße (kostenlos), Tiefgaragen am Rathaus und im Kongresszentrum. In Seehausen: Parkplätze am Roßpoint und am Arnbach, am Strandbad und Ferchenbachparkplatz am See. In Uffing: außerhalb an der Obernacherstraße, Seestraße, am Bahnhof und der Kirchtalstraße nahe dem Dampfersteg.
Route in Kurzform Murnau – Seehausen – Rieden – Uffing – Obernach – Seehausen – Murnau.
Streckenlänge um den See Die Streckenlänge **mit dem Fahrrad** rund um den See beträgt 22 Kilometer auf Teer- und Schotterstraßen. Teilweise schmale Wege am Westufer durch das Staffelseemoor erfordern Rücksicht auf Fußgänger. Wer die Strecke abkürzen will, nimmt das Schiff. Anlegestellen sind Murnau-Achele, Seehausen und Uffing. www.staffelsee.org

Fahrzeit Die reine Fahrzeit beträgt 1,5 bis 2 Stunden. Bis auf einen kleinen Anstieg in Rieden (160 hm) ist die Strecke überwiegend eben. **Zu Fuß** braucht man für die 20,7 Kilometer lange Strecke 6:15 Stunden.

Schwierigkeit Die leichte Tour ist für Familien mit Kindern ab 8 Jahren geeignet. Hauptsehenswürdigkeiten In Murnau das Schlossmuseum und das Münter-Haus, die Emanuel-von-Seidl-Häuser in der Fußgängerzone am Obermarkt und Untermarkt, das Murnauer Moos. In Seehausen das Heimatmuseum, der alte Ortskern und die Insel Wörth. In Uffing das Heimatmuseum, der alte Ortskern und das Staffelsee-Moor.

Murnau

(Bahnstation München-Garmisch-Partenkirchen, Ammergau-Bahn nach Oberammergau, Buslinien 9601, 9611, 9620, 9621, 9631, 9641; Schiffsanlegestelle, 688 m über NHN)

Gegen 1150 tritt Murnau in die Geschichte ein, vermutlich als Maierhof des Klosters Ettal. Der Ort liegt an einer wichtigen Handelsverbindung von Italien nach Norden. Die Römer bauen den unbefestigten Weg zur Straße aus. Relativ schnell entsteht ein Straßenmarkt. Bald beherrscht eine Burg den Durchgang zwischen Staffelsee und Riegsee. Die Kaufleute müssen Wegezoll entrichten. Als Murnauer Schloss steht diese Burg noch heute. Die Murnauer leben von dem Getriebe vor der Haustüre, sind Kaufleute, Fischer und Schiffer. Mit der Säkularisation 1803 geht der klösterliche Landrichterposten verloren und der Markt fällt in eine wirtschaftliche Depression. Er erholt sich erst wieder, als ihn Mitte des 19. Jahrhunderts die Sommerfrischler entdecken. Alleen und Parks entstehen, noble Villen, Hotels und ein Strandbad. Ein starker Impuls ist 1879 der Anschluss an die Eisenbahnlinie von München über Starnberg und Weilheim, die 1889 nach Partenkirchen verlängert wird. Zur Jahrhundertwende geht die Bahn nach Oberammergau in Betrieb. Nach drei Großbränden in der ersten Hälfte des 19. Jahrhunderts kommt es zu einer einheitlichen Bebauung Murnaus. Der Münchner Architekt Emanuel von Seidel prägt mit seinem Stil aus Historismus und Jugendstilelementen besondes die bunten Fas-

Das elegante Haus am Markt zeigt die Handschrift Emanuel von Seidels.

saden der Bürgerhäuser am Obermarkt und Untermarkt. Mit den Touristen kommen die Künstler nach Murnau, angelockt von der Anmut des Städtchens und dem Farbenspiel des Voralpenlandes. Allen voran Gabriele Münter und Wassily Kandinsky. Ihr „Russenhaus" in der Kottmüllerallee wird zum Treffpunkt der Avantgarde. Mit Murnaus unseliger brauen Vergangenheit ist das Schicksal eines weiteren berühmten Einwohners

Die Murnauer nannten das Haus der Künstlerin Gabriele Münter auch „Russenhaus", weil sie dort zeitweise ihr Leben mit dem russischen Maler Wassily Kandinsky teilte.

verbunden: Ödön von Horváth. Eine Dauerausstellung unter dem Dach des Murnauer Schlosses blättert das Leben des Schriftstellers auf. Viele seiner Bühnenstücke drehen sich um Persönlichkeiten und Örtlichkeiten seines Wohnorts. Die Nazis haben verhindert, dass der Dramatiker eingebürgert wurde und haben ihn schließlich vertrieben. Um von München schneller zu den olympischen Winterspielen 1936 in Garmisch-Partenkirchen zu gelangen, wird die „Olympiastraße" gebaut. Im Jahr 2000 wird Murnaus „Gute Stube" vom Durchgangsverkehr befreit, um die Mariensäule entsteht eine Flaniermeile mit Bergpanorama. Ein modernes Unfallkrankenhaus der Berufsgenossenschaft macht den Namen des Ortes international bekannt.

Sehenswert ist das **Schloßmuseum Murnau**, Schloßhof 4-5, 82418 Murnau a. Staffelsee, Tel.: 08841/476201, https://schlossmuseum-murnau.de, Öffnungszeiten: Dienstag bis Sonntag 14-17 Uhr, Montag geschlossen. Die Ausstellungen befassen sich mit der Hinterglaskunst, den Malern des „Blauen Reiters", Gabriele Münters Werken sowie Leben und Werk des Schriftstellers Ödön von Horváth. Das **Münterhaus**, Kottmüllerallee 6, 82418 Murnau am Staffelsee, Tel.: 08841/628880, https://www.muenterstiftung.de, Öffnungszeiten: Dienstag bis Sonntag 14-17 Uhr. Keine Parkplätze vorhanden.

Einkehr **Griesbräu zu Murnau**, Obermarkt 37, 82418 Murnau am Staffelsee, Tel.: 08841/1422, https://griesbräu.de, Öffnungszeiten: täglich 10-24 Uhr (Küche 11-22 Uhr), Mittwoch Ruhetag. **Cafe Krönner**, Obermarkt 8, 82418 Murnau am Staffelsee, Tel.: 08841/1272, www.barbara-krönner.de, Öffnungszeiten: Montag bis Samstag, 9-18.30 Uhr, Sonntag 10-18.30 Uhr. Fantastische Kuchen, Pralinen und Schokolade.

Bucht 27, Seestraße 27, 82418 Murnau am Staffelsee, Tel.: 08841/9999990, https://bucht27.business.site, Öffnungszeiten: Bei Sonne geöffnet.

aktiv ***Fahrradverleih Murnau: Radlstadl***, Bahnhofstraße 10, Tel.: 08841/40222, www.radlstadl.de, Verleih von Trekkingbikes, E-Bikes und Mountainbikes. ***Eradel.de***, James-Loeb-Straße 11, Tel.: 0151/70060777, www.eradel.de, Trekkingbikes, E-Bikes u. Mountainbikes. ***Minigolf***, Seestraße 8, Tel.: 08841/9988963, www.minigolf-murnau.de, Trekkingbikes, E-Bikes u. Mountainbikes. ***Seehausen: Resa- Verleih und Service***, Johannisstraße 8, Tel.: 0176/31421937, www.resa-verleih.de, Trekkingbikes, E-Bikes, Gravel-Bikes u. Mountainbikes. ***Uffing: Fahrradverleih Oppermann***, Kirchstraße 4, Tel.: 08846/322, Tourenräder und E-Bikes.

Wandern **1** **Rundweg durch das Murnauer Moos**: Die Wanderung führt durch das größte zusammenhängende und weitgehend ursprüngliche Hochmoor Mitteleuropas. Streuwiesen, Nieder- und Übergangsmoore, Quelltrichter, Altwasser und Restseen bieten bedrohten Tieren wie dem Großen Brachvogel und Pflanzen wie dem Fleisch fressenden Sonnentau eine Überlebenschance. Deshalb bitte die Wege nicht verlassen. Start ist am Ähndl, einer kleinen Kirche in der Nordost-Ecke des Mooses. Erbaut im 8. Jahrhundert, ist sie eine der ältesten Kirchen weit und breit. Dort gibt es auch einen großen Parkplatz (120 Minuten 2 Euro, maximal 600 Minuten Parkdauer). Bereits hier bietet sich ein fulminanter Blick über das Moos und die Berge. Die Wanderung führt auf einer breiten Schotterstraße entlang der Bäche Ramsach und Lindach, bis nach rechts ein Bohlensteig abzweigt. Informationstafeln gewähren Einblicke in die Tier- und Pflanzenwelt sowie das Moor. Wer mag, kann hier gerade aus wandern und einen größeren Bogen über Grafenaschau und das Café Habersetzer machen (+ 1 Stunde, + 5 km). Der Bohlensteig wiederum führt durch die Lange Filze nach Westried und auf einen Höhenrücken, von dem aus sich ein großartiger Ausblick bietet. Weiter geht es zurück zum Ähndl, wo sich die Einkehr im gleichnamigen Gasthaus anbietet. Gehzeit 3 Stunden, 12,14 km. **2** Das **Murnauer Moos** lässt sich auch mit dem Fahrrad erkunden: Mit einer Länge von etwa 34 Kilometern auf Teer- und Schotterstraßen mit geringen Steigungen eignet sich die Tour für die ganze Familie. Die reine Fahrzeit beträgt etwa zweieinhalb Stunden. Start ist im Süden des Murnauer Mooses am (kostenfreien) Parkplatz an der Autobahnausfahrt Eschenlohe. Alternative Ausgangspunkte sind die Bahnhöfe Murnau, Ohlstadt und Eschenlohe oder der Wanderparkplatz am Ähndl. Auf der kleinen Teerstraße geht es nach Westen Richtung Grafenaschau. Die kleinen Hügel rechts sind sogenannte Köchel. Nach einem Zwischen-

Auch ohne Navigationsapp gut orientiert unterwegs

Entspannt radeln durch das Murnauer Moos

stopp im Café Habersetzer geht es auf der Aschauer Straße nach Norden. An der Weggabelung nach rechts in das Murnauer Moos und entlang der Lindach und Ramsach bis zum Ähndl. Weiter Richtung Murnau zur B 2. Auf ihrer linken Seite folgt bald ein Radweg. Am Ende von Hechendorf in die Partenkirchener Straße und über die Ramsach. Bald ist die Loisach erreicht, an der wir entlang radeln, ohne sie zu überqueren. In Eschenlohe nach rechts in die Garmischer Straße und hinter dem ehemaligen Alten Wirt nach links in die Michael-Fischer-Straße, unter der Bahnlinie durch und über die B 2 zum Ausgangspunkt.

Info Geführte Wanderungen durch das Murnauer Moos: Dr. Helmut Hermann (Diplom-Biologe), Alpenvorland-Natouristik, Schießstattsiedlung 17, 82362 Weilheim, Tel.: 0881/417474, www.alpenvorland-natouristik.de

Einkehr *Gaststätte Ähndl*, Ramsachstraße 2, 82418 Murnau am Staffelsee, Tel.: 08841/5241, Öffnungszeiten: Mittwoch bis Sonntag 12-21 Uhr, Montag u. DIenstag geschlossen. *Gästehaus-Café Habersetzer*, Aschauer Straße 1, 82445 Schwaigen, Tel.: 08841/49855, https://www.cafe-habersetzer.de, Öffnungszeiten: Samstag und Sonntag 11.30-18 Uhr. Große Sonnenterrasse mit einem herrlichen Panoramablick über das Murnauer Moos und die Berge.

Wegweiser Mit dem Fahrrad umrunden wir den Staffelsee gegen den Uhrzeigersinn und starten am Bahnhof von Murnau. Den See erreichen wir über einen zunächst nach Süden führenden Geh- und Radweg. Weiter geht es von der Bootsanlegestelle (Achele) über die Seestraße nach Norden und nach links in den Burgweg. Bald sind wir am Dampfersteg in Seehausen angelangt. Fahrzeit 5 Minuten, 1,2 km.

Am Bootsanleger in Seehausen

Seehausen

(Schiffsanlegestelle, Bahnstation Murnau, Buslinien 9601/9631/9641, 655 m über NHN)

Sehenswert sind die gepflegten **Bauern- und Fischerhäuser** entlang der Dorfstraße mit ihren feinen Lüftlmalereien und farbenfrohen Vorgärten. Allen voran das „Gasthaus zum Stern" aus dem 18. Jahrhundert. Die meisten Häuser stehen unter Denkmalschutz. Über allem thront die **Pfarrkirche St. Michael**, ein spätbarocker Bau. Malerisch anzusehen sind die **Bootshäuser** nahe der Schiffsanlegestelle. Eine Holzbrücke überspannt einen Kanal, den man einst grub, um das Material der 1773 abgebrochenen Kirche auf der Insel Wörth per Lastkahn möglichst nah an die Baustelle der Dorfkirche zu transportieren. Die Geschichte Seehausens beginnt auf der Insel Wörth. Seit jeher eignen sich Inseln als Schutz vor Feinden. Davon zeugen Reste einer römischen Schutzmauer, als es für die Besatzer im 4. und 5. Jahrhundert n. Chr. in Germanien zu unsicher wurde. Um 650 erhält der Ort seinen Namen. Im 8. Jahrhundert entsteht auf der Insel ein karolingisches Kloster, das aber im 11. Jahrhundert wieder aufgelöst wurde. 1330 schenkte Kaiser Ludwig der Bayer den Staffelsee dem Kloster Ettal. Weil Landwirtschaft und Fischfang allein nicht zum Broterwerb reichten, mussten die Dorfbewohner noch einem Nebenerwerb nachgehen. Die Hausna-

Perfekte Harmonie: üppiger Vorgarten und Lüftlmalerei

men erinnern an Zinngießer, Essigsieder und Kistler (Tischler). Im 18. Jahrhundert macht die Hinterglasmalerei den Ort bekannt. Sogar Gabriele Münter lässt sich darin später unterweisen. Ein dunkles Kapitel der Ortsgeschichte ist das Außenlager des KZ Dachau, das die SS vermutlich 1944 auf der zu Seehausen gehörenden Halbinsel Burg errichtet. Dort müssen bis zu 65 Häftlinge Teile für Flakgeschütze und Flugzeuge zusammenbauen. Das Lager war von einem drei Meter hohen Elektrozaun samt Wachtürmen mit Suchscheinwerfern umgeben. Auf dem Gelände befand sich die Produktionsstätte einer feinmechanischen Firma. 1945 befreiten US-Soldaten die Häftlinge. Seit 2018 erinnert ein Gedenkstein der Gemeinde an das Lager, auf dem sich heute ein Campingplatz befindet. In den 1970-er Jahren schafft es die Gemeinde, ihre Eigenständigkeit zu bewahren und nicht von Murnau geschluckt zu werden. Mehr über die Geschichte ist im Heimatmuseum zu erfahren, das 2019 den Bayerischen Museumspreis erhielt. Die Zeitreise führt durch den Lebensraum Staffelsee, die Kirchengeschichte auf der Insel Wörth und die Hinterglasmalerei. Sie wurde dank der Glashütte es Klosters Ettal in Grafenaschau zu einem wichtigen Erwerbszweig. ***Staffelseemuseum***, Seestraße 1, 82418 Seehausen, Tel.: 08841/672858, https://staffelseemuseum.de, ganzjährig geöffnet außer März und November, Donnerstag bis Sonntag und Feiertag, 14-18 Uhr.

Info Besuch der Insel Wörth: Gruppen ab 20 Personen können eine persönliche Führung auf der Insel Wörth buchen. Ab der Anlegestelle Seehausen (Nordufer der Halbinsel Burg) wird sie dann von der MS Seehausen angefahren. Informationen im Verkehrsamt Seehausen, Johannisstraße 8, 82418 Seehausen, Tel.: 08841/3550, https://www.seehausen-am-staffelsee.de. Es besteht auch die Möglichkeit, bei den Bootsverleihern ein Boot zu mieten und die Insel auf eigene Faust zu erkunden.

aktiv ***Bootsverleih Seehausen: Bootslände an der Johannisstraße 18*** (Fischerstüberl), Tel.: 08841/628833, 0160 93121991, www.staffelsee.org, ab Ostern Ruder-, Tret-, Elektroboote und SUP. Bei guter Witterung 8-19 Uhr, keine Reservierung möglich. Einen *kleineren Verleih* gibt es ab Pfingsten nahe dem Murnauer Strandbad am *Achele* für Ruder- und Tretboote, Canadier und SUP, Tel.: 0160 93121991. ***Uffing: Strandbad Alpenblick***, Kirchtalstraße 30, 82449 Uffing am Staffelsee, Tel.: 08846/914312, www.seerestaurant-alpenblick.de.

Stillleben mit Radlern und Hund vor Schloss und Kirche St. Peter und Paul

Einkehr *Gasthaus zum Stern*, Dorfstraße 2, 82418 Seehausen am Staffelsee, Tel.: 08841/3304, www.stern-seehausen.de, Öffnungszeiten: Montag bis Dienstag 10-22 Uhr, Donnerstag bis Sonntag 10-22 Uhr, Mittwoch Ruhetag. Regionale Küche, Biergarten, Hotel. *Hotel Restaurant Gasthof Sonne,* Bahnhofstraße 22, 82418 Seehausen am Staffelsee, Tel.: 08841/9169, www.sonne-seehausen.de, Öffnungszeiten: täglich außer Dienstag, warme Küche 11.30-14 Uhr und 17.30-21 Uhr. *Al lago*, Café u. Pizzeria im Strandbad Seehausen, Am Strandbad 9, 82418 Seehausen am Staffelsee, Tel.: 08841/6786363, https://al-lago-seehausen.de, Öffnungszeiten: Mai bis September durchgehend warme Küche von 11-21 Uhr.

Wegweiser Durch die Straßen „Am Strandbad" und „Roßpoint" in „Äußere Seefeld". Nach rechts in einen Fußweg mit schönem Ausblick auf den Staffelsee am Ufer entlang in den Ortsteil Rieden. Im gleichnamigen Schloss wurde 1763 der bayerische Universalgelehrte Joseph von Utzschneider geboren. Das Schlösschen ist in Parivatbesitz. Das Peter-und-Paul-Kirchlein neben dem Schloss stammt aus dem 15. Jahrhundert. Nach dem Schloss überqueren wir die Straße nach Uffing und folgen der Straße „Rieden" den Berg hinauf Richtung Waltersberg. Alle in Rieden nach links abzweigende Feldwege sind Sackgassen! Auf der Straße nach Uffing weiterzufahren, verbietet sich wegen des starken Verkehrs mit einer zulässigen Geschwindigkeit von 70 Stundenkilometern. Die Passage am Seeufer blockieren private Anwesen. Also lieber in Rieden den kurzen Berg in Kauf nehmen. Nach Unterquerung der Bahnlinie München – Mittenwald geht es auf einem Kiesweg nach links entlang der Schienen vorbei an einem Kieswerk und einem Bundeswehrgelände. Kurz vor Uffing an einem Bahnübergang über die Schienen und nach rechts. Über die Galveigenstraße erreichen wir die Murnauer Straße im Ortsbereich. Nach 450 Metern nach links in die Kirchtalstraße. Dieser folgen wir 450 Meter bis zu einer Gabelung. Nach links sind es nur noch ein paar Meter zum Seerestaurant Alpenblick mit Biergarten direkt an der Bootsanlegestelle. Wer sich Uffing ansehen will (empfehlenswert), nimmt die Murnauer Straße in den Ort.

Uffing
(Schiffsanlegestelle, Bahnstation, ROV-Buslinien 9601, 9631, 9641, und 9601k, 659 m über NHN)

Sehenswert Den Ort prägt die **Pfarrkirche St. Agatha** über dem Ausfluss der Ach aus dem Staffelsee. Ihr schlanker Turm ist so hoch wie die tiefste Stelle des Staffelsees am Strandbad, nämlich 39,8 Meter. Erstmals urkundlich erwähnt wird Uffing im Jahr 739 n. Chr. als Stiftungsgut des Klosters Benediktbeuern. Grabfunde beweisen aber, dass sich schon lange vorher Ackerbauern angesiedelt hatten. Näheres im **Heimatmuseum**, altes Feuerwehrhaus, Ecke Schulweg/Bahnhofstraße, von Frühjahr bis Herbst am Samstag und Sonntag von 15 bis 18 Uhr und Mittwoch von 16 bis 18 Uhr. Der Eintritt ist frei. Während der römischen Besatzung verlief am Staffelsee-Westufer zwischen Murnau und Eglfing die Römerstraße Via Raetia, die von Augsburg über den Brenner nach Verona führte. Nach dem Abzug der Römer kommen von Böhmen her die Bajuwaren ins Land. Ein Beleg dafür sind die Ortsnamen mit der Endung -ing. Ein gewisser Uffe dürfte dem Ort seinen Namen gegeben haben. Die Kirche St. Agatha geht auf das Jahr 1480 zurück. Agatha, eine frühchristliche Märtyrerin, lebte auf Sizilien. Sie war die Heilige gegen das Feuer. Weil immer mehr Pilger nach Uffing kamen, musste die Kirche vergrößert werden. Unterhalb der Kirche und der mächtigen Tuffsteinquadermauern des Friedhofs verläuft ein **malerischer Weg entlang der Ach**. Alte Mühlsteine sind ein Beleg dafür, dass sich hier einst etliche Mühlen drehten (Siehe auch Wanderung 2). Lag der Ort abseits der großen Verkehrswege jahrhundertelang im Dornröschenschlaf, blüht im 18. Jahrhundert das Handwerk der Kistler, Holzschnitzer und Hinterglasmaler auf. Bereits vor dem Zweiten Weltkrieg macht der Keksfabrikant Klaus Bahlsen (1908-1991) aus Hannover Uffing zu seiner

Hoch und schlank: der Turm der Pfarrkirche St. Agatha in Uffing

zweiten Heimat. Von der Spendenbereitsschaft der Familie profitiert die Gemeinde bis heute. Adolf Hitler taucht im November 1923 nach dem missglückten Putsch vor der Münchner Feldherrnhalle im Landhaus der Familie Hanfstaengl unter, wird aber entdeckt und verhaftet.

Einkehr *Seerestaurant Alpenblick*, Kirchtalstraße 30, 84499 Uffing am Staffelsee, Tel.: 08846/9300, https://seerstaurant-alpenblick.de, Öffnungszeiten: Dienstag bis Sonntag 11-23 Uhr, Montag geschlossen, Sonnenterrasse und Biergarten direkt am See, prächtiges Panorama. *Gasthof zur Post*, Kirchstraße 9, 82449 Uffing am Staffelsee, Tel.: 08846/691, www.post-uffing.com, Öffnungszeiten: Mittwoch bis Sonntag 11-14 Uhr und 17 22 Uhr, Dienstag ab 17 Uhr. *Gasthof Lieberwirth*, Dorfstraße 8, 82449 Uffing am Staffelsee-Schöffau, Tel.: 08846/663, https://www.gasthof-lieberwirth.de, Öffnungszeiten: Mittwoch bis Montag 10-22 Uhr, Dienstag geschlossen.

Vorfreude auf die lockende Einkehr im Seerestaurant Alpenblick. Aber erst muss das Schiff noch anlegen.

Wandern 3 Wassermühlen sind an der Uffinger Ach bereits seit dem 16. Jahrhundert nachgewiesen. Der **Mühlenweg** beginnt an der ehemaligen Kotreßmühle (Verbindungsweg zwischen „Am Alten Ganter" und „An der Ach") und folgt der Ach flußabwärts zur Aumühle. Von da rechtsseitig der Ach auf einem ansteigenden Fußweg, vorbei am ehemaligen Pfarrhof (gebaut 1913/14 von Emanuel von Seidl), zur Mühlstraße, die abwärts zur Humplmühle führt. Unmittelbar hinter der Humplmühle steht am Achleitenweg die ehemalige Uffinger Jugendherberge (1925-1979). Weiterführend am Achleitenweg über eine Treppe geht es zur einstigen Zotzenmühle. Dort befindet sich der zentrale Informationspunkt. Weiter führt der Weg achabwärts über den Osterbichl mit Achkapelle zur Vogelmühle. Der weiterführende Mühlenweg Richtung Westen über den Forellenbach, rechts abbiegend, dann wieder linksseitig der Ach entlang zur Achbrücke mit Infotafel zur ehemaligen Humplsäge, endet hier. Gehzeit 1 Stunde, 2,29 km. 4 **Panorama-Runde Sonnenbichl** ab Schönberg, aussichtsreicher, familienfreundlicher und kinderwagengerechter Rundweg auf Feld- und Waldwegen um den Sonnenbichl bei Schönberg (nach outdooractive). Entlang des Weges Bänke mit schönem Ausblick auf das Ammergebirge. Besonders empfehlenswert im Frühjahr, wenn die Wiesen blühen. Anfahrt aus Richtung München/Landsberg kommend nach Rottenbuch, über die Ammerbrücke und dann links nach Schönberg. Von einem Wegkreuz geht dann nach rechts die schmale Teerstraße ab. Parken in der Nähe des Startpunktes neben der wenig befahrenen Straße. Gehzeit 2:06 Stunden, 7,6 km, 133 hm

Wegweiser Weiter geht es auf der Seestraße am Gemeindebad vorbei über den Abfluss der Ach. An der Spitze der weit in den See hineinragenden Landzunge liegt die Halbinsel Lindenbichl. Seit 1957 veranstaltet die evangelische Jugend Weilheim hier in den Sommerferien ein beliebtes Kinder-Zeltlager. Am Campingplatz schwenkt die Teerstraße nach links. Weiter geht es geradeaus auf dem Fußweg in das Naturschutzgebiet „Westlicher Staffelsee mit angrenzenden Mooren". Die Blumenwiesen rechts und links des Weges sind im späten Frühjahr eine Augenweide. An einer Weggabel links halten. Der Fußweg mündet schließlich in die Straße „Am Tannenbach". An einer weiteren Weggabel geht es nach links in die Obernacher Straße Richtung Bad Kohlgrub/Obernach. Der Asphaltweg führt durch eine Wiesenlandschaft mit sanften Buckeln, die Tannenbachfilz, ein landschaftlich besonders reizvoller Abschnitt. Dazu ein schöner Blick auf die Hörnle-Gruppe, den Heimgarten und den Herzogstand. Es geht bergab, man kann es laufen lassen. Wo der Schotterweg den Zufluss der Ach kreuzt, geht es nach links weiter entlang des Flusses zum Obernacher Moos, dem landschaftlich interessantesten Teil der Runde. Bald ist das Staffelsee-Südufer erreicht. Der Gletscher hat es wie mit dem Lineal gezogen. Über den Seewaldweg und die Seestraße erreichen wir unseren Ausgangspunkt.

5 Variante für Radler: Von Murnau über Seehausen bis Uffing wie oben. Dann von

Einst klapperte die Wassermühle in Uffing am rauschenden Bach.

Uffing aus über die Ach nach Harberg, Brand und durch den Wald nach Bad Kohlgrub. Weiter dem Lindenbach folgend Richtung Grafenaschau (Bahnstation der Linie Murnau – Oberammergau). Vor dem Ort nach links auf die Aschauer Straße nach Westried (Bahnstation) und auf dem Radweg entlang der Staatsstraße 2062 und Kohlgruber Straße zurück nach Murnau. Leichte Tour mit herrlichen Ausblicken und vorzüglicher Landschaft. Fahrzeit 3 Stunden, 32 km, Aufstieg 372 m.

Weitere touristische Angebote

Tourist Information Murnau Untermarkt 13, 82418 Murnau am Staffelsee, Tel: 08841/476-240, www.tourismus.murnau.de, Öffnungszeiten: Mai bis Oktober, Montag bis Freitag 10-13 und 14-17 Uhr. Samstag, Sonntag, Feiertag 10–13 Uhr. November bis April, Montag bis Freitag 10-13 Uhr und 14-17 Uhr.

Tourist Information Kochel a. See Bahnhofstraße 23, 82431 Kochel a. See, Tel: 08851/338,Fax: 08851/844, www.zwei-seen-land.de, Öffnungszeiten: 2. November bis 30. April, Montag bis Donnerstag 9-12 Uhr und 14-17 Uhr. 2. Mai bis 30. Juni und 9. September bis 31. Oktober, Montag bis Freitag 9-12 Uhr und 14-17 Uhr. 1. Juli bis 8. September, Montag bis Freitag 9-12 Uhr und 14-17 Uhr, Samstag 9-12 Uhr.

Verkehrsamt Seehausen Johannisstraße 8, 82418 Seehausen am Staffelsee, Tel: 08841/3550, www.seehausen-am-staffelsee.de, Öffnungszeiten: Montag bis Freitag 9-12 und 14-17 Uhr.

Tourist Information Uffing (im Rathaus): Hauptstr. 2, 82449 Uffing a. Staffelsee, Tel: 08846/9202-13, www.uffing.de/tourist-information, Öffnungszeiten: November bis April, Montag 9-12 Uhr. Mai bis Oktober, Montag 9-12 Uhr, Dienstag 14-18 Uhr, Donnerstag und Freitag 9-12 Uhr, Mittwoch geschlossen.

Gästeinformation Ohlstadt Rathausplatz 1, 82441 Ohlstadt, Tel: 08841/671250, www.ohlstadt.de Öffnungszeiten: 1. Juni bis 30. September, Montag bis Freitag 8.30-12.30 Uhr und 16-18 Uhr. Samstag 9.30-12 Uhr, Mittwoch Nachmittag geschlossen. 1. Oktober bis 31. Mai, Montag bis Freitag 8.30-12.30 Uhr.

Tourist-Information Eschenlohe, Murnauer Str. 1, Tel: 08824/ 8228, www.zugspitzland.de

Staffelsee

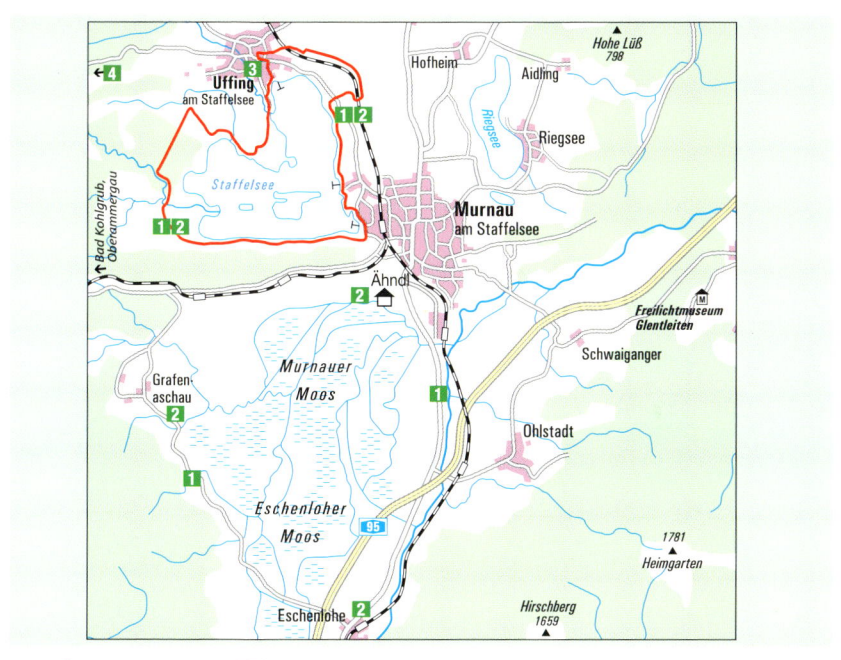

Wanderungen am Staffelsee

1 Rundweg durch das Murnauer Moos **2** Durch das Murnauer Moos mit dem Fahrrad **3** Mühlenweg in Uffing **4** Panoramarunde Sonnenbichl **5** Radltour Murnau – Bad Kohlgrub – Grafenaschau

Einkehr im Biergarten mit Bick auf See und Berge – das i-Tüpferl auf jedem Besuch am Staffelsee

Nicht ganz groß, auch nicht ganz klein, in jedem Fall aber fein: der Riegsee

DER RIEGSEE

In eine sanfte Hügellandschaft gebettet, entfaltet der Riegsee an klaren, windstillen Tagen einen atemberaubenden Reiz: Von den Ammergauer Bergen über die Zugspitze bis zum Estergebirge spiegelt sich auf seiner Oberfläche ein fast kitschiges Alpenpanorama. Der Riegsee liegt östlich des Staffelsees und nordöstlich von Murnau im oberbayerischen Landkreis Garmisch-Partenkirchen, ist 3,3 Kilometer lang und bis zu 0,6 Kilometer breit. Entstanden ist er gegen Ende der Würmeiszeit vor etwa 10 000 Jahren. Sein Becken wurde nur flach ausgeschürft. Das Schmelzwasser des Isar-Loisach-Gletschers sammelte sich in der langen Mulde, die bis kurz vor Polling im Nordwesten reicht. Der Riegsee ist der größte bayerische See ohne oberirdischen Zu- und Abfluss. Er wird vom Grundwasser gespeist und wieder entwässert. Farbtests haben ergeben, dass sein Wasser in nahen Bächen wieder zutage tritt. Im Sommer erwärmt sich das Wasser rasch auf 25 Grad und mehr. In kälteren Wintern friert er zu und bietet Eissportlern gute Bedingungen. Die Wassertiefe liegt bei 18 Metern. Samt Fischrecht gehört der See der Familie Poschinger-Camphausen, die im Schloss Neuegling am Westufer residiert. See und Ufer stehen unter Landschaftsschutz. Und noch eine Besonderheit: Alle paar Jahre tritt das Phänomen der **schwimmenden Insel** auf:

Das ist Schwingrasen, eine Moos- und Grasdecke meist am nordöstlichen Ufer, die von den Wellen unterspült wird, sich losreißt und über den See treibt. Bäume wirken dabei als Segel. Feuerwehr und Behörden haben dann alle Hände voll zu tun, um die bis zu 2000 Quadratmeter großen und tausende Tonnen schweren Inseln einzufangen und mit Stahlseilen am Ufer zu vertäuen. Der nördliche Teil des Riegsees mit seinen Seggen steht unter Naturschutz und darf nicht betreten werden. Für Vogelfreunde stellt er ein wahres Paradies dar.

Anreise mit der Bahn Ab München Hauptbahnhof mit der Werdenfelsbahn (RB 6, 61, 62) über Starnberg stündlich, in der Hauptverkehrszeit halbstündlich in 55 Minuten nach Uffing und Murnau. www.brb.de
Anreise mit dem Bus 9620 und 9631 (von Murnau), Bushaltestelle Froschhausen.
Anreise mit dem Auto Auf der A 95 München-Garmisch-Partenkirchen bis zur Ausfahrt Sindelsdorf oder Murnau/Kochel, dann nach rechts nach Murnau. Oder die B 2 über Weilheim nach Murnau. Parken am Bahnhof oder am Kemmelpark (kostenfrei) an der Weilheimer Straße. Zum Riegsee geht es vom Bahnhof über die Seestraße, beziehungsweise auf der Kemmelallee zur B 2, wir folgen dieser 160 Meter nach Süden und biegen dann links in die Weindorfer Straße ab. Weiter geht es durch die Frosch-

hauser- und Riegseer Straße, zum Teil auf einem Radweg. Oder direkt auf den Parkplatz Froschhauser See (2 Stunden 2,30 Euro).

Weil der Riegsee (9 km) mit dem **Fahrrad** schnell umrundet wäre, schlagen wir eine erweiterte Rad-Tour durch eine bäuerlich geprägte Kulturlandschaft mit Kühen, gemütlichen Dörfern und zünftigen Einkehrmöglichkeiten vor. Die Riegsee-Runde zum Wandern finden Sie unter Wandern ❶.

Erweiterte Route in Kurzform (mit dem Fahrrad): Froschhausen, Riegsee, Aidling, Habach, Reinthal, Hofheim, Egling, Froschhausen.

Streckenlänge 27 Kilometer

Fahrzeit knapp zwei Stunden ohne Pausen

Schwierigkeit Die Tour führt meist auf Nebenstraßen und Flurwegen durch leicht hügeliges Gelände (kleine Aufstiege) und eignet sich für Familien mit Kindern ab acht Jahren.

Hauptsehenswürdigkeiten St. Leonhard in Froschhausen, Aidling mit der Kirche St. Georg, die Aidlinger Höhe (791 m), Habach mit der Kirche St. Ulrich und den stattlichen Häusern in der Hauptstraße, Bauernhofmuseum Reinthal. Alpakahof Schmid

Froschhausen

(RVO-Buslinien 9620, 9601, 9631; 660 m über NHN)

Der Froschhauser See steht unter Naturschutz und ist im Sommer ein beliebter Badesee. Deshalb ist auch der Parkplatz (80 Plätze) schnell besetzt. Eine Vielzahl von Fröschen, die sich im Schilf verstecken und laut quaken, gab ihm seinen Namen. Die katholische Filialkirche St. Leonhard hat laut Liste der Baudenkmäler vermutlich einen

Die Kirche St. Leonhard in Froschhausen ist eine Wegmarke für Wanderer und Endpunkt der berühmten Leonhardifahrt aus Murnau.

Sieht wild aus, macht aber durchaus Arbeit: Bauerngarten in Riegsee.

spätgotischen Kern und wurde um 1670 und 1786 barockisiert. Der Turm stammt von 1730. St. Leonhard ist der Fürsprecher der Gefangenen, Kühe, Ochsen und Pferde. Bekannt ist die farbenprächtige Leonhardifahrt am 6. November von Murnau nach Froschhausen, wo die Segnung stattfindet. Hunderte geschmückte Pferde und zahlreiche Wagen voller buntem Trachtenvolk bilden den Festzug.

Wegweiser Ausgangspunkt ist die Kirche St. Leonhard am Froschhauser See. Auf der Riegseer Straße radeln wir weiter und biegen nach 650 Metern rechts auf einen Feldweg Richtung Lothdorf ab. Nach 800 Metern geht es nach links und über „Am Birnberg" und die Dorfstraße auf einem Radweg weiter, der am Ortsanfang von Riegsee abrupt endet.

Riegsee

(RVO-Buslinien 9620, 9631; 668 m über NHN)

Urkundlich erwähnt wurde Riegsee (1280 Einwohner) erstmals im Jahr 1150. Es gehörte zum Rentamt München und zum Landgericht Weilheim des Kurfürstentums Bayern. Doch bereits in der Bronzezeit und späten Hallstattzeit lebten hier Menschen. Sie bestellten die Böden und wurden hier bestattet, wovon zahlreiche Hügelgräber zeugen. Die katholische Filialkirche St. Stefan hat einen spätgotischen Kern aus der zweiten Hälfte des 15. Jahrhunderts.

aktiv *Alpakahof Schmid*, Dorfstraße 44, 82418 Riegsee, Tel.: 08841/90738, www.alpakahof-riegsee.de

Einkehr *Seestube*, Seestraße 21, 82418 Riegsee, Tel.: 08841/2677, www.seestube-riegsee.de, Öffnungszeiten: Mittwoch bis Sonntag 11-22 Uhr, Montag u. Dienstag Ruhetag, Terrasse mit Seeblick.

Wandern **1** **Riegsee-Runde**: leichte Wanderung, aber eine sonnige Strecke mit wenigen Schattenstellen. Start ist am Parkplatz Froschhauser See. Nach Norden geht es auf einer Teerstraße nach Egling, dann auf einem Feldweg durch den Campingplatz Brugger zu einem Badeplatz. Weiter über Hofheim am Vogelschutzgebiet vorbei nach Riegsee. Direkt am Ufer zurück nach Froschhausen. Gehzeit: 2:25 Stunden, 9 km, 28 hm.

Wegweiser Auf der Dorfstraße fahren wir am ehemaligen Gasthof Westner vorbei ortsauswärts, bis nach 300 Metern am Sportplatz ein asphaltierter Flurweg nach rechts abzweigt. Am Pumpenhäuschen nach rechts. Es folgt ein leichter Anstieg, bis nach 1,3 km eine Weggabelung kommt, an der wir uns links halten. Über die ansteigende Lohwies- und Dorfstraße erreichen wir Aidling, einen Ortsteil von Riegsee.

Auch die Rindviecher genießen die sagenhafte Aussicht von der Aidlinger Höhe.

Aidling

(RVO-Buslinie 9620, 9631; 724 m über NHN)
Wie auf einer Empore liegt das alte Bauerndorf am Fuß der Aidlinger Höhe (791 m). Ein atemberaubender Ausblick auf die oberbayerische Bilderbuchkulisse entschädigt für den leichten Anstieg. Das hat schon den Jägern und Sammlern in grauer Vorzeit gefallen. Erstmals erwähnt wird der Ort in einer Urkunde des Klosters Benediktbeuern aus dem Jahr 748. Er entwickelte sich zur Hofmark. Am Nordrand der Aidlinger Höhe stand sogar eine Burg Lichtenegg der Grafen von Eschenlohe, die aber längst verfallen ist. 1978 kam die selbständige Gemeinde Aidling im Zuge der Gebietsreform zu Riegsee. Die Kirche St. Georg lag einst außerhalb der Siedlung an einer heidnischen Kultstätte. 1749 wird sie in den Ort verlegt und im Stil des Rokoko an eine bereits existierende Kapelle der Loreto-Bruderschaft angebaut. Ein prächtiges Bild des St. Georg im Kampf mit dem Drachen schmückt den Altar. Von weitem fällt der reichverzierte Turm auf. Die Malereien stammen aus der Entstehungszeit der Kirche. 1821 kam in Aidling Ludwig Brey zur Welt. Mit 30 Jahren übernahm er die Münchner Löwenbrauerei. 1897 starb der Bräu auf seiner Insel Wörth im Staffelsee. Einst wollte ihm König Ludwig II. die Insel abkaufen und darauf sein „bayerisches Versailles" errichten. Brey blieb jedoch hart. So musste der König auf Herrenchiemsee „ausweichen", was wohl die bessere Wahl war.

Einkehr *Gasthof zur Post*, Dorfstraße 26, 82418 Aidling, Tel.: 08847/6225, www.gasthof-post-aidling.de, Öffnungszeiten: Mittwoch und Donnerstag Ruhetag, warme Küche von 12-14 und 18-21 Uhr. Biergarten mit Panoramablick.

Drachentöter St. Georg in der Aidlinger Kirche

Wandern 2 **Aidlinger Höhe** Von ihr bietet sich ein schöner Ausblick auf Riegsee, Staffelsee, Karwendel- und Wetterstein-Gebirge. Dem beschilderten Weg von der Dorfstraße über die Lichteneggstraße bergauf folgen. 300 Meter nach ihrem Ende erhebt sich der Hügel, auf dem die Burg Lichtenegg einst stand. Nach 6 Minuten oder 750 Metern ist die Höhe erklommen. Die Wanderung lässt sich auch als Rundtour vom Forsthaus Höhlmühle aus machen. Der Weg ist beschildert (www.hoehenrausch.de). Gehzeit 2:15 Stunden, 7,6 km, 250 hm.

Wegweiser Wir verlassen Aidling nach Osten auf der Höhlmühlstraße. Durch sanfte Hügel geht es flott bergab. Nach 750 Metern an einer Gabelung nach links. Im Talgrund liegt romantisch das Forsthaus Höhlmühle. Leider ist der Gasthof mit einem schattigen Biergarten derzeit nicht bewirtschaftet. Der Hauschronik ist zu entnehmen, dass etwa 500 Meter nördlich seit 1500 eine Ölmühle stand, in der Öl durch einen Wasserhammer kalt geschlagen wurde. Um 1850 gewann der Müller in der Lotterie und steckte das Geld in den Bau einer Getreidemühle mit Sägewerk und kleiner Schankwirtschaft. Von der Höhlmühle geht es leicht abschüssig weiter durch Wald und Wiesen am Lothdorfer Bach entlang nach Habach. Über die Höhlmühlerstraße gelangen wir an der Dürnhauser Straße nach links in den Ort hinein.

Wandern 3 **Guglhör** Vom Startpunkt in Froschhausen aus auf der Riegseer Straße ortsauswärts, nach 650 Metern nach rechts in den Feldweg. Nach 2,5 Kilometern vor Lothdorf nach rechts abbiegen. Nach einem Anstieg durch den Wald stößt man auf eine Straße namens Perlach, auf der es nach links geht. Sie führt zur Einöde Guglhör mit einer herrlichen Aussicht auf das Loisachtal und die Berge. Gabriele Münter hat den Blick in einem Gemälde festgehalten. 1818 war der Hof vom Staat erworben worden, um die Ländereien des Gestüts Schwaiganger zu erweitern. Gehzeit 1:26 Stunden, 6 km, 83 hm.

Einkehr *Guglhör* – Biergarten mit Panoramablick, Guglhör 1, 82418 Riegsee, Tel.: 08841/62 600 22, Öffnungszeiten: Mittwoch bis Freitag ab 11 Uhr, Samstag, Sonntag, Feiertag ab 10 Uhr.

Habach

(RVO-Buslinien 9617 und 9654; 652 m über NHN)

Sehenswert Die Häuser der 1170-Einwohner-Gemeinde scharen sich wie Küken um die Glucke um den markanten *Kirchturm von St. Ulrich*. Das Gotteshaus geht auf das Jahr 1668 zurück. In den Lebensbeschreibungen des heiligen Ulrich wurde der Ort 983 erstmals erwähnt. Ein St. Ulrich geweihtes Kloster gründete im 11. Jahrhundert Graf Norbert von Hohenwart als Chorherrenstift. Bis zur Säkularisation prägte es den Ort und seine Umgebung. Die stattlichen **Häuser der sechs Chorherren** stehen heute noch in der Hauptstraße, obwohl die Tiroler im Spanischen Erbfolgekrieg 1704 große Teile der Hofmark in Brand gesteckt hatten. 100 Jahre später leiden die Bauern wieder unter den Einfällen der Österreicher und Tiroler. Am 18. Juli 1809 kommt es bei Spatzenhausen zu einem Gefecht, bei dem die Bayern unter Maximilian Graf Arco die Eindringlinge besiegen. 2012 haben sich 200 Familien zusammengetan und einen Dorfladen (St. Ulrich-Straße 6, 82392 Habach, Tel.: 08847/6956156) gegründet.

Einkehr *Bistro „Zum Trödler"*, Hauptstraße 13, 82392 Habach, Tel.: 08847/296, https://troedler-habach.de, Öffnungszeiten: Mittwoch bis Sonntag ab 18 Uhr, Montag u. Dienstag Ruhetag.

Wandern 4 **Weiher-Runde** Ausgangspunkt für die leichte, landschaftlich schöne Wanderung ist der Parkplatz am Steinberg unterhalb des Sportgeländes von Habach. Wir gehen Richtung Ortsmitte, vorbei an der Kirche St. Ulrich und den Chorherrenhäusern. Weiter nach Norden am Koppenbergweiher vorbei zum Rieder Filz. An diesem gehen wir entlang und treffen nach einem Kilometer auf den idyllisch gelegenen Wiesleitenweiher. Von dort über den Lagerbühl und die Hirtenwiese wieder zurück zum Parkplatz (www.outdooractive.com). Gehzeit: 1:26 Stunden, 5,6 km

Wegweiser Wir verlassen Habach über die Haupt- und Obersöcheringer Straße, biegen nach 100 Meter rechts Richtung Steinberg und nach 190 Metern vor einem Sportplatz links ab. 400 Meter weiter geht es nach einer Schrebergartenanlage nach rechts und jetzt 2,5 Kilometer immer geradeaus durch eine abgeschiedene Wiesenlandschaft. Kurz vor Reinthal halten wir uns links.

Sehenswert *Bauernhofmuseum Reinthal* Am Wochenende lohnt ein kurzer Abstecher ins Bauernhofmuseum Reinthal. Zwei Landwirte und Landmaschinenmechaniker teilten eine gemeinsame Leidenschaft, das Sammeln landwirtschaftlicher Gerätschaften. Sie richteten alte Traktoren und Dreschwagen aus verschiedenen Epochen wieder her. Irgendwann hieß es dann: „Man müsste ein Museum haben." Ein leerer Kuhstall war die Lösung. Glanzstücke sind ein riesiger alter Dreschwagen und ein knallroter Porsche-Traktor. Im Museum befindet sich auch ein Sammelsurium landwirtschaftlicher Geräte und Utensilien des täglichen Lebens wie Küchenherde und Emaille-Töpfe aus längst vergangenen Zeiten. Anschließend empfiehlt sich eine Pause im Open-air-Café mit selbstgebackenen Kuchen und Torten.

Einkehr *Reinthal Bauernhofmuseum und Café*, Am Reinthal 2, 82395 Obersöchering, Tel.: 01511/9470570, https://www.museumscafe-habach.de Bei schönem Wetter am Wochenende geöffnet von 12-18 Uhr.

Wegweiser Der Weg schwenkt jetzt nach Süden direkt auf die Berge zu. Nach 650 Metern zweigt nach rechts ein Weg zum Fernweiher und Hachtsee ab. Wir fahren geradeaus bis zur B 472, überqueren diese und fahren auf dem Radweg rechts nach

Westen. Nach 850 Meter geht es links in einen Flurweg nach Abersthausen. Vorbei an einem Gehöft und einem Weiher erreichen wir die Staatsstraße 2038 Hofheim – Habach. Ihr folgen wir 190 Meter, um dann nach links nach Leibersberg abzubiegen. Nach 800 Metern ist die Kreisstraße GAP 1 Aidling-Waltersberg erreicht. Wer keine Lust mehr hat, radelt geradeaus weiter Richtung Riegsee. Unten am Seeufer sind die Schwingrasenmatten zu sehen, die sich bisweilen selbständig machen. Wer aber eine echte Seerunde machen möchte, folgt der Kreisstraße nach rechts und biegt nach 250 Metern links in einen Feldweg ab. Der unterquert die St 2038 (Murnauer Straße) und wird zur Wettersteinstraße. Hofheim ist erreicht.

Hofheim

(RVO-Buslinien 9620, 9601, 9631; 666 m über NHN)

Sehenswert Der Ort liegt auf einer Anhöhe und bietet einen guten **Rundblick**. Das Bauerndorf mit alten Höfen gehört zur weiter westlich gelegenen Gemeinde Spatzenhausen und feierte 2013 sein 1250-jähriges Bestehen. Die Kirche **St. Johannes Evangelist** wurde 1465 eingeweiht. Kostbarstes Ausstattungsstück ist eine über zwei Meter hohe Figur der **Rosenkranzmadonna** auf einer Mondsichel des Weilheimer Bildhauers Hans Degler aus dem Jahr 1610. Er gehört zu den herausragenden Künstlern des 16. Jahrhunderts im süddeutschen Raum.

aktiv In Hofheim befindet sich eine moderne **Spielgolfanlage** (so ähnlich wie Minigolf, aber auf Kunstrasen) mit acht bis 16 Meter langen Bahnen. Spielgolf und Café Südseite, Eichweideweg, 82418 Spatzenhausen-Hofheim, Tel.: 08847/699288, 0172 6434042, https://spielgolf-suedseite.de, Öffnungszeiten: Vom 1. Juli bis 11. September

Seit mehr als 500 Jahren grüßt die Kirche St. Johannes Evangelist die Menschen.

täglich von 10-20 Uhr geöffnet. **Baden** An der Bruggerhütte neben dem Campingplatz besteht ein Zugang zum Riegsee mit Liegewiese und Kiosk. Von Mai an überwacht die Wasserwacht Hofheim-Riegsee den Badeplatz.

Einkehr *Brugger Hütte* (auf dem Campingplatz Brugger am Westufer) Seestraße 2, 82418 Hofheim, Tel.: 08847/699275, 0151 45 48 31 82, www.camping-brugger.de.

Wegweiser Die Wettersteinstraße in Hofheim schwenkt scharf nach links und unterquert wieder die Murnauer Straße. Danach rechts auf dem Radweg bis zur Seestraße und auf dieser flott bergab bis zum Campingplatz Brugger. Schöner See- und Bergblick von der Benediktenwand bis zum Ammergebirge. Wir durchqueren den Campingplatz und folgen den Schildern „Riegseerundweg". Der Feldweg endet an der Teerstraße. Dort links abbiegen nach Egling. Weiter geradeaus und hinter dem Schloss Neuegling derer zu Poschinger-Camphausen nach links in die Leonhardistraße. Gleich daneben steht das Werk eines Kunststoffproduzenten. Kurz darauf schließt sich der Kreis an der St. Leonhardskirche in Froschhausen. Wer noch zum Bahnhof oder Kemmelpark fährt, nimmt die Riegseer-, Froschhauser- und Weindorfer Straße den kleinen Berg hinauf nach Murnau.

Weitere touristische Angebote

Gemeinde Riegsee, Dorfstraße 35, 82418 Riegsee, Tel.: 08841/3985, www.riegsee.de, Öfffnungszeiten: Dienstag und Freitag 8-12 Uhr.

Wanderungen am Riegsee

1 Riegsee-Runde **2** Aidlinger Höhe **3** Nach Guglhor **4** Weiher Runde

Der Riegsee ist ein stille Schönheit für Liebhaber.

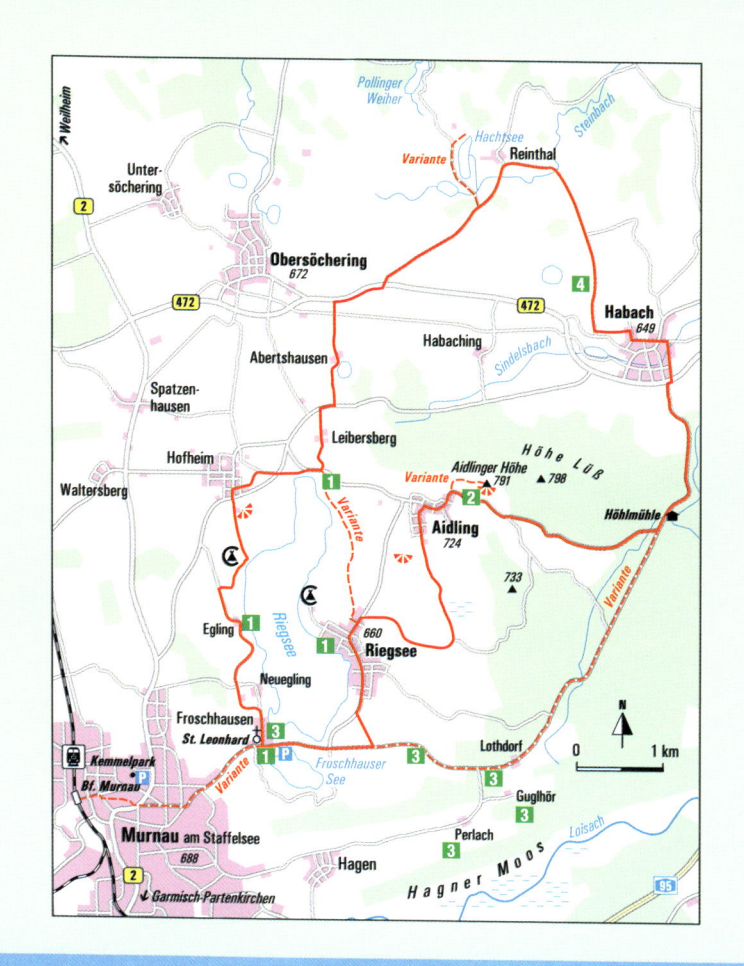

Riegsee

Den Tegernsee kann man auch herrlich vom Biergarten aus genießen.

DER TEGERNSEE

Der Tegernsee liegt 50 Kilometer von München entfernt in den Bergen des Mangfallgebirges wie in einem Nest. Diese Geborgenheit macht ihn zu einer der beliebtesten Urlaubs- und Wohnregionen Deutschlands. Seit jeher hat die Mischung aus Gebirge und See eine magische Anziehungskraft ausgeübt – bis heute. Nach den Benediktinern und dem Hochadel kommen die Schriftsteller, Künstler und Wissenschaftler ins Tal. Die Eisenbahn bringt 1883 die ersten „Sommerfrischler" aus der Landeshauptstadt. 1909 wird in Wiessee eine Schwefelquelle entdeckt. Der Ort steigt zum Bad auf. In den 1960er Jahren bohrt man sogar nach Erdöl. Orte wie Rottach-Egern und Bad Wiessee haben im deutschen Wirtschaftswunderland einen exklusiven Klang. Sie stehen für dicke Zigarren, teure Pelze und chromblitzende Luxuslimousinen. Es veredelt den Sonntag, bei Kaffee und feinem Gebäck im vornehmen Hotel Bachmair am See einen Blick auf die Prominenz zu erhaschen. Glücksritter und Promi-Ärzte, Fabrikanten und Politiker, Sportgrößen, Ex-Devisenhändler und russische Oligarchen geben sich ein Stelldichein. Sie alle vereint die Erkenntnis: Hier lässt es sich gut leben. Die flachen Ufer machen das Radeln und Wandern zum Vergnügen. Zur Einkehr laden neben erstklassigen Hotels und Sterne-Restaurants „normale" Ausflugsgaststätten für jedermann. Der Tegernsee ist 5,7 Kilometer lang, 2,1 Kilometer breit und hat eine maximale Tiefe von 72,6 Metern. Seine Fläche beträgt 890 Hektar. Neben einigen Gebirgsbächen sind die größten Zuläufe die Weissach und die Rottach. Dies bewirkt einen raschen Wasseraustausch in nur eineinhalb Jahren. Deshalb ist sein Wasser relativ kühl und lädt im Sommer nur zu einem kurzen Bad. Abfluss ist die Mangfall in Gmund. Dank der Ringkanalisation aus den 1960er Jahren ist der Tegernsee klar und sauber. An nahezu allen Ufern ist er zugänglich.

Anreise mit der Bahn Von München aus erreicht man den Tegernsee in einer guten Stunde mit der Bayerischen Regiobahn RB 57. Die modernen Triebwagen verkehren im Stundentakt ab München Hauptbahnhof. Sie sind zwar an einem schönen Wochenende gut gefüllt, doch die Zufahrt von der Autobahn München – Salzburg ist es nicht minder, von den beschränkten Parkmöglichkeiten am See einmal ganz abgesehen (www.brb.de). Von Tegernsee aus sind die Orte rund um den See mit der Ringbuslinie 9559 (mit Gästekarte kostenlos) zu erreichen. Ringlinie A umrundet den See im Uhrzeigersinn, Ringlinie B entgegen.

Anreise mit dem Auto Mit dem Auto fährt man von München auf der A 8 bis zur Ausfahrt Holzkirchen und dann auf der B 318 an den Tegernsee.

Route in Kurzform Wir umrunden den See im Uhrzeigersinn. Je nach Anreise starten wir in Gmund (Auto) oder Tegernsee (Bahn). Parkmöglichkeiten gibt es in Gmund am Volksfestplatz oder am Strandbad.

Streckenlänge um den See Rund um den See sind es 20,4 Kilometer. Vier Ortschaften säumen das Ufer des Tegernsees, die sich bei einer Rundtour mit dem Fahrrad gut erkunden lassen: Gmund, Tegernsee, Rottach-Egern und Bad Wiessee. Kleinere Stationen sind St. Quirin, Abwinkl und Kaltenbrunn.

Fahrzeit (mit dem Fahrrad) 1:35 Stunden.

Gehzeit 3:07 Stunden

Schwierigkeit Die leichte Rundtour, meist auf geteerten Wegen, ist für Familien und Kinder ab 8 Jahren gut geeignet und bietet lohnende Ausblicke auf See und Berge. Eine größere Steigung liegt zwischen Bad Wiessee und Kaltenbrunn.

Hauptsehenswürdigkeiten Auf der Terrasse von Gut Kaltenbrunn der Blick auf den Tegernsee und die Voralpengipfel. Im Süden beherrscht der Wallberg das Tegernseer Tal. Von seinem Gipfel (1722 m) bietet sich ein beeindruckender Blick auf die Hochalpen und die Landschaft rund um den Tegernsee. Zu erreichen ist er von Rottach-Egern aus entweder in 3 Stunden zu Fuß oder mit der Wallbergbahn. Ferner die Pfarrkirche St. Quirinus im Kloster Tegernsee und das Bräustüberl Tegernsee nebenan. Das Olaf Gulbransson Museum in Tegernsee ist ebenso einen Besuch wert wie die Büttenpapierfabrik in Gmund. Nicht zu vergessen ist auch die Naturkäserei Tegernseer Land in Kreuth.

Kirche und Wirtshaus, in Bayern seit jeher eine treffliche Kombination

Gmund

(Bahnstation, Buslinien, Schiffsanlegestelle, 740 m über NHN)

Sehenswert Den Ort am Nordende des Tegernsees dominiert die **Pfarrkirche St. Ägidius**, die in den Jahren 1688 bis 1692 im Barockstil entstand. Baumeister war der Graubündner Lorenzo Sciasca. Das Gemälde vom heiligen Ägid im Hochaltar, er war ein Benediktinermönch, stammt von Hans Georg Asam. St. Ägidius ist die älteste Kirche im Tal. Die Maria-Hilf-Kapelle direkt an der Straße wurde im Jahr 1634 als Pestkapelle erbaut und dient heute dem Gedenken der Kriegsopfer. In Gmund fließt die Mangfall aus dem Tegernsee. Gleich in der Nähe liegt die **Büttenpapierfabrik Gmund**, die einen Besuch wert ist. Regelmäßig wird noch mit einer Maschine aus dem Jahr 1886 produziert. Mangfallstraße 5, 83703 Gmund am Tegernsee, Tel.: 08022/7500-0. Die Tourist-Information Gmund bietet an jedem zweiten und vierten Freitag im Monat um 13 Uhr eine öffentliche Fabrikbesichtigung bei Gmund Papier an. Dauer: 90 Minuten, 18 Euro pro Person, Kinder (6-15 Jahre) 12 Euro. Anmeldung unter Tourist-Information Gmund im Bahnhof, Wiesseer Straße 11, 83703 Gmund am Tegernsee, Tel.: 08022/7060353, www.tegernsee.com/gmund. Im Papiershop des Hauses lassen sich die verschiedenen Sorten feinsten Papiers erwerben. Nach der Besichtigungstour lädt das Fabrikrestaurant „Mangfallblau" zum Besuch.

Wer die Mangfallstraße etwas weiter hinein fährt, kommt zu einer weiteren Papierfabrik, Louisental. Hier wird Sicherheitspapier für Banknoten und Pässe in aller Welt hergestellt, weshalb man für die abseitige Lage ganz dankbar ist. Zu den bekanntesten Bürgern zählen der Vater des deutschen Wirtschaftswunders, Ludwig Erhard, nach dem ein Platz benannt ist, der Architekt Sepp Ruf und der frühere Bild-Herausgeber Hans-Peter Boenisch. Sie alle liegen auf dem **Bergfriedhof** begraben, der nicht nur deshalb einen Besuch lohnt. Die berühmtesten Söhne Gmunds sind Simon Reiffenstuel (1574-1620), Hofbaumeister und Erbauer der Soleleitung von Bad Reichenhall nach Traunstein, sowie der Uhrenmacher, Mechaniker und Erfinder Johann Mannhardt (1798-1878). Idyllisch an der Mangfall mitten im Ort liegt das Haus von Johann Baptist Mayr, bekannt als „Wilder Jager von Gmund" (1786-1834). Hier ist das

Die Büste von Künstler Otto Wesendonk erinnert am Ludwig-Ehrhard-Platz in Gmund an den „Dicken" mit Zigarre, Vater des Wirtschaftswunders.

Heimatmuseum untergebracht. Unter anderem erlebt der Besucher die Geschehnisse rund um die „Jagerschlacht von Gmund 1833". Jagerhaus Gmund, Seestraße 2, 83703, Gmund am Tegernsee, Tel.: 08022/937810 (Maria Prenzel), https://jagerhausgmund.byseum.de.

aktiv *Sommerrodelbahn Tegernsee*, Angerlweber 3, 83703 Gmund, Tel.: 08022/7195, https://oedberg.de.

Einkehr **Gasthof Herzog Maximilian**, Tegernseer Straße 3, 83703 Gmund am Tegernsee, Tel.: 08022/7059377, https://www.gasthof-maximilian.de, Öffnungszeiten: Donnerstag bis Dienstag, 10.30-23 Uhr, Mittwoch Ruhetag. **Gasthaus Jennerwein**, Gmund-Dürnbach, Tel.: 08022/706050, www.jennerwein-gasthaus.de, Öffnungszeiten: Montag u. Donnerstag 17.30-23 Uhr, Freitag, Samstag und Sonntag 12-14 Uhr u. 17.30-23 Uhr, Dienstag, Mittwoch Ruhetag. *Cafe & Restaurant Seeglas*, Seeglas 1, 83703 Gmund am Tegernsee, Tel.: 08022/76129, www.strandbad-seeglas.de, Öffnungszeiten: Dienstag bis Sonntag 11-23 Uhr.

Wandern 1 Eine gemütliche Wanderung für die ganze Familie auf komfortablen Wegen mit geringer Steigung und schöner Aussicht ist der **Tegernseer Höhenweg** (gelbe Wegweiser) von Gmund nach Tegernsee mit anschließender Brotzeit im Bräustüberl Tegernsee. Vom Start am Bahnhof Gmund geht es hinunter zum See und an der Mangfall entlang bis zu einer Holzbrücke, die wir überqueren. Weiter auf der Seepromenade bis zu deren Ende, über die Gleise zur Hauptstraße, die in Höhe einer Bushaltestelle überquert wird. Auf der Kurstraße hinauf durch eine Siedlung. Nach den letzten Häusern macht der Weg eine Linkskurve und stößt auf einen Querweg. Dort scharf nach rechts und in Richtung Tegernsee den gelben Hinweisschildern folgen (www.tegernsee.com/a-hoehenweg-nach-gmund). Gehzeit: 2 Stunden, 6,8 km.

Wandern 2 **Wanderung auf die Neureuth** (1263 m) von Gmund. Bei jedem Wetter ein lohnendes Ausflugsziel mit Panoramablick auf Tegernsee und Schliersee. Wir starten auf dem Parkplatz im Ortsteil Gasse und laufen in Richtung Oberbuchberg. Durch den Wald führt der zunehmend steiler werdende Weg bis zur Neureuth. Nach einer Brotzeit in der Gaststätte Neureuthhaus geht es auf einer geschotterten Straße zurück bis nach Tegernsee-Lieberhof. Zum Ausgangspunkt in Gmund gelangen wir per Ringbus oder Schiff oder auf dem Tegernseer Höhenweg (www.tegernsee.com). Gehzeit: 3:44 Stunden, 10,4 km.

Rustikal schlägt die Holzbrücke den Bogen über den Ausfluss der Mangfall in Gmund.

Einkehr: ***Berggasthof Neureuth***, Neureuth 1, 83684 Tegernsee, Tel.: 08022/4408, https://neureuth.com, Öffnungszeiten: Dienstag u. Mittwoch 8.30-18 Uhr, Donnerstag 8.30-22 Uhr, Freitag-Sonntag 8.30-18 Uhr.

Wegweiser Von Gmund nach Tegernsee: Vom Bahnhof Gmund oder dem Parkplatz am Strandbad Seeglas auf dem Radweg zwischen der stark befahrenen Tegernseer Straße (B 307) und dem Bahngleis am See entlang nach Süden. Am Weg liegt die Filialkirche St. Quirin aus dem 8. Jahrhundert. Gegenüber führt ein Stichweg zu einem kleinen Badeplatz. Auf der Südlichen Hauptstraße und Münchner Straße gelangen wir hinein nach Tegernsee.

Tegernsee

(Bahnstation, Buslinie, Schiffsanlegestelle, 747 m über NHN) Wir passieren die bekannte Monte Mare Seesauna samt dem Saunaschiff „Irmingard" (Hauptstraße 63, 83684 Tegernsee, Tel.: 08022/1874770, https://www.monte-mare.de, Öffnungszeiten: Montag bis Samstag 10-22.30 Uhr, Sonntag 10-21 Uhr). Am Hang fällt ein stattliches Gebäude mit zwei Türmen auf, das Senger-Schlössl, ein luxuriöses Vier-Sterne-Lifestyle-Hotel. Hier planschen Jung-Manager samt ihrer attraktiven Begleitung im beheizten Freibecken hoch über dem See. Wir kämpfen uns in den „Niederungen" zwischen Fußgängern und Autos durch die Stadt (seit 1954), denn Radfahren ist auf der Schlosspromenade und in den Anlagen verboten. Spätestens jetzt wird verständlich, warum der Stadtrat gegen starken Widerstand einen Steg vor den Häusern am Ufer entlangführte. Alle gelb angestrichenen Gebäude gehören übrigens Herzog Max in Bayern.

Fast karibische Farben und hoffentlich eine angenehme Brise: Segelrevier Tegernsee

Sehenswert Etwas abseits vom See liegt das von Sepp Ruf entworfene und 1966 eröffnete ***Olaf-Gulbransson-Museum*** Tegernsee. Es zeigt Werke des norwegischen Malers und Zeichners (1873 bis 1958), der lange Jahre auf dem Schererhof hoch über Tegernsee gelebt hat. ***Gulbransson Museum Tegernsee***, Kurgarten 5, 83684 Tegernsee, Tel.: 08022/3338, https://www.olaf-gulbransson-museum.de, Öffnungszeiten: Dienstag bis Sonntag von 10 bis 17 Uhr. Der Zeit vom 14. Jahrhundert bis heute widmet sich mit etwa 850 Exponaten das Museum Tegernseer Tal, Seestraße 17, 83684 Tegernsee,

Tel.: 08022/4978, www.museumtegernseertal.de. Öffnungszeiten: Mittwoch bis Samstag 10-13 Uhr, Sonntag 13-16 Uhr. Nur auf Anfrage zugänglich ist das **Haus des Schriftstellers** und bayerischen Heimatdichters **Ludwig Thoma** (1867 bis 1921). Thoma hat von 1908 bis zu seinem Tod „auf der Tuftn" in seinem Haus in Tegernsee gelebt. Einige Zimmer, darunter das Arbeitszimmer mit Bibliothek, sind noch originalgetreu erhalten. Auf der Tuften 12, 83684 Tegernsee, Tel.: 08022/5382. Am Schlossplatz treffen wir die wichtigste Sehenswürdigkeit von Tegernsee, das **Schloss und ehemalige Benediktiner-Kloster**. Gegründet haben es 746 die beiden adeligen Brüder Adalbert und Ottokar. Sie wollten sich von der Welt abkehren und fanden am „tegarin seo", althochdeutsch für „großer See", das sonnenreichste Fleckchen am ganzen See. Der Schwemmkegel des Alpbachs mit den Bergen im Rücken bot einen vor Wind, Kälte und Angreifern geschützten Bauplatz. Das Kloster entwickelte sich bald zu einem der bedeutendsten kulturellen Zentren des Mittelalters. Die Klosterbibliothek und die Handschriften der Tegernseer Mönche sind weithin berühmt. Im Barock entstehen die beiden Türme. Pfarrkirche St. Quirinus im Kloster, Schloßplatz 2, 83684 Tegernsee, Tel.: 08022/4640. 1803 beendet die Säkularisation alle Herrlichkeit und eine mehr als 1000-jährige Tradition. Nach kurzem Zwischenspiel geht das Kloster in das Eigentum der Wittelsbacher über. König Max I. Joseph (1756 bis 1825) lässt es von Leo von Klenze zur Sommerresidenz im klassizistischen Stil umbauen, weil Königin Caroline der Tegernsee so gut gefällt. Adelige, reiche Großbürger und Künstler folgen den Royals und siedeln sich rundherum in Landhäusern an. Bis heute gehört Schloss Tegernsee der herzoglichen Linie in Bayern, ist aber nur bei Veranstaltungen teilweise öffentlich zugänglich. In dem weitläufigen Komplex sind das Gymnasium, die Privaträume von Herzog Max, das bekannte Herzoglich bayerische Brauhaus, ehemals die Klosterbrauerei, sowie das Bräustüberl untergebracht.

Das ehemalige Kloster Tegernsee liegt direkt m Ufer und verfügt sogar über eine eigene Schiffsanlegestelle.

Einkehr **Bräustüberl Tegernsee**, Schloßplatz 1, 83684 Tegernsee, Tel.: 08022/4141, https://braustuberl.de, täglich 10-22 Uhr. **Shakira's Bistro**, Seestraße 42, 83684 Tegernsee, Tel.: 01514 1647182, https://www.shakirasbistro.de, Öffnungszeiten: Montag bis Dienstag, 17-24 Uhr, Mittwoch u. Donnerstag geschlossen, Freitag bis Sonntag 12-24 Uhr.

Kurz runter vom Rad und direkt in den See springen? Die Versuchung ist groß!

Wandern 3 **Tegernseer Höhenweg** – Süd: Start ist in der Ortsmitte Tegernsee am Zentralparkplatz. Am See entlang Richtung Rottach-Egern, dann links auf die Bahnhofstraße und am Steinmetzplatz rechts die Lärchenwaldstraße hinauf. Die Kleinbergstraße steil hinauf zum Sonnleitenweg. Wir halten uns nach rechts. Hier beginnt der Höhenweg mit ersten Ausblicken. Bis zum Café Angermaier im Ortsteil Berg ist er durchwegs mit der Nummer 510 beschildert. Der Wirtsgarten lädt zur Rast. Zurück zum Ausgangspunkt zuerst am Ufer der Rottach (Weg 503) bis zur Mündung in den Tegernsee. Nach der Schwaighof- und der Courths-Maler-Anlage ein Stück an der Straße entlang und am Ludwig-Ganghofer-Haus nach links zur Point. Weiter am See entlang bis zur Ortsmitte von Tegernsee. Mittlere Schwierigkeit (www.tegernsee.com/a-tegernseer-hoehenweg-sued). Gehzeit 4 Stunden, 12,2 km.

Einkehr *Café Restaurant Angermaier*, Berg 1, 83700 Rottach-Egern, Tel.: 08022/92860, https://cafe-angermaier.de, Öffnungszeiten: Mittwoch bis Sonntag, 11-22 Uhr, Montag u. Dienstag Ruhetag.

Wegweiser Nach dem Schlossplatz mit dem ehemaligen Kloster weiter am See entlang bis zur Rottacher Bucht. Das Freizeitgelände „Point" bietet einen naturbelassenen Badestrand mit Kiosk. Hier legt die Fähre (Überfahrt) von der 170 Meter entfernten anderen Seeseite an. Vom Pavillon auf dem Hügel bietet sich ein guter Rundblick. Die Landhäuser am Weg bewohnten berühmte Zeitgenossen wie der Schriftsteller Ludwig Ganghofer, der Maler August Macke und der Heimatdichter Karl Stieler. Sein Vater Joseph Karl war Hofmaler König Ludwigs I. und Schöpfer der berühmten Schönheitsgalerie. Die Prinzenkapelle steht an der Stelle, an der Prinz Carl von Bayern, Schlossherr von Tegernsee, 80-jährig durch einen Sturz vom Pferd ums Leben kam. Im Haus am Hang mit der Nummer 47 lebte und starb die Schriftstellerin Hedwig Courths-Mahler (1867-1950). Über die Courths-Mahler- und Schwaighof-Anlage fahren wir am Freibad entlang und gelangen wieder an die Nördliche Hauptstraße. Wir überqueren die Rottach und sind in Rottach-Egern.

Rottach-Egern
(Buslinie, Schiffsanlegestelle, 736 über NHN)

Sehenswert Auf der weiten Ebene zwischen den Flüssen Rottach und Weißach am Südufer des Tegernsees sind die verstreuten Bauernhöfe und 20 kleine Ortschaften im Laufe der Zeit zu einer geschlossenen Siedlung zusammengewachsen, unter anderem Rottach im Süden und das Fischerdorf Egern mit der 1111 geweihten *Pfarrkirche St. Laurentius*. 400 Meter von ihr entfernt steht die *evangelische Auferstehungskirche*, erbaut 1953 bis 1955 von Olaf Andreas Gulbransson, dem Sohn Olaf Gulbranssons. Seit 1951 trägt der heilklimatische Kurort am Fuße des Wallbergs (1722 m) den Doppelnamen Rottach-Egern. Im selben Jahr wurde die *Seilbahn auf den Wallberg* gebaut. Wallbergbahn, Wallbergstraße 26, 83700 Rottach-Egern, Tel.: 08022/705370, www.wallbergbahn.de, Betriebszeiten: täglich von 8.45 bis 17 Uhr. Der Wallberg zählt zu den meistbesuchten Gipfeln des Mangfallgebirges. Schöner Blick auf die bayerischen Alpen und das Tegernseer Tal. Wahrzeichen des Berges ist das mehr als hundert Jahre alte Wallberg-Kircherl. Im Winter lockt der Wallberg mit einer der längsten Naturrodelbahnen Deutschlands. Die Abfahrt ist mehr als sechs Kilometer lang.

Einkehr *Wallberg Panorama-Restaurant*, Wallbergstraße 32, 83700 Rottach-Egern, Tel.: 08022/6800, www.wallberg-restaurant.de, Öffnungszeiten: Sommer, Montag bis Sonntag 9-17 Uhr, Winter: Montag bis Sonntag 9.30-16.30 Uhr. *Café-Restaurant Angermaier*, Berg 1, 83700 Rottach-Egern, Tel.: 08022/92860, https://cafe-angermaier.de, Öffnungszeiten: Mittwoch bis Sonntag 11-22 Uhr, Montag u. Dienstag Ruhetag. 1955 gründete Gertraud Gruber (1921 bis 2022) die erste Schönheitsfarm Europas. Es gibt sie heute noch. Die Kosmetikerin und Unternehmerin gilt

Einheimische und sicher auch auswärtige Modefreunde sind als Kunden im Trachtenshop gern gesehen.

als Vorreiterin der Wellness-Bewegung. **Schönheitsfarm Gertraud Gruber**, Berta-Morena-Weg 1, 83700 Rottach-Egern, Tel.: 08022/2740, www.schoenheitsfarm-gruber.de. Ein ideales Ziel bei Regenwetter ist das **Museum im Gsotthaber Hof** (früher Kutschenmuseum) Feldstraße 16, 83700 Rottach-Egern, Tel.: 08022/704438, www.gemeinde.rottach-egern.de, Öffnungszeiten: Dienstag bis Sonntag von 11-17 Uhr. Kutschen, Tafelwagen, Governess-Cart, Schlitten, Goaßl'n, Exponate des bäuerlichen Lebens, lebensgroßes handgeschnitztes Oberländergespann. Der Gsotthaber Hof war bis 1803 ein Lehen des Benediktinerklosters Tegernsee. 1960 hat ihn die Gemeinde gekauft und später nach Aufgabe der Landwirtschaft an den Pferdeliebhaber Thomas Böck verpachtet. Dieser hatte damals schon alte Kutschen, Wagen und Schlitten sowie alle Arten von Arbeitsgeräten der Forst- und Landwirtschaft gesammelt. 1999 kaufte die Gemeinde die Sammlung und gestaltete daraus ein Museum über das bäuerliche Leben und Sein der Fuhrleute.

aktiv Im Sommer verspricht das **See- und Warmbad Rottach-Egern** mit Sandstrand direkt am See familiären Badespaß. Neben dem großen Sportbecken locken Wasserrutschen und ein Strömungskanal, Whirlpool und Luftperl-Liegen. Nördliche Seestraße 35, 83700 Rottach-Egern, Tel.: 08022/92890, www.gemeinde.rottach-egern.de, Öffnungszeiten: 9-19 Uhr. Nach dem Schwimmbad biegen wir

Für das See- und Warmbad bekommen Vierbeiner keine Eintrittskarte, dafür dürfen sie ein paar Kilometer weiter westlich am örtlichen Hundestrand planschen.

nach rechts in den Max-Josef-Weg ein und erreichen einen Park. Hier tummeln sich **Ludwig Ganghofer**, **Ludwig Thoma** und **Leo Slezak** als Bronzefiguren. Der Gmunder Bildhauer Quirin Roth hat die Gruppe geschaffen. Im Leben saßen sie oft beisammen. Auch **König Max I. Joseph** gibt sich in Form einer Büste die Ehre. Weil sie schon Patina angesetzt hat, heißt Bayerns erster Monarch liebevoll „Moos-Maxl". Im Seehotel Malerwinkel verbirgt sich das einstige Landhaus des weltberühmten Schauspielers und Tenors Leo Slezak (1873 bis 1946). Er sang mit Enrico Caruso an der Metropolitan Opera in New York. Nicht zu übersehen ist das **Fünf-Sterne-Seehotel Überfahrt**. Die Glasfronten im Eingangsbereich geben nicht nur die Aussicht auf den berühmten Malerwinkel samt der Kirche St. Laurentius und dem Wallberg frei. Die Herren PS-strotzender Luxuslimousinen können bequem aus der Lobby den Blick liebevoll über ihre blank gewienerten Karossen wandern lassen.

Einkehr *Althoff Seehotel Überfahrt*, Überfahrtstraße 10, 83700 Rottach-Egern, Tel.: 08022/6690, www.althoffcollection.com. Malerische Ausblicke zusammen mit einem „Rundum-Sorglos-Paket" lassen sich auch im Luxushotel Egerner Höfe genießen. *Parkhotel Egerner Höfe*, Aribostraße 19-26, 83700 Rottach-Egern, Tel.: 08022/6660, www.egerner-hoefe.de. An der Seestraße, der Nobelmeile des Ortes, reiht sich Boutique an Boutique, Hotel an Hotel. Der breite Fußweg lädt zum beschaulichen Einkaufsbummel ein.

Sehenswert Hoch über Rottach-Egern thront eine richtige „Burg", **Schloss Ringberg**. Von Herzog Luitpold in Bayern erbaut, ist es heute eine Tagungsstätte der Max-Planck-Gesellschaft. Eine Besichtigung ist nur zu besonderen Anlässen wie dem Tag der offenen Tür möglich. Schloßstraße 20, 83700 Kreuth, Tel.: 08022/2790, www.schloss-ringberg.de. Jochen Essl, Leiter der Tagungsstätte, führt durch die Räume und erzählt von der Geschichte des Hauses.

Einkehr *Egern 51*, Seestraße 51, 83700 Rottach-Egern, Tel.: 08022/660257, www.egern51.de. *Café Franzl*, Seestraße 24, 83700 Rottach-Egern, Tel.: 08022/9152263, www.cafe-franzl.de, Montag, Donnerstag bis Sonntag 10-19 Uhr, Dienstag u. Mittwoch Ruhetag. *Voitlhof*, Dr. Mohr Straße 1 (Navigationsadresse), 83700 Rottach-Egern, Tel.: 08022/2999, https://tegernsee-gastro.de/voitlhof, Donnerstag bis Samstag 11-22 Uhr, Sonntag und Montag von 16-22 Uhr, Ruhetag Dienstag u. Mittwoch.

Wandern 4 Von **Rottach-Egern nach Kreuth**: Leichte Wanderung für die ganze Familie mit vielen Einkehrmöglichkeiten, zurück mit dem Linienbus. Start ist am

Schloss Ringberg hoch über Rottach-Egern ist heute eine Tagungsstätte.

Parkplatz Rottach, Leo-Slezak-Straße 3a, 83700 Rottach-Egern. Auf der Südlichen Hauptstraße bis zur Weißach und dann immer flussaufwärts (Weg 501), bis im Ortsteil Trinis allmählich die Bebauung aufhört. Wer einen Hund dabei hat, sollte den linken Dammweg nehmen, der rechte ist hundefrei. Nach der Wanderung durch das Landschaftsschutzgebiet Weissachauen erreichen wir ohne größere Steigungen Kreuth (800 m). Das Bergsteigerdorf lädt zur Besichtigung ein. Zurück mit dem Bus 9556 (Stuben-Tegernsee), der zwischen 9 und 18 Uhr stündlich fährt. 2 Stunden, 6,6 km. **Wandern** 5 Wer noch Lust hat, kann von Kreuth weiter an der Weißach entlang bei geringer Steigung über Wildbad Kreuth bis zur **Almwirtschaft Siebenhütten** (836 m) wandern. Zurück geht es von Siebenhütten entweder zu Fuß bis Wildbad Kreuth oder von der Haltestelle Siebenhütten aus mit dem Bus 9556 zum Ausgangspunkt. Plus 1:07 Stunden einfach, plus 4,3 km einfach. Die Tour lässt sich auch gut mit dem Fahrrad machen. 0:38 Minuten, 10,7 km (einfach).

Einkehr *Almwirtschaft Siebenhütten*, Siebenhütten 1, 83708 Kreuth, Tel.: 01511 2043909, https://tegernsee-gastro.de. Nach dem Neubau ist die Alm voraussichtlich vom Sommer 2024 an wieder geöffnet. *Herzogliches Gasthaus Altes Bad*, Wildbad Kreuth 2, 83708 Kreuth, Tel.: 08029/304, https://altesbad.com, Öffnungszeiten: Mittwoch bis Sonntag 12-21 Uhr, Montag u. Dienstag Ruhetag. *Herzogliche Fischzucht Wildbad Kreuth*, Wildbad Kreuth 1, 83708 Kreuth, Tel.: 08029/997460, www.fischerei-kreuth.de, Öffnungszeiten: Dienstag bis Sonntag von 10-17 Uhr, Montag Ruhetag. Spezialität: „zappelfrische" geräucherte Forelle.

Kreuth

(RVO-Bus 9556, 787 m über NHN)

Sehenswert Als flächengrößte Gemeinde des Landkreises Miesbach reicht Kreuth mit seinen 17 Ortsteilen laut einer Informationstafel im Museum Tegernseer Tal von der Grenze zu Österreich im Süden bis zum Tegernsee. Eingebettet liegt der 3600-Einwohner-Ort zwischen Hirschberg, Leonhardstein, Setzberg und den Blaubergen. Durch Kreuth führt die Verbindungsstraße (B 307) über den Achenpass nach Tirol, die seit 1320 besteht und besonders am Wochenende stark befahren ist. Viele Schaulustige lockt der *Kreuther Leonhardi-Ritt*, der älteste in Bayern, jedes Jahr am 6. November an. Außer dem Marmorbruch im Kreuther Ortsteil Enterbach lebten die Talbewohner ab 1810 von der Waldarbeit und Holzdrift auf der Weißach für die Saline in Rosenheim. Um das Salz zu sieden und zu trocknen, war viel Holz notwendig. 1912 wurde die Trift auf der Weißach eingestellt, 1919 die über den See. Den Holztransport erledigte von da an die Eisenbahn.

Ein kurzer Anstieg führt nach zwei Kilometern nach *Wildbad Kreuth* (820 m). Begrenzt von Schildenstein, Blaubergen und der Halserspitz übt das Hochplateau einen zauberhaften Reiz aus. Das muss auch König Max I. Joseph verspürt haben, denn er kaufte das Gelände 1818. Vorher waren natürlich, wie überall in dieser Gegend, längst

Hier stoßen Wanderer auf politische Geschichte: Im altehrwürdigen „Neuen Bad" brütete die CSU unter dem damaligen Vorsitzenden Franz-Josef Strauß den berüchtigten „Kreuther Trennungsbeschluss" aus.

die Mönche des Klosters Tegernsee dagewesen. 1490 wird das Bad erstmals urkundlich erwähnt. 1511 lässt Abt Heinrich V. das erste Badehaus errichten. Der Quelle vom „Heiligen Kreuz", die Schwefel, Erdalkalien und Eisen enthält, wird heilende Wirkung zugeschrieben. Von 1820 bis 1825 entsteht das „Neue Bad", ein langgestreckter, eleganter Biedermeierbau. 1822 bringt die Molkenkur den Durchbruch. Das alte St. Leonhard-Bad steigt zum Weltbad auf. Der europäische Hochadel gibt sich in den stillen Kreuther Bergen ein Stelldichein. 1838 weilt Zar Nikolaus I. mit seiner kränkelnden Gattin Alexandra in Bad Kreuth. 1973 schließt Herzog Max das Bad. Nach einer Generalsanierung zieht zwei Jahre später die CSU-nahe Hanns-Seidl-Stiftung ein. Bis 2016 nutzt sie das Gebäude als Tagungshaus und Bildungszentrum. Bundesweit bekannt wurde Kreuth 1976 durch den „Kreuther Trennungsbeschluss", die später zurückgenommene Aufkündigung der Fraktionsgemeinschaft von CDU und CSU. Heute bewohnt den markanten Gebäudekomplex Helene in Bayern, die Tochter von Max Emanuel Herzog in Bayern. Ihr gehören auch der Gasthof Altes Bad und die Kapelle „Zum heiligen Kreuz". Die Forstwirtin managt Wald, Wild und Fischzucht.

Von 1924 bis zu seinem Tod 1960 lebte der bekannte Musiker und Volksmusiksammler Kiem Pauli in Wildbad Kreuth.

Wandern 6 Von Wildbad Kreuth **in die Wolfsschlucht**: Einfache Wanderung, für die sich aber festes Schuhwerk empfiehlt. Start ist an der Bushaltestelle oder am Wanderparkplatz in Wildbad Kreuth. Wir gehen neben dem Kiesbett der Hofbauernweißach auf einem Fahrweg taleinwärts mit Blick auf den Blaubergkamm bis zur Almwirtschaft Siebenhütten. Dort folgen wir dem Wegweiser Wolfsschlucht nach rechts. Kurzer steiler Aufstieg bis zu einer großen Lichtung und dann an der Felsweißach entlang auf einem schmalen Pfad mit schöner Aussicht. An der Gabelung zunächst links in die kleine Wolfsschlucht. Ein Wasserfall stürzt etwa 20 Meter herab. Wir gehen weiter in die große Wolfsschlucht mit Wasserfällen und Gumpen. Teilweise führt der Weg durchs Bachbett und über Geröll. Auf dem demselben Weg zurück.

Die Gaststätte „Altes Bad" erinnert an die lange Geschichte von Wildbad Kreuth.

Die wildromantische Wanderung ist vor allem an heißen Tagen ein Genuss, da es immer am Bach entlang geht. 2:30 Stunden, 11 km.

Sehenswert Mit einer guten Brotzeit, netten Bedienungen und Wissenswertem über das Käsemachen lockt die **Naturkäserei Tegernseer Land eG**, quasi ein Muss für Besucher des Tegernseer Tals. Reißenbichlweg 1, 83708 Kreuth, Tel.: 08022/1883520, www.naturkaeserei.de. Wenn die Sonne lacht, lassen sich die diversen feinen Bio-Käsesorten auch im Biergarten genießen. Öffnungszeiten im Sommer (1.4. – 31.10.) täglich geöffnet von 10-18 Uhr. Winter (1.11.-31.3.) täglich von 11-17 Uhr.

Wegweiser Wir versetzen uns wieder an das Ufer des Tegernsees und passieren die Bootshütte des Überführers, der an der engsten Stelle der Bucht auf Wunsch Fahrgäste hinüber zur Point rudert, oder nach dem Glockensignal herüber holt. Weiter geht es auf der Ganghoferstraße am See entlang. Nach dem Getriebe des mondänen Touristenortes wird es merklich ruhiger. Der Kiesstrand lockt zum Bad. Kurz vor der Weißach-Brücke haben auch Vierbeiner ihren eigenen Badeplatz. Der Weg stößt nun senkrecht auf den Weißachdamm. Nach rechts geht es zur Fährhütte 14, ein exklusives Strandbad mit chicen Sonnenliegen und weißen Sonnenschirmen – Karibikfeeling am Ringsee, wie die Bucht westlich von Rottach-Egern heißt. Die Speisekarte reicht von Austern bis Filetsteak, von Seafood bis Wiener Schnitzel.

Einkehr *Fährhütte 14 am Tegernsee*, Weißachdamm 50, 83700 Rottach-Egern, Tel.: 08022/188220, www.althoffcollection.com. Öffnungszeiten (vom 3.4. bis 31.12.): Donnerstag bis Sonntag von 18-22 Uhr.

Wegweiser Weiter geht es nach links ein Stück den Weißachdamm entlang und dann nach rechts über die Brücke und den Schildern „Fußweg nach Bad Wiessee" folgen. Er führt durch ein Wäldchen und wird an der Wiesseer Straße zum geteerten Radweg. Noch ein Kilometer bis Bad Wiessee. Der Radweg führt am Ringsee entlang, bis es nach rechts zur Straße „Am See" abgeht. Wir lassen den Verkehrslärm hinter uns und tauchen in die Beschaulichkeit ein. Weil die Uferwege Fußgängern vorbehalten sind, weichen wir auf See ferne Straßen aus. Bald laden rechts am Ringseeweg mehrere Strände mit Liegewiese und am Ende des Seerosenwegs ein gemütliches Strandbad zur Pause ein. Wir erreichen den Überfahrtweg im Wiesseer Ortsteil Abwinkl. Nach rechts geht es zum Aquarium Aquadome, zum Fischerei Bistro und zur Dampferanlegestelle. Über eine historische Brücke fahren wir über den Söllbach und haben bald den Dorfplatz von Abwinkl erreicht.

Bad Wiessee

(RVO-Bus-Ringlinie 9559 A u. B), Schiffsanlegestelle, 740 m über NHN)

Sehenswert Der *alte Dorfplatz* zählt zu den Sehenswürdigkeiten im Süden von Bad Wiessee am Westufer des Tegernsees. So wie hier dürfte es früher überall am Tegernsee ausgesehen haben. Um einen alten Troadtkasten aus dem 17. Jahrhundert herum stehen alte Höfe. „Der Hagn", „beim Steinbrecher", der „Kainzenhof", „beim Fischer" lauten ihre Hofnamen. Sie haben Generationen überdauert. Mit der Zeit verdichteten sich die klösterlichen Lehenshöfe zu kleinen Ansiedlungen und diese zu den Gemeinden unserer Tage. Bis 1926 hatten die Altwiesseer keine eigene Kirche und mussten hinüber nach Tegernsee rudern. Erst Fritz von Miller startete eine Initi-

Alt-Wiesseer Ansichten: Getreidekasten und traditionelles Bauernhaus

Der Kirchturm von St. Anton überragt Bad Wiessee. Hinten der Ochsenkamp (1607 m).

ative zum Bau von Mariä Himmelfahrt. Seit dem späten Mittelalter war eine Ölquelle bekannt, die ein Mönch im Jahr 1440 von St. Quirin auf der gegenüberliegenden Seeseite aus als goldschimmernden „Ölteppich" wahrgenommen hatte. Das Kloster ließ die Ölquelle fassen und nutzte das „Oleum Sancti Quirini" zur Heilung aller möglichen Gebrechen. Um 1900 lockte die Quirinus-Ölquelle sogar einen Niederländer aus Indonesien an. Adrian Stoop war Experte für die Erkundung von Ölvorkommen. Man mag es kaum glauben, aber am Tegernsee wuchsen Bohrtürme empor wie in Texas. Die Träume vom großen Geld sollten jedoch bald platzen. Man förderte nur mickrige 130 Tonnen pro Jahr, während die Erdölproduktion des deutschen Reiches 1907 mehr als 106 000 Tonnen erreichte. Mangels Rentabilität wurde die Förderung eingestellt. Die Bohrungen hatten aber dennoch ihr Gutes. Dabei wurde 1909 die stärkste **Jod-Schwefel-Quelle** Deutschlands entdeckt. Sie hilft bei Rheuma, Herz- und Kreislaufproblemen, Krankheiten der Atemwege sowie Augen- und Hautkrankheiten. Der Badebetrieb im Norden des Ortes wuchs schnell, sodass Wiessee 1922 das Prädikat „Bad" erhielt. Das lichtdurchflutete Badehaus stammt von dem italienischen Architekten und Designer Matteo Thun. Jod-Schwefelbad, Wilhelminastraße 4, 83707 Bad Wiessee, Tel.: 08022/86080, www.jodschwefelbad.eu, Öffnungszeiten: Montag bis Samstag 10-19 Uhr. Fremdenverkehrs- und Gewerbebetriebe siedelten sich an. Hinzu kamen Ferienhäuser und renommierte Fachkliniken. Durch die Gazetten ging der Krebsarzt Dr. Issels, der von 1975 bis 1985 in Bad Wiessee praktizierte. Es kamen Berühmtheiten wie der Reggae-Künstler Bob Marley (1945 bis 1981), für den Issels mit seinen alternativen Heilmethoden ein letzter Strohhalm war. Auch der US-Schauspieler Steve McQueen (1930 bis 1980) hatte sich hilfesuchend an den Mediziner gewandt. Inzwischen nimmt Bad Wiessee fast das gesamte Westufer ein. Zu den Attraktionen zählt seit 1957 die **Spielbank** am nördlichen Ortsrand Richtung Holz. Spielbank Bad Wiessee, Winner 1, 83707 Bad Wiessee, Tel.: 08022/98350, www.spielbanken-bayern.de, Öffnungszeiten: Sonntag bis Donnerstag 16-2 Uhr, Freitag und Samstag 16-3 Uhr (Großes Spiel). Auf den ehemaligen Ölfeldern erstreckt sich heute ein *Golfplatz*. Mittendrin erinnert die kleine Quirinus-Öl-Kapelle an die Anfänge.

aktiv *Tegernseer Golfclub Bad Wiessee*, Rohbognerhof 1, 83707 Bad Wiessee, Tel..: 08022/271130, www.tegernsee-golf-club.de, Öffnungszeiten: Montag bis Freitag 9.30-18 Uhr, Samstag, Sonntag und Feiertage 9-18 Uhr.

Im Bad Wiesseer Ortsteil Abwinkl, dort, wo der Söllbach in den Tegernsee fließt, steht Bayerns größtes **Süßwasseraquarium**: das Aquadome. In mehreren Becken lassen sich Hechte, Forellen, Karpfen und Saiblinge aus nächster Nähe beobachten. Insgesamt sind es 20 heimische Fischarten. Im anschließenden **Bistro** kommen Fischspezialitäten auf den Tisch. Aquadome, Überfahrtweg 13, 83707 Bad Wiessee, Öffnungszeiten, Montag bis Sonntag 10-19 Uhr. Der Besuch ist kostenlos. Öffnungszeiten Bistro: Donnerstag bis Sonntag 11-17 Uhr. Tel.: 08022/857495. Zu kaufen gibt es die Fische auf der gegenüber liegenden Seeseite in der Fischerei Tegernsee, Seestraße 42, 83684 Tegernsee, Tel.: 08022/1561, https://fischerei-tegernsee.com, Öffnungszeiten: Dienstag 9-13 Uhr, 14.30-17 Uhr, Mittwoch bis Freitag 9-18 Uhr, Samstag 9-13 Uhr, Montag, Sonn- und Feiertag geschlossen.

Einkehr *Gasthof Königslinde am See*, Lindenplatz 3, 83707 Bad Wiessee, Tel.: 08022/83817, www.tegernsee.com, Öffnungszeiten: täglich 9-20 Uhr, Montag Ruhetag. *Trattoria Rusticale*, Hagngasse 49 (Schützenstüberl am Sportplatz), 83707 Bad Wiessee, Tel.: 08022/857725, www.trattoria-rusticale.de, Öffnungszeiten: Montag bis Sonntag 11.30-14 Uhr u. 17-21.30 Uhr, Samstag ab 17 Uhr, Donnerstag Ruhetag. *Freihaus Brenner*, Freihaus 4, 83707 Bad Wiessee, Tel.: 08022/86560, www.freihaus-brenner.de. Öffnungszeiten: Montag 11-22 Uhr, Donerstag bis Sonntag, 11-22 Uhr, Dienstag, Mittwoch Ruhetag. Das Restaurant liegt 830 Meter hoch über Bad Wiessee und bietet neben einem freien Blick über See und Berge Genussmomente für den Gaumen und die Seele.

Wandern **7** **Rundweg zum Bauer in der Au** über Buch entlang von Söll- und Zeiselbach. Die leichte, abwechslungsreiche Rundwanderung beginnt am Parkplatz am Dourdanplatz nahe der Tourist-Information. Weiter am See entlang über Altwiessee zum Aquadome in Abwinkl (Weg 502). Nach Besichtigung des Aquariums den Söllbach flussaufwärts bis zur Bundesstraße (Weg 604). Nach links in den Bucherweg (Weg 601). Bergauf nach Buch und an der Kapelle St. Georg vorbei mit schönem Seeblick zum Bauer in der Au. Nach der ehemaligen Gaststätte führt der Rückweg über das Söllbachtal am Söllbach entlang bis zur Bundesstraße. Dann nach links in den

Ein weiter Blick auf den Tegernsee und seine Hauptorte bietet sich vom Gipfel des Wallbergs. Im Vordergrund liegt Rottach-Egern.

Radlmeierweg zur Kirche Maria Himmelfahrt. Oberhalb vom Friedhof geht es nach links zum Sportplatz und dann am Zeiselbach entlang zurück zum Ausgangspunkt. 3 Stunden, 11,3 km. 8 **Weg zur Saurüsselalm** (928 m): leichte Familientour auch mit Kinderwagen. Geeignetes Schuhwerk wichtig. Bester Ausgangspunkt ist der Söllbachparkplatz in Bad Wiessee. Wir starten in Richtung Aueralm und folgen dann den Schildern zur Saurüsselalm. Gehzeit 0:45 Stunden, 3,2 km, 203 hm. Oder alternativ vom Parkplatz am Bucherhang. Gehzeit 0:50 Stunden, 2,7 km, 162 hm.

Einkehr *Saurüsselalm*, Saurüsselalm 1, 83707 Bad Wiessee, Tel.: 08022/5093690, https://sauruesselalm.de, Öffnungszeiten: Montag, Dienstag, Donnerstag, Freitag, Samstag, Sonntag: 9.30 bis 18 Uhr. Wer in 45 Minuten mit der **Pferdekutsche** fahren will: Peter Strillinger, Tel.: 0175/4307345.

Wegweiser Wir verlassen Bad Wiessee auf der Bodenschneid- und Adrian Stoop-Straße, weil das Radeln auf der Seepromenade verboten ist. Das Strandbad Grieblinger am Ende der Seepromenade ist die nächste Station für eine Rast. Durch ein Waldstück geht es bergauf, die einzige größere Steigung auf der Seeumrundung, zur Münchner Straße (B 318). Der Radweg folgt der Straße und führt an der Spielbank vorbei. Der Radweg steigt im Wald weiter an. Wir kommen an einem großen Parkplatz vorbei, der auch Ausgangspunkt für eine Tegernsee-Runde sein könnte. Bald tauchen rechts die roten Ziegeldächer des Gutes Kaltenbrunn auf. Der ehemalige Gutshof des Klosters Tegernsee, später Milchvieh-Musterbetrieb des Königs Max I. Joseph, dann Spekulationsobjekt der Familie Schörghuber und schließlich Lokalität des Münchner Großgastronomen Michael Käfer, lädt zum Verweilen. Von der Terrasse aus öffnet sich ein fast magischer Blick auf den Tegernsee und die umliegenden Berge – eine bayerische Bildbuchidylle. Auf einem Schotterweg gelangen wir zum Seeufer, das hier noch beschaulich ist und zum Baden einlädt. Eine Holzbrücke führt über die Mangfall zur Seepromenade von Gmund. Der Kreis hat sich geschlossen.

Wandern ❾ **Hainzenhöhe Runde**: leicht und familienfreundlich, flache Anstiege Gehzeit: 1:20 Stunden, 4,2 km Start ist in Kaltenbrunn. Kaltenbrunner Straße hinauf nach Finsterwald, im Ort nach links in den Holzeralmweg bis Schneiderhäusl, dort nach links über Ribisch, Aumann und Hainz zurück zum Ausgangspunkt.

Einkehr *Käfer Gut Kaltenbrunn*, Kaltenbrunn 1, 83703 Gmund am Tegernsee, www.feinkost-kaefer.de/gutkaltenbrunn, Öffnungszeiten: täglich 12-21 Uhr.

Weitere touristische Angebote

Tourist-Information Gmund am Tegernsee (im Bahnhof), Wiesseer Straße 11, 83703 Gmund, Tel.: 08022/9273822, https:///www.tegernsee.com/gmund, Öffnungszeiten: Montag bis Freitag 9-13 Uhr.

Tourist-Information Tegernsee, Hauptstraße 2, 83684 Tegernsee, Tel.: 08022/927380, https://www.tegernsee.com /tegernsee, Öffnungszeiten: Montag bis Freitag 9-17 Uhr, Samstag 9-13 Uhr.

Tourist-Information Rottach-Egern, Nördliche Hauptstraße 9, 83700 Rottach-Egern, Tel.: 08022/927380, https://www.tegernsee.com/rottach-egern, Öffnungszeiten: Montag bis Freitag 9-17 Uhr, Samstag 9-13 Uhr.

Tourist Information Kreuth, Nördliche Hauptstraße 3, 83708 Kreuth, Tel.: 08022/927380, https://tegernsee.com/Kreuth, Öffnungszeiten: Montag bis Freitag 9-12 Uhr.

Tourist-Information Bad Wiessee, Sanktjohanserstraße 12, 83707 Bad Wiessee, Tel.: 08022/927380, https://www.tegernsee.com/bad-wiessee, Öffnungszeiten: Montag bis Freitag 9-17 Uhr, Samstag 9-13 Uhr.

Wanderungen am Tegernsee

❶ Tegernseer Höhenweg Gmund – Tegernsee ❷ Auf die Neureuth ❸ Tegernseer Höhenweg Süd ❹ Von Rottach-Egern nach Kreuth ❺ Kreuth – Siebenhütten ❻ Von Wildbad Kreuth in die Wolfsschlucht ❼ Rund um Bad Wiessee ❽ Zur Saurüssel-Alm ❾ Auf die Hainzenhöhe

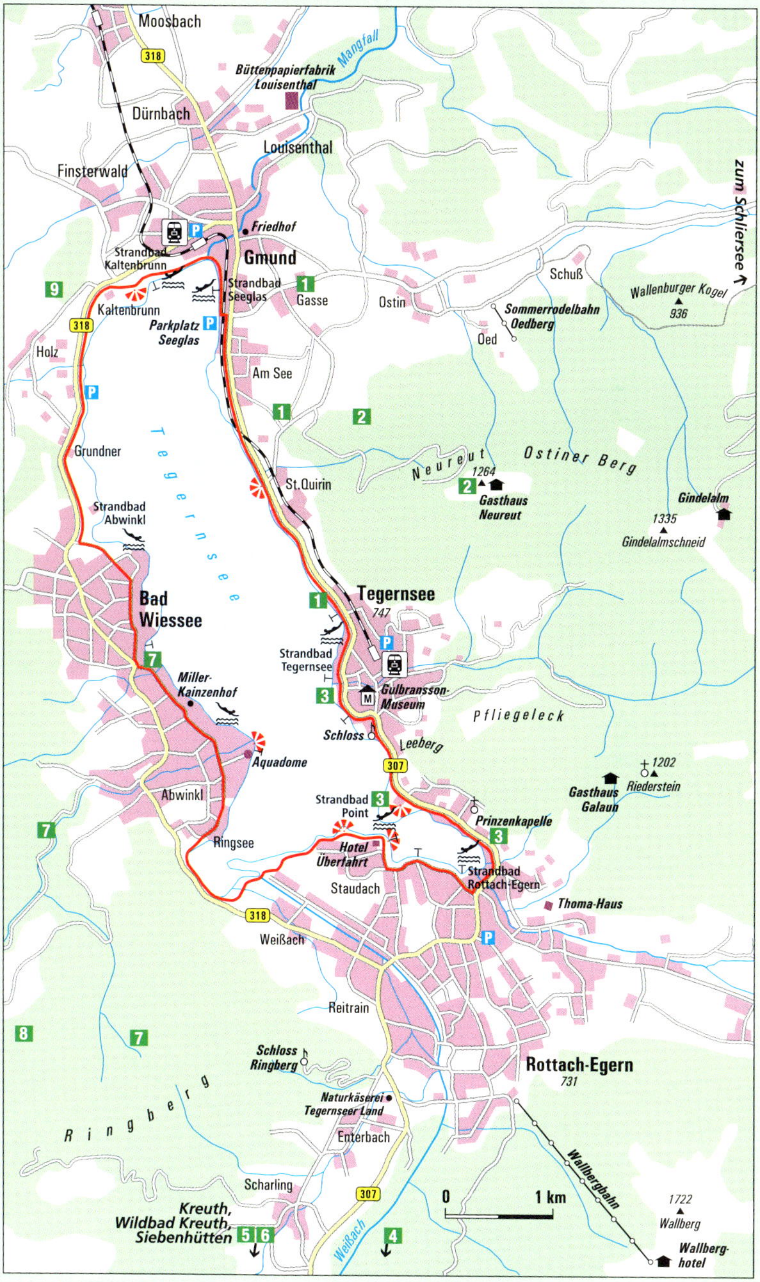
Moosbach
318
Mangfall
Büttenpapierfabrik
Louisenthal
Dürnbach
Louisenthal
Finsterwald
zum Schliersee
Friedhof
Strandbad
Kaltenbrunn
Gmund
Strandbad
Seeglas
Gasse
Ostin
Schuß
Wallenburger Kogel
936
Kaltenbrunn
Parkplatz
Seeglas
Sommerrodelbahn
Oedberg
Oed
Holz
Am See
Tegernsee
Grundner
Neureut
Ostiner Berg
1264
Gasthaus
Neureut
St. Quirin
Gindelalm
1335
Gindelalmschneid
Strandbad
Abwinkl
Bad
Wiessee
Tegernsee
747
Strandbad
Tegernsee
Gulbransson-
Museum
Miller-
Kainzenhof
Pfliegeleck
Schloss
Leeberg
Aquadome
307
1202
Riederstein
Gasthaus
Galaun
Abwinkl
Strandbad
Point
Prinzenkapelle
Ringsee
Hotel
Überfahrt
Strandbad
Rottach-Egern
Staudach
Thoma-Haus
318
Weißach
Reitrain
Schloss
Ringberg
Rottach-Egern
731
Naturkäserei
Tegernseer Land
Ringberg
Enterbach
Wallbergbahn
Scharling
307
0
1 km
1722
Wallberg
Kreuth,
Wildbad Kreuth,
Siebenhütten
Weißach
Wallberg-
hotel

Einfach schauen und genießen: Radlerpause am Schliersee

DER SCHLIERSEE

Der Schliersee hat sich von jeher von seinem großkopferten Bruder, dem Tegernsee, abgehoben. An seinen Ufern geht es – Gott sei Dank – noch deutlich ruhiger zu. Vielleicht ist das auch ein Grund, warum ein prominenter Einwohner, der eigentlich gern Bootsverleiher geworden wäre, seit langem am Schliersee wohnt: der Kabarettist Gerhard Polt.

Der Schliersee liegt 51 Kilometer südöstlich von München zwischen Tegernseer Tal und Inntal auf 777 Meter Meereshöhe. Er ist 2,3 Kilometer lang, 1,3 Kilometer breit und 40 Meter tief. Im See liegt die Insel Wörth, auf der ein Gasthaus steht. Zuflüsse sind mehrere Bäche, Abfluss ist die Schlierach nördlich der Halbinsel Freudenberg in Schliersee. Weil der Schliersee windgeschützt liegt und in kalten Wintern meist zufriert, förderte das den Algenwuchs. Dem See wurde dadurch Sauerstoff entzogen. Die bedenkliche Wasserqualität hat sich erst gebessert, als Mitte der 1970-er Jahre ein Ringkanal sowie 1982 eine Druckluftleitung gebaut wurde, die das Wasser des Sees in drei bis vier Tagen umwälzt. Hauptort ist der Markt Schliersee am Nordostufer mit seinen Ortsteilen Fischhausen, Neuhaus und im Süden auf 1090 Meter das Wintersportzentrum Spitzingsee.

Anreise mit der Bahn Die Anreise mit der Bahn ist ab München-Hauptbahnhof mit der Bayerischen Regiobahn RB 55 Richtung Bayrischzell über Miesbach und Hausham nach Schliersee sowie Fischhausen-Neuhaus im Stundentakt möglich. Zu Stoßzeiten verkehren die Triebwagen alle 30 Minuten. Die Fahrt dauert eine Stunde.
Anreise mit dem Bus Mit dem Bus RVO 9555 (Tegernsee – Bayrischzell) fährt man von Tegernsee nach Schliersee.
Anreise mit dem Auto Autofahrer nehmen die A 8 München-Salzburg bis zur Ausfahrt Weyarn und weiter die Staatsstraße 2073 bis Miesbach, dann auf den Bundesstraßen 472 und 307 bis Schliersee.
Route in Kurzform Rund um den See sind es knapp 10 Kilometer auf Teer- und Schotterstraßen. Mit dem Radl dauert es eine Stunde, zu Fuß eineinhalb Stunden. Ausgangs- und Endpunkt ist der Bahnhof in Schliersee, wo es auch einen Parkplatz gibt. Alternativ kann man auch vom Wander- und Badeparkplatz Neuhauser Straße in Fischhausen starten. Wir umrunden den See im Uhrzeigersinn. Ausgangs- und Endpunkt ist der Bahnhof in Schliersee, wo geparkt werden kann.
Streckenlänge um den See 8 Kilometer auf Teer- und Schotterwegen
Fahrzeit (mit dem Fahrrad) 1 Stunde
Gehzeit 2 Stunden

Schwierigkeit Leichte Tour, für Familien mit Kindern ab 8 Jahren gut geeignet. Grundkondition erforderlich.
Hauptsehenswürdigkeiten sind das Jennerwein-Grab, die Schliersbergalm, die Burgruine Hohenwaldeck, das Markus Wasmeier Freilichtmuseum und die Whiskey-Destille Slyrs sowie die Bergbahnen am Spitzingsee (Taubensteinbahn, Stümpflingbahn, 4er-Sesselbahn).

Markt Schliersee
(Bahnstation, Buslinie 9555, Schiffsanlegestelle, 784 m über NHN)
Sehenswert Laut einer Urkunde des Hochstifts Freising soll Schliersee auf fünf Brüder zurückgehen, die im Jahr 779 am „Slyrse" eine klösterliche Zelle mit einer kleinen Kirche gegründet haben. Vom 12. Jahrhundert an tritt das Geschlecht der Grafen von Hohenwaldeck mit ihrer Burg am Ostufer in die Geschichte. Es erlosch 1483 wieder, die Burg verfiel. Die katholische *Pfarrkirche St. Sixtus* entstand von 1712 bis 1714 mit Stuckaturen und Fresken von Johann Baptist Zimmermann. Ende des 19. Jahrhunderts entdeckten Künstler den Ort und malten die Idylle. Ihre Gemälde lockten die ersten Sommerfrischler in die Abgeschiedenheit. Einen Aufschwung nahm der Tourismus, als am 1. August 1869 die Eisenbahn über Hausham, Miesbach und Holzkirchen nach München eingeweiht wurde. In der Gegenrichtung fährt der Zug bis Bayrischzell. Es entstanden Wanderwege, Badeanstalten, neue Gaststätten und Hotels. Die Gäste wollten auch unterhalten werden. 1892 gründet Xaver Terofal (1862 bis

Der Kirchturm von St. Sixtus ist ein markanter Blickfang im Ort Schliersee.

1940) das **Schlierseer Bauerntheater**. Es war das erste in Bayern. Dem Ensemble gelingen große Erfolge in europäischen Städten und in Übersee. Stürmisch gefeiert werden die Auftritte in der Metropolitan Opera in New York. Stücke wie „Jägerblut" und der „Hergottsschnitzer von Oberammergau" prägen das Bayernbild im Ausland. In Berlin raste das Publikum ob der Seppl-Späße und Alm-Erotik. Neben dem Sommertourismus war Schliersee ein Wegbereiter für den Wintersport am Spitzingsee. Eine jahrzehntelange Tradition hat der Skifasching auf der Firstalm. Am nördlichen Ortseingang von Schliersee befindet sich auf dem Friedhof der Barockkirche St. Martin in Westenhofen das **Grab des Wildschützen Jennerwein**. Das Lied „Es war ein Schütz in seinen schönsten Jahren..." machte den Volkshelden unsterblich. Die Lage des Grabes ist nicht mehr bekannt, das Kreuz eine Gedenkstätte. Das **Heimatmuseum** in einem Haus aus der Zeit um 1500 zeigt das bäuerliche Leben der vergangenen 500 Jahre. Heimatmuseum Schliersee, Lautererstraße 6, 83727 Schliersee, Tel.: 08026/60650. Öffnungszeiten (Mai bis Oktober): Dienstag bis Samstag 14 bis 16 Uhr. Führungen sind ganzjährig nach Anmeldung möglich.

„... er wurde weggeputzt von dieser Erd!" – und jetzt erinnert ein Kreuz auf dem Friedhof von St. Martin an den berühmten Wildschützen Jennerwein.

aktiv Nicht nur bei Regenwetter lädt die **Vitalwelt Schliersee** mit Touristinfo, Restaurant Charivari und dem Monte Mare mit Hallenbad, Sauna und Wellnessbereich zum Besuch. Vitalwelt Schliersee, Perfallstraße 4, Tel.: 08026/60650, www.schliersee.de. Monte Mare-Öffnungszeiten: Sauna u. Wellness, Montag bis Samstag 10-22 Uhr, Sonntag 10-20 Uhr; Vitaltherme Montag bis Sonntag 10-20 Uhr.

Einkehr *Restaurant Charivari* in der Vitalwelt Schliersee, Perfallstraße 4, 83727 Schliersee, Tel.: 08026/9209022, www.monte-mare.de. Öffnungszeiten: Montag bis Sonntag, 11-21 Uhr.

Die **Schlierseeschifffahrt** ist in privaten Händen. Das Schiff fährt bei schönem Wetter ab der Anlegestelle Vitalwelt fünf Minuten nach jeder vollen Stunden zwischen 11.05 und 17.05 Uhr ab zehn Personen. Zusätzlich finden vom 1. Mai bis 30. September um 13.05 und 14.05 Uhr Linienfahrten bei jedem Wetter und ohne Mindestbeteiligung

Ob mit der Schlierseeschifffahrt oder als sein eigener Kapitän: Der Schliersee lässt sich herrlich vom Wasser aus erleben.

statt. Anlegestege sind außer der Vitalwelt Fischhausen und Perfallstraße (Fahrzeit 45 Minuten). Schlierseeschifffahrt Familie Lauber, Perfallstraße 4b, 83727 Schliersee, Tel.: 08026/922786, Telefon am See: 08026/9255658, mobil: 0173/8818487. www.schlierseeschifffahrt.de.

aktiv **Bootsverleih** Die **Familie Lauber** verleiht auch Ruder-, Tretboote und Elektroboote an der Perfallstraße 4b. Telefon siehe Schifffahrt. **Fahrräder** können direkt am Bahnhof ausgeliehen werden. **Fahrradverleih Schliersee**, Werner-Bochmann-Straße 2, 83727 Schliersee, Tel.: 08026/9228551, https://fahrradverleih-schliersee.com. Öffnungszeiten: von April bis Oktober täglich von 10-18 Uhr.

Einkehr **Kiosk Lauber Beach**, Perfallstraße 4b, 83727 Schliersee, Tel.: 08026/9255658. Von der Sonnenterrasse und Wiese guter Blick auf See und Berge. **Café Milchhäusl**, Kurweg 3+4, 83727 Schliersee, Tel.: 08026/4676, www.milchhaeusl-schliersee.de, Öffnungszeiten: Montag und Dienstag 10.30 Uhr-18 Uhr. **Fischerei Schliersee**, Seestraße 3a, 83727 Schliersee, Tel.: 08026/9247778, www.fischereischliersee.de. Öffnungszeiten: Dienstag 9-13 Uhr, Mittwoch bis Freitag 9-18 Uhr, Samstag 9-13 Uhr, Montag und Sonntag geschlossen.

Wandern **1** **Rund um den Schliersee** – Leichte Wanderung für die ganze Familie mit Kindern ab sechs Jahren auf Teer- und Schotterwegen, geht auch mit Kinderwagen. Etwa 30 Höhenmeter. Ausgangs- und Endpunkt ist der Bahnhof in Schliersee, wo geparkt werden kann. Am Westufer lädt ein Barfußweg dazu ein, verschiedene Untergründe mit den Füßen zu erkunden. Gehzeit: 1,5 Stunden, 7 km.

Sehenswert Einen Besuch wert ist die **Schliersbergalm**, nicht nur wegen ihres fulminaten Ausblicks auf den Schliersee. Vor allem für Kinder dürfte der Freizeitpark interessant sein. Geboten werden Alpenroller (Wagen auf Schienen zum Selberbremsen), Minigolf, Trampolin, ein Bälleparadies, Spielplatz und Schwimmbad (Karten können online für den jeweiligen Badetag gebucht werden). Außerdem eine **Sommerrodelbahn** von der Schliersbergalm. Sie ist nur bei trockenen Verhältnissen in Betrieb, Nachfragen unter Tel.: 08026/209452. Man kann vom Bahnhof Schliersee in gut einer

Stunde auf die Alm wandern. Die leichte Wanderung ist auch mit Kinderwagen möglich (Siehe Wandern 2). Man kann aber auch die Seilbahn nehmen: Seilbahn Sommersaison (Mai bis Oktober): von 8.30 bis 22 Uhr. Wintersaison (November bis April): 8.30 bis 18 Uhr. Abweichende Fahrzeiten vereinbar unter 08026/6722 (Hotel Schliersbergalm). Adresse der Talstation ist der Dekan Mayer Weg 7.
Einkehr *Schliersbergalm*, Schliersbergalm 1, 83727 Schliersee, Tel.: 08026/6722, www.schliersbergalm.com, Öffnungszeiten: (täglich geöffnet), Sommer: Montag bis Sonntag, 8.30-22 Uhr, Almstadl (Selbstbedienung) April bis Oktober, 10-17 Uhr. Winter: Montag bis Sonntag, 11-17 Uhr. Almstadl, November bis März geschlossen.

Sich verlaufen ist hier keine Option.

Wandern **2** **Schliersbergalm** (1061 m)
Leichte, familienfreundliche Wanderung. Start auf dem Parkplatz am Bahnhof Schliersee. Auf der Werner-Bochmann-Straße zur Rathausstraße (B 307) und dann nach links in die Leitnerstraße den Schildern folgen. Weiter bis zum Dekan-Meier-Weg. Die Talstation der Seilbahn lassen wir links liegen und folgen dem Weg bergauf bis zu einer Wiese. Auf einem geteerten Weg erreichen wir eine Serpentine. Hinter den letzten Häusern schöner Blick auf den See. An der nächsten Windung sieht man die Sommerrodelbahn. Im Süden grüßt der Brecherspitz (1683 m). Nach zwei weiteren Kurven rückt die Schliersbergalm ins Blickfeld. Zurück zu Fuß, mit der Seibahn oder mit der Sommerrodelbahn. Gehzeit: 1 Stunde, 3 km, 277 Höhenmeter.
Wegweiser Vom Bahnhof Schliersee aus gelangen wir über die Perfall- und Lautererstraße auf die Seestraße und an den See. Weiter auf dem Radweg entlang der B 307 nach Süden, weil Radeln auf der Uferpromenade verboten ist. Die Seestraße wird zur Neuhauser Straße. In Höhe des Schnapperwirts bietet sich eine Exkursion zu Fuß zur Burgruine Hohenwaldeck an (30 Minuten einfach).
Sehenswert Große, bemooste Felsbrocken auf dem Weg zur Burgruine Hohenwaldeck lassen erahnen, dass

Wo auch immer man einkehrt: Entspannte Stimmung ist garantiert.

Allein wegen dieses Ausblicks lohtn sich der Weg zur Burgruine Hohenwaldeck.

die **stolze Burg** einst nicht von kühnen Rittersleuten, sondern von der Natur zerstört wurde. Entstanden ist sie zwischen 1170 und 1300. Erbauer waren die mächtigen Herren von Waldeck. Um das Jahr 1480 herum soll ein gewaltiger Felssturz große Teile der Burg zerstört haben. Der Turmstumpf des ehemaligen Bergfrieds ragt etwa acht Meter hoch in den Himmel und bewacht eindrucksvoll den Zugang zur Burg. Über einen Steg gelangt man ins Innere. Erhalten sind auch noch Reste der Umfassungsmauern. Am Gipfelkreuz auf dem Felssporn laden Bänke zur Rast ein.

Wandern 3 **Burgruine Hohenwaldeck** südöstlich des Schliersees, leichte Wanderung. Von Schliersee kommend kurz vor dem Gasthaus Schnapperwirt nach links auf den Parkplatz einbiegen und Auto oder Fahrrad abstellen. Nach links geht es in den Maxlrainweg. Von dort führt ein mäßig steiler, ausgeschilderter Wanderweg durch Wiesen bergan in den Wald. Nach etwa 30 Minuten ist die Ruine erreicht. Von einer Felsnase (1002 m) aus bietet sich ein ausgezeichneter Blick über den gut 225 Meter tiefer liegenden See, die Insel Wörth, den Taleingang mit Hausham und die umliegenden Berge. Zurück auf demselben Weg oder auf dem bequemen Höhenwanderweg von Neuhaus über Oberleiten nach Schliersee (1:30 Stunden). Diesen ausgeschilderten Weg kann man auch in umgekehrter Richtung von Schliersee aus (Parkplatz Unterleiten oder am Minigolfplatz) über Unterleiten und Oberleiten nach Hohenwaldeck gehen. Dabei sind 300 Höhenmeter zu überwinden. Die Wanderung ist für Kinder geeignet, aber festes Schuhwerk empfohlen, Gehzeit: 2 Stunden, 6 km, 300 hm.

Einkehr *Schnapperwirt*, Neuhauser Straße 17, 83727 Schliersee-Fischhausen, Tel.: 08026/6613 oder 08026/9292784, www.schnapperwirt.de, Öffnungszeiten: Mittwoch bis Sonntag 11-22 Uhr, Montag und Dienstag Ruhetag. *La Stazione*, Wendelsteinstraße 3, 83727 Schliersee-Fischhausen, Tel.: 0177/9285578,

Fischhausen-Neuhaus

(Bahnstation, RVO-Bus 9562, 9592, MVV-Regionalbus 362, 801 m über NHN)

Sehenswert Markant ist die **Kirche St. Leonhard** in Fischhausen, einem Ortsteil des Marktes Schliersee am Südufer des Sees. Sie stammt aus dem Jahr 1651 und ist durch den jährlichen Leonhardiritt bekannt.

Einen Kilometer südlich des Schliersees und direkt gegenüber dem Bahnhof Fischhausen-Neuhaus hat sich der Skirennläufer Markus Wasmeier den Traum vom eigenen Bauernhofmuseum erfüllt. Es wirkt wie eine Zeitreise ins bäuerliche Leben des 18. Jahrhunderts. Dafür wurden alte Bauernhöfe aus dem bayerischen Oberland an ihrem Originalstandort abgebaut und im Museum wieder aufgebaut. Zehn zum Teil denkmalgeschützte Gebäude bilden ein Dorf. Es gibt Themenführungen, kostümierte Handwerker und einen Biergarten mit Bier aus der eigenen Brauerei. **Markus Wasmeier Freilichtmuseum**, Brunnbichl 5, 83727 Schliersee-Fischhausen, Tel.: 08026/929220, www.wasmeier.de, Öffnungszeiten (April bis Anfang November): Dienstag bis Sonntag, 10-17 Uhr, Montag Ruhetag. Wirtshaus zum Wofen, Dienstag bis Sonntag, 10-17 Uhr, Montag Ruhetag. Neuhaus war einst das Tor zum Skigebiet Spitzingsee. Die Wintersportler kamen mit der Bahn aus München und fuhren von Josefstal aus mit einer Seilbahn zum Spitzingsee hinauf. Diese Bahn fuhr bis 1963 und wurde dann durch die Passstraße ersetzt. Vom Bahnhof Fischhausen-Neuhaus verkehrte von 1919 bis 1922 die **Neuhauser Bockerlbahn**, eine Schmalspur-Waldbahn (Spurweite 600 Millimeter) zum Spitzingsee und bis zur Valepp. Auf ihr wurde nach einem verheerenden Windbruch das Windwurfholz (fast 300 000 Festmeter) als Reparationsleistung an die Siegermächte des Ersten Weltkriegs abtransportiert. Der Bau der Bahn war im schwierigen Gelände sehr aufwendig. Auf der zwölf Kilometer langen Trasse verläuft heute der Bockerlbahnweg.

Mit dem Segen vom hl. Leonhard geht's gut behütet weiter.

Wandern 4 **Bockerlbahnweg** Am Weg 20 Hinweistafeln mit der Geschichte der Bockerlbahn. Vom Bahnhof Fischhausen-Neuhaus auf der Wendelsteinstraße in westliche Richtung über die Bodenschneid-, Weindl-Lenz- und Stolzenbergstraße bis zur

Das Markus Wasmeier Freilichtmuseum lässt Besucherinnen und Besucher ins bäuerliche Leben des 18. Jahrhunderts eintauchen.

Dürnbachstraße. Auf dieser nach rechts, nach etwa 150 Metern auf einem nach links abzweigenden Fußweg über den Dürnbach. Nach einem kurzen Stück auf der Krettenburgstraße geht es scharf nach rechts zum Stockeralmweg. Der Weg führt nach Süden und quert den Ankelbach. Der jetzt schmale und stark ansteigende Wiesenweg führt zur Stockeralm (952 m). Nach der Alm quert der Weg den Bach. Durch den Wald steil aufwärts. Über eine Waldwiese auf den Spitzingsattel. Das Gästehaus rechts an der Straße war die ehemalige Bergstation der 1950 erbauten Gondelbahn von Josefstal zum Spitzingsattel. Dort führt die Trasse nach rechts vorbei am Spitzinghaus zum Parkplatz am Kurvenlift. Weiter auf dem Forstweg im Wald westlich des Spitzingsees über die Zufahrt zur Stümpflingbahn nach links zur Wurzhütte. Vor der neuen Wurzhütte nach rechts Richtung Rosskopfhaus. Auf der alten Trasse oberhalb der Valepper Almen am Almboden vorbei bis zu einem Felsdurchbruch. Kurz danach links und dann rechts zum Blecksteinhaus. Südlich davon fällt der Weg steil ab. Nach etwa 800 Metern führt eine Brücke über die Rote Valepp und zum Endpunkt des Wanderwegs, dem ehemaligen Bahnhof an der Waitzinger Alm (Selbstversorgerhütte). Gehzeit 3 1/2 Stunden, 12 km, 320 hm (www.tegernsee-schliersee.de/a-bockerlbahnweg)
Einkehr ***Blecksteinhaus*** (1022 m), Bleckstein 1, 83727 Schliersee, Tel.: 08026/71204, Öffnungszeiten: Mittwoch bis Montag ab 11 Uhr.
Sehenswert Um zu sehen, wie Whiskey hergestellt wird, muss man nicht nach Schottland oder Irland fahren. Es reicht Neuhaus am Schliersee. In der ***Slyrs Destillerie*** erfährt man bei einer Führung, wie Whiskey hergestellt wird und wie er schmeckt. Ein

Café bietet einen herrlichen Blick auf die Gebirgslandschaft. Slyrs Destillerie, Bayrischzeller Straße 13, 83727 Schliersee-Neuhaus, Tel.: 08026/920920, https://slyrs.com. Öffnungszeiten: Montag bis Sonntag, 10-18 Uhr.

Wandern 5 **Josefstaler Wasserfälle** Leichte Wanderung, ab Parkplatz Josefstaler Straße, kinderwagentauglich. Gehzeit 30 Minuten, 1 km. Optionaler Rundweg ab Bahnhof Fischhausen-Neuhau (leichte Wanderung): Vom Bahnhof in südlicher Richtung durch ein Wohngebiet, über den Dürnbach, kurz danach über den Ankelbach und auf dem Bockerlbahnweg bis zu den zwölf Meter hohen Wasserfällen. Zurück nicht den gleichen Weg, sondern über die Josefstaler Straße, vorbei an der DJH Schliersee und dem Spielplatz Josefstal zurück zum Bahnhof Fischhausen. Gehzeit: 1:30 Stunden, 6 km, 230 hm. Der stündlich verkehrende Oberbayern-Bus 9562 Schliersee-Neuhaus-Josefstal-Spitzingsee hält in Fischhausen. **Wandern** 6 Über die Huberspitz zur **Gindelalm**, mittelschwere Rundwanderung. Start ist am Wanderparkplatz hinter Breitenbach, Westerbergstraße, 83727 Schliersee (man kann auch vom Bahnhof aus starten). Wir laufen auf der Westerbergstraße ins Zentrum von Breitenbach bis zur Breitenbachstraße. Auf dieser nach links abbiegen, vorbei am Schullandheim und dem Kainsberg bis zur Hennerer Au. Von dort auf dem ausgeschilderten Maximiliansweg bis zur Gindelalm (1240 m). Wer noch Kondition hat, kann zusätzlich die nahe Gindelalmschneid (1335 m) besteigen (15 Minuten). Weiter über den Auer Berg (1252 m) und den Rainer Berg (1169 m) bis zum Almbad „Huberspitz" (1305 m). Dann in Serpentinen zur Hannerlalm (864 m). Über die Sägmühle folgen wir ein kurzes Stück der Schlierach, bis die Triftstraße nach rechts abbiegt und gehen dann entlang der Hänge über Hausham und Schliersee zurück zum Ausgangspunkt. Gehzeit: 3:50 Stunden, 12 km, 503 Höhenmeter.

Einkehr *Bauernhof-Café Hennererhof*, Hennererstraße 26, 83727 Schliersee, Tel.: 08026/9229964, www.hennerer.com, Öffnungszeiten: Freitag bis Sonntag und Feiertage 12-17 Uhr. 200 Jahre alter Hof mit Hofladen, Biergarten, Wildkräuterführungen, Brotbackkurse und Kinderparadies. *Gindelalm* (3 bewirtschaftete Hütten), Gindelalmstraße, 93734 Hausham, Tel: 08026/9209088 oder 0173/9439384 oder 0172/8002984, www.gindelalm.de, täglich geöffnet von Anfang Mai bis Ende Oktober.

Sozusagen bayerischer Highland-Whiskey wird in der Slyrs Destillerie hergestellt.

Almbad Huberspitz, Huberspitzweg 1, 83734 Hausham, Tel.: 08026/9296760, www.almbad.de, Freitag bis Sonntag und Feiertage, 12-17 Uhr.

Wegweiser Zurück am Schliersee, verlassen wir wenig später endlich die stark befahrene Neuhauser Straße und biegen nach rechts in die Westerbergstraße ein. Sie folgt der Uferlinie. Lockere Bebauung wechselt mit weitläufigen Wiesen. Am Westufer lädt die Rixner-Alm zur Rast ein. Auf der Westerbergstraße geht es weiter, bis sie in Höhe des Campingplatzes Schliersee das Bahngleis in einer Unterführung kreuzt. An der Bahntrasse fahren wir entlang bis zu einer kleinen Steigung, dem Freudenberg. Unter Bäumen biegt ein Fußweg nach rechts ab, auf dem Radeln untersagt ist. Entweder, wir schieben, oder fahren gerade an der Bahn entlang auf den Tegernseeweg. Nach einer großen Wiese schwenkt ein Weg nach rechts in den Ort Schliersee. Über den Kurweg, die Perfall- und Werner-Bochmann-Straße erreichen wir unseren Ausgangspunkt.

Einkehr ***Rixner Alm***, Am Westufer des Sees, 83727 Schliersee-Fischausen, Tel.: 016095812204, www.rixneralm.de. Öffnungszeiten: Mittwoch bis Sonntag 10-16 Uhr, Montag u. Dienstag Ruhetag.

Hausham

(Bahnstationen, RVO-Bus 9552, 9555, 9558, 9561, 765 m über NHN)

Sehenswert Wahrzeichen von Hausham nördlich des Schliersees im Tal der Schlierach ist der ***Förderturm*** des ehemaligen Kohlebergwerks. 2004 sollte er abgerissen werden, um Gewerbebauten Platz zu machen. Die massive Konstruktion vereitelte jedoch das Vorhaben. Bis 2020 existierte auch ein sehenswertes Bergbaumuseum im Keller des Rathauses. Einige Stücke sind jetzt in den Gängen des Rathauses ausgestellt. Geplant ist nach Auskunft der Gemeinde ein Museum auf dem ehemaligen Bergwerksgelände, das jedoch vom Erhalt von Fördergeldern anhängig sei. Das Pechkohlekraftwerk in Hausham entstand 1860 und wurde 1966 geschlossen, weil Erdöl sowie Braun- und Steinkohle in den Vordergrund rückten. Bis zur Schließung wurden 25 Millionen Tonnen Kohle abgebaut. Einen Rundgang bietet die ***Lantenhammer Erlebnisdestillerie***, Josef-Lantenhammer-Platz 1, 83734 Hausham, Tel.: 08026/9248-0, lantenhammer.de, Öffnungszeiten: Montag bis Sonntag 10-18 Uhr.

Haushamer Wahrzeichen: der alte Förderturm

Weitere touristische Angebote

Gäste-Information Schliersee, Perfallstr. 4, 83727 Schliersee, Tel.: 08026/6065-0, tourismus@schliersee.de, Öffnungszeiten: Montag bis Freitag, 8:30-18 Uhr, Samstag, Feiertag: 9-13 Uhr, Sonntag geschlossen.

Gäste-Information Neuhaus, Wendelsteinstr. 2 (beim Bahnhof Fischhausen-Neuhaus) 83727 Schliersee-Neuhaus, Tel.: 08026/97888, tourismus@schliersee.de, Öffnungszeiten: Montag bis Freitag: 9-12 Uhr.

Tourist-Information Hausham, Gemeinde, Schlierseer Straße 18, 83734 Hausham, Tel.: 08026/39090, www.hausham.de, Öffnungszeiten: Montag bis Freitag 8-12 Uhr, Dienstag 13.30-18 Uhr, Donnerstag 13.30-17 Uhr.

Wanderungen am Schliersee

1 Rund um den Schliersee **2** Auf die Schliersbergalm **3** Zur Burgruine Hohenwaldeck **4** Bockerlbahn-Weg **5** Zu den Josefstaler Wasserfällen **6** Auf die Gindelalm

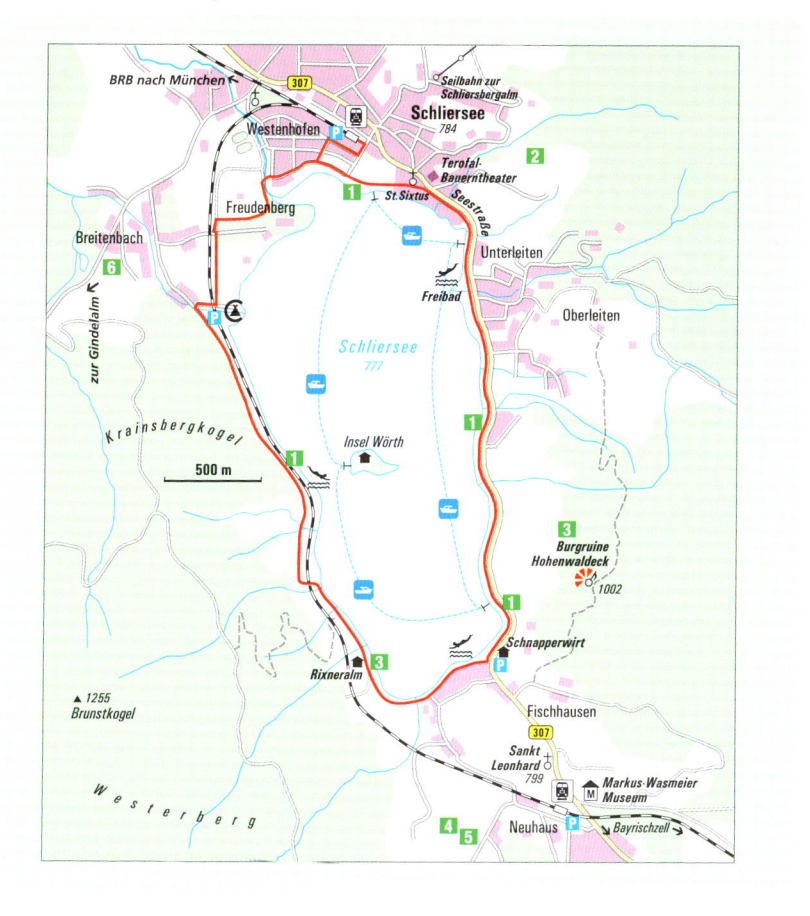

Ein oberbayerisches Paradies: der Waginger See vor der Alpenkette

Der Waginger See

Wegen seiner geringen Tiefe von 27 Metern ist der Waginger See der „wärmste Badesee Oberbayerns". Im Sommer erreicht die Wassertemperatur 27 Grad Celsius. In strengen Wintern friert er auch heute noch zu. Der Waginger See ist 6,6 Kilometer lang und 1,8 Kilometer breit. Seine Fläche beträgt neun Quadratkilometer. In der letzten Eiszeit vor etwa 20 000 Jahren hat der Salzachgletscher See und Landschaft geformt. Mehrere Bäche fließen in den See, darunter der Tenglinger Bach, der Höllenbach und der Schinderbach. Abfluss ist die Götzinger Achen bei Petting. An den Waginger See schließt sich im Norden nach der Brücke bei Tettenhausen der Tachinger See an. Er wird aber bei allen Zahlenangaben mit zum Waginger See gezählt. Er ist 17 Meter tief und erwärmt sich noch schneller als sein großer Bruder. 1867 wurde die Götzinger Achen tiefer gelegt, um Land zu gewinnen. Der Wasserspiegel des Waginger Sees sank daraufhin um etwa zwei Meter ab. Deshalb liegen alle Orte mit Ausnahme Tettenhausens nicht mehr unmittelbar am See. 370 Tagwerk (125 Hektar) Neuland konnten damals gewonnen und 600 Tagwerk nasse Wiesen kultiviert werden. Von dem sich schnell erwärmenden Wasser profitiert der Fischbestand. Die Hechte, Karpfen, Zander und Aale erreichen ein stattliches Gewicht. So erhielt Papst Johannes Paul II. zu Silvester stets Karpfen aus dem Waginger See.

Mit seinen Feldern, Wiesen und kleinen Wäldern ist der Landstrich im „Ruperti-Winkel" bäuerlich geprägt. Der Begriff Ruperti-Winkel steht für die Region im äußersten Südosten Oberbayerns an der Grenze zum Salzburger Land. Sie erstreckt sich über Teile der Landkreise Altötting, Traunstein und Berchtesgaden-Land. Bis 1803 gehörte das Gebiet zum Erzstift Salzburg. Obwohl es dann die Bayern übernahmen, erlaubte das Bistum Salzburg den dortigen Pfarreien, den Feiertag des Salzburger Schutzpatrons Rupert von Salzburg zu begehen. So entstand der Name Rupertiwinkel.

Eingebettet in eine gefällige Hügellandschaft und in der Ferne begrenzt von den Berchtesgadener und Chiemgauer Alpen, liegt der Waginger See im Schatten des großen Bruders Chiemsee. Das tut seiner Anmut jedoch keinen Abbruch – im Gegenteil. Die Dörfer rundherum wirken beschaulich. Der Urlaubsgast merkt bereits bei der Ankunft: Hier geht es gemütlich zu. Obwohl im Sommer bis zu 5000 Camper die Ufer des kleinen Sees bevölkern, spürt man nichts vom Massentourismus. All die Wohnwagen fallen gar nicht so auf, weil sich die 5-Sterne-Campingplätze gut in die Natur einfügen und teilweise unter Bäumen liegen.

Anreise mit der Bahn Mit der Bayerischen Regiobahn auf der Linie München-Salzburg bis Traunstein und weiter mit dem Nahverkehrszug (RB 59) oder dem RVO-Li-

nienbus 9518 in zwanzig Minuten direkt nach Waging am See. Auf der Strecke Mühldorf am Inn – Freilassing sind Fridolfing-Götzing und Kirchanschöring Stationen in Seenähe.
Anreise mit dem Auto Auf der A 8 München – Salzburg bis zur Ausfahrt Traunstein/Siegsdorf und dann zehn Kilometer bis an den Waginger See.
Route in Kurzform Rund um den Waginger und Tachinger See sind es mit dem Radl 27,6 Kilometer meist auf asphaltierten Radwegen (70 Prozent) und Schotterwegen. Wenn diese die Hauptverkehrsstraßen begleiten, wird der Autolärm lästig.
Fahrzeit knapp zwei Stunden.
Schwierigkeit Gehzeit etwa drei Stunden. Nur wenige kleine Steigungen (76 Höhenmeter) bringen den Radler kaum ins Schwitzen, weshalb die Runde auch gut mit Kindern ab acht Jahren zu bewältigen ist. Etwas Kondition und Übung sollten aber vorhanden sein. Wem das zu viel ist, der kann in einer Stunde nur um den Waginger See radeln (18 Kilometer) oder sich in 50 Minuten die 12 Kilometer um den Tachinger See vornehmen. An der Strecke liegen sieben Strandbäder und verträumte Badebuchten ebenso wie Kioske und Restaurants für jeden Geschmack.
Hauptsehenswürdigkeiten Der *Waginger und Taching See* mit ihren Ufern, das historische Stadtzentrum von Waging am See, *Seepromenade* am Strandhaus Waging, die spätgotische *Wallfahrtskirche St. Leonhard am Wonneberg*.

Waging am See
(Bahnstation, Buslinien, Rufbus „Rupi", 465 m über Normalhöhennull, NHN)
Sehenswert ist das *historische Stadtzentrum*. Als Ensemble steht es unter Denkmalschutz. Auf dem kleinen Markplatz treffen sich vier Gassen. Die zwei- und dreigeschossigen Häuser aus dem 18. und 19. Jahrhundert schmiegen sich eng aneinander und dienten als Wohn-, Handwerker und Gasthäuser. Sie ähneln dem Haustyp der Inn-Salzach-Städte. An die Gründung des Ortes durch die Bajuwaren erinnert das gleichnamige Museum. Die Bajuwaren waren aus der ursprünglich hier siedelnden germanischen und römischen Bevölkerung hervorgegangen. Zu sehen sind wertvolle archäologische Funde aus bajuwarischen Reihengräberfeldern in Waging und Petting. *Bajuvarenmuseum*, Salzburgerstraße 32, 83329 Waging am See, Tel.: 08681/313, www. waginger-see.de Öffnungszeiten: Montag bis Freitag, 8 bis 17 Uhr, Samstag und Sonntag geschlossen. Zum Museum gehört als „Werkstatt" für Aktionen das *Baiuvarenhaus* im Kurpark. Der Nachbau eines Hauses der einstigen Siedler dient unter anderem als Station für museumspädagogische Führungen und Ort für das Jugendferienprogramm. Wegen seines urigen Ambientes wird das Häusl mit seinem riesigen Schindeldach und dem gestampften Lehmboden auch gern für diverse Feiern gebucht. Im Mittelalter gelangte der Ort zu Reichtum, weil die „Untere Salzstraße" von Reichenhall nach Wasserburg am Inn durch Waging führte. Im 8. Jahrhundert wird Waging erstmals als Besitz des Salzburger Nonnbergklosters genannt. Bis 1803 gehört

Uferstreifen und Wasser, kein Schnickschnack, Konzentration auf das Wesentliche: der Strand von Waging am See

der Ort zum Erzstift Salzburg. Im 14. Jahrhundert erhielt er das Marktrecht. Seit 1810 ist Waging bayerisch. Der **Badepark am Strandhaus Waging** mit seiner Seeterrasse und einer kurzen Promenade ist im Sommer ein beliebter Treffpunkt. Dazu gehören ein Strandbad mit Kiesstrand, parkähnlich angelegte Wiesen, ein Sportpark und ein Wasserpark. Für Nichtschwimmer gibt es einen abgegrenzten Bereich. Das **Barockmuseum im Strandkurhaus** direkt am See bietet in zehn Räumen 250 Exponate barocker Kunst aus Adelsbesitz sowie kirchlicher und bäuerlicher Herkunft. Strandkurhaus Waging a. See, Am See 1, Tel.: 0160/5933266, Öffnungszeiten: Montag bis Samstag nach telefonischer Vereinbarung, Ansprechpartner: Guido Copp.

Raritäten rund um das Löschen von Bränden sind im **Feuerwehr-Museum** zu sehen. Die Palette reicht vom Feuerwehrhelm aus der DDR über Objekte der Fire Fighters aus New York City bis zu einer pferdebespannten Saug- und Druckspritze aus dem Jahr 1902. Feuerwehr-Museum, Fichtenweg 12, 83329 Waging am See, Tel.: 08681/1500, https://ff-waging.feuerwehren.bayern, Anmeldung und Auskunft über den Museumschef Alois Pfeffer, Tel.: 08681/9575. Unternehmen wie die Bootswerft Mader und die Bergader Privatkäserei haben den Namen der Gemeinde weit über deren Grenzen hinaus bekannt gemacht. Auch politisch machte Waging Schlagzeilen. Als erster Grüner Bürgermeister in Bayern wurde 1996 Sepp Daxenberger (1962 bis 2010) zum Chef der Gemeinde (7130 Einwohner) gewählt. Er blieb bis 2008 im Amt. Und noch ein Name ist mit Waging am See verbunden: Alfons Schuhbeck. Der Star-Koch ist aus dem Strandkurhaus von Sebastian Schuhbeck hervorgegangen, seinem Adoptivvater. 1949 als Alfons Karg in Traunstein geboren, übernahm Alfons Schuhbeck 1980 das Waginger Kurhausstüberl. Er machte aus dem Dorfgasthaus ein Spitzenrestaurant, in dem sich die Prominenz traf. 1983 wurde das Restaurant mit einem Michelin-Stern bewertet, 1989 kürte der Gault-Millau Alfons Schuhbeck zum Koch des Jahres. 2002 wurde das Kurhausstüberl wieder geschlossen.

Sehenswert in der Umgebung ist die spätgotische **Wallfahrtskirche St. Leonhard** am Wonneberg. Der barocke Zwiebelturm weist schon von weitem den Weg. Erbaut wurde sie von 1495 bis 1519. Mit ihrem Hochaltar und den Malereien im Innenraum gilt sie als eine der schönsten Kirchen im Rupertiwinkel. Im November ist sie Ziel einer gut besuchten Leonhardswallfahrt. Direkt vor dem Portal der Filialkirche St. Margaretha in Egerdach südlich von Wonneberg, erbaut Ende des 15. Jahrhunderts, wurde 1999 bei archäologischen Grabungen ein großer **römischer Meilenstein** gefunden. Er stammt vermutlich von der etwa drei Kilometer südlich verlaufenen Römerstraße Iuvavum (Salzburg) – Bedaium (Seebruck am Chiemsee). Von 34 bisher aufgefundenen Meilensteinen dieser Art ist der von Egerdach am besten erhalten.

aktiv An **Sportarten** werden Radeln, Bootsverleih, Golfplatz und -schule, Minigolf, Segel- und Surfschule, Skatepark, Trimmpfad, Kneippanlage, Tennishalle und -platz, Beachvolleyball und Fußball angeboten. **Fahrradverleih**: **Fahrradladen an der Shell-Tankstelle**, Traunsteiner Straße 2, 83329 Waging am See, Tel.: 08681/233, www.grabl-waging.de. **Zweirad Schmuck**, Wilhelm-Scharnow-Straße 9, 83329 Waging am See, Tel.: 08681/222. **Strandbäder**: **Strandkurhaus Waging** mit Kiesstrand und parkähnlich angelegten Wiesen, Sportpark, Wasserpark und kurze Promenade.

Für Campingfreunde ein echter Hotspot. Die Plätze in erster Wasserlinie in Waging am See sind vermutlich sehr umkämpft.

Einkehr *Restaurant Seestüberl*, Am See 9, 83329 Waging am See, Tel.: 08681/1746, www.wellness-hotel-tennis.de, mit Hotel, Wellness-Garten und Tennisplätzen, kein Ruhetag. *Steakhouse Unterwirt*, Seestraße 23-25, 83329 Waging am See, Tel.: 08681/4787456. www.steakhouse-unterwirt.de, Mittwoch und Donnerstag Ruhetag. *Oberwirt Otting*, Holzhauser Straße 2, 83329 Waging, Tel.: 08681/45287, www.oberwirt-otting.de, Mittwoch und Donnerstag Ruhetag. *Gasthaus Kupferkessel*, Wilhelm-Scharnow-Straße 18, 83329 Waging am See, Tel.: 08681/3710135, www.kupferkessel-waging.de, Dienstag und Mittwoch Ruhetag. *Strandkurhaus* Sebastian Schuhbeck, Am See 1, 83329 Waging am See, Tel.: 08681/47900, Montag und Dienstag Ruhetag. Griechisches Restaurant *Parthenon*, Seestraße 10, Tel.: 08681/4798040, https://parthenon-waging.de, Montag Ruhetag.

Wie in alten Zeiten: Strandpavillon in Waging am See

Wandern **1 Maria Mühlberg Rundweg**: Von der Tourist-Info in der Salzburger Straße 32 die Salzburger Straße weiter nach Osten am Friedhof vorbei, unter der Hauptstraße durch und nach rechts. An der Nepomuk-Kapelle nach links und kurz darauf nach rechts. Es folgt ein kurzer Aufstieg (53 Höhenmeter) über die 14 Stationen des Kreuzwegs bis zur Wallfahrtskirche Mariä Heimsuchung oder Maria Mühlberg aus den Jahren 1712 und 1713. Es bietet sich ein guter Blick über auf den Waginger See und die Voralpen. Zurück an der Kirche vorbei bis zu einer großen Eiche. Nach rechts bis zu einem Forstgraben und am Bach entlang bis zu einer Brücke, die wir vom Aufstieg kennen. Gehzeit: 1 Stunde, 3,5 Kilometer. **2 Wonneberg-Rundweg** durch eine ruhige Kulturlandschaft: Von der Wallfahrtskirche St. Leonhard (Parkplatz) das kurze Stück nach Köpfelsberg. Weiter vorbei an Enzersdorf und Hellmannsberg (Einkehrmöglichkeit) bis Grainach. Nach rechts Richtung Weißbach und entlang der Straße zurück nach Wonneberg. Gehzeit: 1:10 Stunden, 4,6 km.

Einkehr *Landgasthof Schweizerhof*, Hellmannsberg 1, 83379 Wonneberg, Tel.: 08681/9330, https://schweizerhof.biz.

Wegweiser Wir starten in Waging am See vom Parkplatz P 2 an der Strandbadallee. Parken ist hier kostenlos, man kann in Ruhe die Fahrräder ausladen und startklar machen. Der Kurpark mit einem Abenteuerspielplatz und einer Kneippanlage laden zur kurzen Verschnaufpause ein. Flink geht es den Berg hinunter zum See und zur Strandpromenade mit Pavillon. Wir umrunden den See gegen den Uhrzeigersinn.

Man kann aber auch genauso gut nach links starten und zunächst den Tachinger See erkunden. Wir fahren am Ufer und an der Staatsstraße 2104 entlang Richtung Petting. Vorbei geht es an dem auf einer Halbinsel gelegenen Campingplatz Schwanenplatz und dem Ferienpark Hainz am See, einem Campingplatz und Naturbad mit 280 Meter Badeufer, Kinderspielplatz und Nichtschwimmerabgrenzung.

Beim Wandern fällt der Blick immer wieder auf üppigen Blumenschmuck an den Bauernhäusern am Wegesrand.

Petting
(Bus 9519 Waging – Laufen, Rufbus „Rupi", 452 m über NHN)

Sehenswert Inmitten der weitläufigen Seenplatte zum Ende der letzten Eiszeit vor 14000 Jahren erhob sich ein kleiner Hügel, der damals noch eine Insel war. Sie bot Schutz und war deshalb bereits sehr früh besiedelt. Mit 710 Gräbern ist Petting einer der größten Fundorte von Relikten aus der Bajuwarenzeit. Nach überlieferten Aufzeichnungen soll Petting so viel wie „dem Zu- und Ablauf des Wassers unterworfen" bedeuten. Urkundlich erwähnt wird der Ort im Jahr 1048 als „Pettinga". Auf einem ***archäologischen Rundweg*** lassen sich die früheste Besiedlung und bedeutende historische Ereignisse ebenso erkunden wie die landschaftliche Schönheit des Ortes. Blumengärten und ***stattliche Bauernhäuser*** mit üppiger Blumenpracht an den Balkonen charakterisieren Petting. Die ***spätgotische Kirche*** ist Johannes dem Täufer gewidmet. Sie stammt aus dem Anfang des 16. Jahrhunderts. In der zweiten Hälfte des

19. Jahrhunderts wurde sie umgebaut. Zwei Kilometer südlich von Petting liegt der idyllische **Weidsee**. Der See und seine von Schilf eingesäumten Ufer mit stattlichen Buchen, Lärchen, Birken und Eichen stehen unter Landschaftsschutz. Es gibt keine Zu- und Abflüsse. Schloss Seehaus ist in Privatbesitz und kann nicht besichtigt werden. Ursprünglich war Seehaus eine Burg, die dem Schutz der Unteren Salzstraße diente. In der Spätgotik wandelte sie sich zu einer wohnlichen Schlossanlage, die der Salzburger Fürstbischof Wolf Dietrich von Raitenau im Jahr 1610 seiner heimlichen Gemahlin schenkte. Östlich des Weidsees erstreckt sich der **Schönramer Filz**, eine einzigartige Moor- und Heidelandschaft. Einst befand sich hier ein großer See, der aber im Lauf der Zeit immer mehr verlandete. Von 1920 bis 1998 hat man großflächig Torf abgebaut. Seitdem durfte die Natur die Flächen wieder in Besitz nehmen. Ein Lehrpfad informiert über das Hochmoor. Ausgangspunkt ist eine Infospirale aus Holz. Der Parkplatz für den Filz samt Informationstafeln befindet sich auf der Straße (St 2103) von Schönram in Richtung Laufen nach 1,6 Kilometern auf der linken Seite. Gegenüber weist ein Schild zum „Ukrainer-Friedhof". Wie so manche andere landschaftliche Idylle im Land birgt auch der Schönramer Filz ein dunkles Geheimnis. Wie einem langen Bericht im „Traunsteiner Tagblatt" zu entnehmen ist, befand sich dort vor dem Zweiten Weltkrieg ein Lager des „Reichsarbeitsdienstes". Die leerstehenden Baracken wurden ab Oktober 1944 in ein Krankenlager für ausländische Zwangsarbeiter umgebaut. Viele kamen mit Tuberkulose zur Isolation in das Lager. Wegen der miserablen Zustände starben etwa 60 Menschen, meist Ukrainer. Ihre Leichen wurden im Wald verscharrt. Auf einer kleinen Anhöhe wird der Opfer gedacht. Nach dem Krieg zogen Flüchtlinge in das Lager ein.

Wandern 3 **Moorwanderung rund um den Schönramer Filz**: Vom Parkplatz „Heidewandungen" an der St 2103 nach rechts auf der Trasse der ehemaligen Torfbahn vorbei an ehemaligen Handtorfstichen. Informationstafeln am Lehrpfad erklären die Renaturierung und Wiedervernässung des Moores. Durch jüngere Moorwälder bis zu einem Bohlenweg, der durch das Hochmoor führt. Am Ende des Bohlenweges nach links und auf einer Forststraße zum „Großen Moorsee". Nach 500 Metern ist wieder der Ausgangspunkt erreicht. Nordöstlich des Parkplatzes liegt die Gedenkstätte an den „Ukrainer-Friedhof". Gehzeit: 1 Stunde, 3,4 Kilometer.

Einkehr ***Bräustüberl Schönram***, Salzburgerstraße 10, 83367 Petting-Schönram, Tel.: 08686/271, www.braeustueberl-schoenram.de, Öffnungszeiten: Donnerstag bis Montag 9-22 Uhr, Dienstag und Mittwoch geschlossen. ***Gasthaus Unterwirt*** (Riedler), Hauptstraße 36, 83367 Petting, Tel.: 08686/8454, www.gasthaus-riedler.de, Öffnungszeiten: Mittwoch bis Sonntag 11 bis 14 Uhr, 17-22 Uhr. ***Gasthaus Lemperholzen***, Lemperholzen 1, 83367 Petting, Tel.: 08686/245, Montag Ruhetag. ***Seewirt Petting***, Strandbadstraße 7, 83367 Petting-Kühnhausen, www.seewirt-petting.de, Öffnungszeiten: Mittwoch bis Samstag ab 16.30 Uhr, Sonntag 11.30-17 Uhr, Montag und Dienstag Ruhetag.

aktiv In Kühnhausen lädt das idyllische **Strandbad Wagner** zum Besuch. Der alte Baumbestand bietet Schatten. Auch im Hochsommer findet sich ein ruhiges Fleckchen. Der Sand- und Kiesstrand ist flach. Windsurfen und Segeln sind beliebt. Es gibt auch einen Bootsverleih, Tischtennistische und Sandkästen. Adresse: Strandbadstraße 7, 83367 Petting.

Einkehr *Seewirt*, Strandbadstraße 7, 83367 Petting, Tel.: 08686/9849850, www.seewirt-petting.de, Montag und Dienstag Ruhetag.

Wegweiser Über die Götzinger Achen entlang der Kreisstraße (TS 23) zum Strandbad Kühnhausen am Waginger See. Es lockt mit 100 Meter Badestrand, einer großen Liegewiese mit altem Baumbestand, Bootsverleih, Restaurant und Kinderspielplatz sowie Campingplatz. Weiter geht es am See entlang durch Wiesen und Felder bis kurz vor Wolkersdorf, wo wir den See verlassen und einen kurzen Anstieg bewältigen. In Wolkersdorf folgen wir den Radwegweisern nach Tettenhausen. Die östlich des Waginger Sees gelegenen größeren Dörfer haben wir der Vollständigkeit halber mitaufgeführt.

Egal wo, ein kurzer Stopp am Ufer, um zu schauen und vielleicht mal eben in den See zu springen, lohnt immer.

Kirchanschöring

(Bahnstation, Buslinien, Rufbus „Rupi", 471 m über NHN)

Sehenswert Dass die Landwirtschaft auch einmal ohne pfeilschnelle Groß-Traktoren und Riesenmähmaschinen funktionierte, zeigt das ***Rupertiwinkler Bauernhofmuseum*** bei Kirchanschöring. Dort hat der Bauer „z'Hof" neben seinem landwirtschaftlichen Anwesen ein Bauernhofmuseum aufgebaut. Ausgestellt sind ein Getreidekasten, ein Brechlbad (Gebäude zur Gewinnung von Flachsfasern) und ein Backofen. Im Museumsstadel stehen unter anderem 50 Schlepper. Alljährlich im August wird die Dampfdreschmaschine angeworfen. Kontakt: Franz Huber, Hof 1, 83417 Kirchanschöring, Tel.: 08685/469, Öffnungszeiten: Juni bis August, Mittwoch und Samstag, 13-17 Uhr, Führung für Gruppen ab 20 Personen nach Vereinbarung.

Einkehr *Gasthaus Rothlerwirt*, Rother Straße 38, 83417 Kirchanschöring, Tel.: 08685/233.

Wandern 4 **Lodron-Rundweg**: Vom Maibaum in Wolkersdorf Richtung Röhrmoos, an der Wegkreuzung Pirach-Dürnberg rechts abbiegen nach Hausen, geradeaus Richtung Kothaich, rechts auf den Radweg nach Lampoding. In Höhe Kirchsteins steht die Eichet, links die St. Ägidius Kirche. An deren östlichem Chorfenster befindet sich als Fresko die einzige Darstellung des ehemaligen Schlosses Lampoding. Kurz vor der Kreuzung in Lampoding rechts in die Dorfstraße. Dort prangt beim ehemaligen Schlosswirt ein steinernes Lodronwappen. Die Lodrons waren ursprünglich eine italienische Adelsfamilie aus dem Trentino. Das Schloss Lampoding war im Besitz der Lodrons. Paris von Lodron war zur Zeit des Dreißigjährigen Kriegs Erzbischof des Erzstiftes Salzburg. Die Wanderung geht weiter bis zur Abzweigung Kronwitt, auf dem Radweg bis nach Kronwitt, dann links Kiesweg nach Wolkersdorf, vorbei am Bienenlehrpfad bis zum Maibaum. Gehzeit: 2 Stunden, 7,5 km. **5** **Luise Rinser-Weg**: (Die letzten Kriegsjahre verbrachte die Schriftstellerin Luise Rinser, 1911 bis 2002, in Kirchanschöring.) Vom Rathaus Kirchanschöring nach Voglaich. Über den Werkskanal nach Gießhübl, rechts Richtung Milzham, von Frohnholzen weiter nach Ellham. Kurz vor Eglsee links nach Leiharting, dort rechts nach Watzing. Weiter geradeaus Richtung Redl bis zur Kreuzung Leobendorf/Eschelbach/Hof. Links Richtung Pölln abbiegen. Bei Reut durch die Bahnunterführung nach Hof (Rupertiwinkler Bauernhofmuseum). Auf dem Radweg zurück nach Kirchanschöring. Gehzeit: 2:30 Stunden, 11,2 km.

Die St.-Ägidius-Kirche mit ihrem markanten Kirchturm ist kaum zu übersehen.

Götzing
(Bahnstation, 1406 über NHN)
Der Ortsteil von Fridolfing liegt an der Götzinger Achen und ist seit 1894 Bahnstation auf der Strecke Mühldorf-Freilassing.

Fridolfing
(Rufbus „Rupi", 388 m über NHN)
aktiv *Schmiedekurse* für Anfänger und Fortgeschrittene veranstaltet Andi Schlosser, 83413 Fridolfing, Tel.: 08684/2269826, www.mein-schmied.eu

Wandern 6 **Panoramaweg Pietling**, drei leichte Wanderungen rund um und durch Pietling zwischen 3,8 und 5,2 Kilometer. Gehzeit: 3:30 Stunden, 22 Kilometer. Ausgangspunkt ist der Parkplatz beim Gasthof Gruber oder der Kirchenvorplatz. An beiden Orten informieren Übersichtstafeln über Lage und Geschichte des Ortes. Gehzeit: 2 Stunden, 3,8 bis 5,2 Kilometer.
Einkehr *Gasthof Gruber*, Hauptstraße 27, 83413 Fridolfing-Pietling, Tel.: 08684/236, www.gasthof-gruber.de, Mittwoch, Ruhetag.

Tettenhausen
(Bus L 19, 465m über NHN)
Das „Zweiseendorf" liegt direkt an der Verbindungsstelle zwischen Waginger See und Tachinger See. Überregional bekannt wurde es als Filmkulisse für die Vorabendserie „dahoam is dahoam" im BR Fernsehen, wo es im Vorspann erscheint. Als einziger Ortsteil von Waging am See liegt es nach der Absenkung des Seespiegels direkt am See.
Sehenswert ist im sieben Kilometer entfernten Fridolfing die **Pfarrkirche Mariä Himmelfahrt**. Sie soll eine der größten Dorfkirchen Deutschlands sein und hat deshalb den Beinamen „Dom vom Salzachtal". Die Dorfbewohner haben sie von 1891 bis 1893 im neuromanischen Stil mit eigenen Händen erbaut. In der spätgotischen Nebenkirche St. Johann steht im Eingangsbereich ein beschrifteter **römischer Grab- und Opferstein**.

Bitte keine Umstände: Ein kühner Sprung von der Brücke bei Tettenhausen sorgt direkt für die gewünschte Abkühlung.

Die St.-Florianskirche bestimmt die „Skyline" von Tettenhausen.

aktiv In Tettenhausen gibt es zwei Campingplätze und ein *großes Strandbad* mit Badestelle und Nichtschwimmerbereich, Liegewiese und daneben Restaurant und Kiosk.

Einkehr *Zum Alten Fährhaus*, Camping Gut Horn Tettenhausen, 83417 Kirchanschöring, Tel.: 08681/4776821, https://guthorn.de, Montag Ruhetag. *Restaurant „zum Boadwirt"*, Hauptstraße 2, 83329 Waging am See-Tettenhausen, Tel.: 08681/358.

Gessenhausen
(468 m über NHN)

Sehenswert Im Bauerndorf Gessenhausen fällt eine Kapelle auf, die auf einem Hügel steht. Einen guten Kilometer südwestlich davon erhebt sich der *„Turmhügel Gessenhausen"*. Hier stand einst eine mittelalterliche Höhenburg auf einem 485 Meter hohen Vorsprung über dem Tachinger See. Von der Turmhügelburg (Motte) ist jedoch außer ein paar Überbleibseln des Walls und Resten des Grabens nichts mehr zu sehen. Am Nordufer des Tachinger Sees steht an einem Hügel bei Tengling die kleine *Wallfahrtskirche St. Coloman*. Sie stammt aus dem 15. Jahrhundert und birgt einen wertvollen Flügelaltar. Geschnitzt hat ihn Gordian Guckh, der auch den Altar von St. Leonhard am Wonneberg geschaffen hat. Von hier aus hat man einen herrlichen Blick nach Süden auf den Tachinger See und die Alpen.

Wegweiser Im Ortszentrum von Tettenhausen nach links in die Bichelner Straße und nach wenigen Metern wieder links in den Seeleitenweg. Er führt am Ufer des Tachinger Sees entlang über Gessenhausen bis zum Strandbad Tengling. Dort bleibt nur die Teerstraße und der Radweg entlang der Straße bis nach Tengling, denn es gibt keinen Weg unmittelbar am See. Nach rechts zweigt der Weg nach St. Coloman ab. Gleich am Ortseingang von Tengling lädt neben dem Tenglinger Bach eine Kneippanlage zum Kühlen der Füße ein.

Tengling
(Bus 9518, 466 m über NHN)

aktiv Das *Tenglinger Strandbad* wird von der Gemeinde betrieben und hat einen flachen Sandstrand. Tengling ist ein Ortsteil der Gemeinde Taching. Die Pfarrkirche St. Laurentius stammt aus der zweiten Hälfte des 15. Jahrhunderts und ist ein spätgotischer, einschiffiger Tuffquaderbau.

Einfach nur schön: Blick auf Tengling am Waginger See

Mit ihrem spitzen Turm sucht die St.-Laurentius-Kirche in Tengling den direkten Kontakt zum Himmel.

Wegweiser Weil es zwischen Tengling und Taching keinen Seeuferweg gibt, nehmen wir den Radweg entlang der Straße, der uns schließlich zurück nach Waging bringt.
Über einen Pfad nach Steineck und Weinberg hinauf nach Wimpasing. Panoramablick auf beide Seen. Nach rechts Richtung Tengling. Danach durch Hühel bis zur Kirche St. Coloman, von wo aus sich wieder ein weiter Blick öffnet. In der Kirche ist der spätgotische Flügelaltar sehenswert. Weiter führt der Weg nach unten und rechts Richtung Tengling, das wir durchqueren und so den Ausgangspunkt erreichen. Gehzeit: 1:55 Stunden, 7,2 Kilometer.

Einkehr *Pizzeria Primavera*, Obere Dorfstraße 6, 83373 Taching am See-Tengling, Tel.: 08687/413. *Martia Mayer Gasthaus*, Turmgasse 6, 83373 Taching am See-Tengling, Tel.: 08687/520.

Taching a. See
(Rufbus „Rupi", 481 m über NHN)

aktiv Die Gemeinde Taching am See betreibt **zwei Strandbäder**, die beide im großräumigen Landschaftsschutzgebiet um den Tachinger See liegen. Das Seewasser erwärmt sich wegen der geringen Tiefe (19 Meter) schnell und ist sehr sauber. Wegen des flachen Sandstrands sind die Bäder für Kinder sehr geeignet. Beide Seebäder verfügen über Gaststätten und einen Spielplatz für Kinder, in Taching zusätzlich einen Nassspielbereich für Kinder. Dazu kommen Sprungtürme, in Taching zwei Volleyballplätze, eine Boule-Bahn und ein Bootsverleih. In beiden Bädern passt die Wasserwacht auf.

Sehenswert Der **Sailerhof** in Mauerham bei Taching. Ein Erlebnisbauernhof mit eigener Brennerei, in der über 40 Sorten von den eigenen Streuobstwiesen gebrannt werden, Streicheltiere, idyllischer Badeplatz direkt am See und Yogakurse im eigenen Yogastudio.

Wandern 7 Der **Seeblick-Wanderweg** oberhalb des Tachinger Sees bietet lohnende Ausblicke über die beiden Seen bis zum Dachstein-Gletscher und die Salzburger Burg. Start ist an der neuen Kirche in Taching. Vorbei an der Marktlkapelle geht es nach Eging, weiter über Hammerloh, Mauernham und Schneidergröben nach Obertaching und wieder zurück zum Ausgangspunkt. Der Weg führt an einem Kneippbecken vorbei, das mit frischem Quellwasser gespeist wird. Von hier aus kann man in zehn Minuten einen Abstecher zum „Huckinger Naturkino" machen. Gehzeit: 1:21 Stunden, 5,1 Kilometer.

Einkehr *Georgios am Tachinger See* (im Seecamping), Am Strandbad 1, 83373 Taching am See, Tel.: 08681/4792746, http://georgios-am-see.de, Montag Ruhetag.

Wegweiser Bevor sich in Waging der Kreis schließt, liegt in einer kleinen Bucht das Strandbad Seeteufel. Es bietet eine große, leicht abfallende Liegewiese mit vielen Schattenplätzen, extra abgegrenztem Nichtschwimmerbereich und Kinderspielplatz, einen gut sortierten Kiosk, Sanitärgebäude, einen großen Park- sowie einen Campingplatz.

Sehenswert in der weiteren Umgebung 17 Kilometer nördlich von Waging am See liegt die Stadt **Tittmoning**. Bemerkenswert ist die **historische Altstadt** rund um den Stadtplatz im charakteristischen Inn-Salzach-Stil. Ihre Gassen, barocken Kirchen, Brunnen und Skulpturen laden zum Flanieren ein. Die alten Stadttore und die Stadtmauer, die nahezu vollständig erhalten ist, vermitteln einen Eindruck vom Mittelalter. Auf einem Geländesporn hoch über der Stadt thront die **Burg Tittmoning**. Sie wurde 1234 als Grenzburg des Salzburger Erzbischofs gegen das bayerische Burghausen errichtet. Um 1500 wurde ein mächtiger Troadkasten, ein Getreidespeicher, gebaut. Die Burg ist nicht nur ein Aussichtspunkt, sondern beherbergt auch zwei Kultureinrichtungen. Das **Museum Rupertiwinkel** ist vom 1. Mai bis zum 3. Oktober Mittwoch bis Sonntag von 13-17 Uhr geöffnet. Um 14 Uhr findet eine öffentliche Füh-

rung statt. Zu sehen sind in 23 historischen Schauräumen mit originalen Böden und Decken aus der Entstehungszeit Volkskunst, Handwerks- und Landwirtschaftsgeräte, prächtige Öfen, Gemälde und Schützenscheiben. Das **Gerbereimuseum** im ehemaligen Marstall im Erdgeschoss des Getreidekastens dokumentiert die lange Tradition der Gerberei in Tittmoning. Es handelt sich um ein experimentelles Museum, in dem die Besucher aktiv sein dürfen. Es hat die gleichen Öffnungszeiten wie das Ruperti-Museum. Burg, 84529 Tittmoning, Tel.: 08683/7007-10. Tourist-Info Tittmoning, Stadtplatz 1, 85429 Tittmoning, Tel.: 08683/7007-10, http://tittmoning.de.
Burghausen (17 km), Oberndorf (20 km) **Stille Nacht-Kapelle**, Siegsdorf (38 km) **Mammutmuseum**.
aktiv **Plättenfahrten** von Tittmoning nach Burghausen durch eine Flusslandschaft voller Schönheit und Ruhe. Info/Anmeldung: Burghauser Touristik GmbH, Tel.: 08677/887-140 u. -142, touristinfo@burghausen.de. Plätten sind meist kiellose, kastenförmige Transportboote, auf denen früher Güter transportiert wurden. In der Region Tittmoning und Burghausen war es zum Beispiel Salz, das weiße Gold, das aus den Salinen in Hallein nach Burghausen gebracht wurde.

Weitere touristische Angebote

Tourist-Info Waginger See, Salzburger Straße 32, 83329 Waging am See, Tel.: 08681/313, www.waginger-see.de, Öffnungszeiten: Juni bis September, Montag bis Freitag 8-17 Uhr, Samstag 9-13 Uhr, Sonntag und Feiertage geschlossen. Oktober bis Mai, Montag bis Freitag, 8-bis 16 Uhr, Samstag und Sonntag geschlossen.
Tourist-Info Petting, Hauptstraße 34, 83367 Petting, Tel.: 08686/200, www.gemeinde-petting.de, Öffnungszeiten: Montag bis Freitag 8-12 Uhr.
Tourist-Info Kirchanschöring, Rathausplatz 2, 83417 Kirchanschöring, Tel.: 08685/7793911, www.kirchanschoering.de, Öffnungszeiten: Montag bis Freitag 8-12 Uhr.
Tourist-Info Fridolfing, Rupertistraße 16, 83413 Fridolfing, Tel.: 08684/988926, www.fridolfing.de, Öffnungszeiten: Montag bis Donnerstag 8-12 Uhr, Freitag 9-12 Uhr.
Tourist-Info Tittmoning, Stadtplatz 2a, 84529 Tittmoning, Tel.:08683/700710, www.tittmoning.de, Öffnungszeiten: Montag, Dienstag und Mittwoch 8:30-12 Uhr und 13-16 Uhr, Donnerstag 8:30-13 Uhr und 14-17:30 Uhr, Freitag 8:30-12 Uhr.

Wanderungen am Waginger See

1 Maria Mühlberg-Rundweg **2** Wonneberg-Rundweg **3** Moorwanderung rund um den Schönramer Filz **4** Lodron-Rundweg **5** Luise Rinser-Weg **6** Panoramaweg Pietling **7** Seeblick-Wanderweg

ÖSTERREICH
N
0
2 km
20
Salzach
Ponlach
Ostermiething
Salling
Kay
Kirchheim
Waldering
Piesenberg
Seebach
Gramsam
Abtenham
Nilling
Ketten-
berg
Wiesmühl
DB
Tittmoning-
Wiesmühl
Oberöd
Holzhausen
Kelchham
Inzing
Pietling
Unteröd
Hof
6
Weilham
Pirach
Törring
Allerfing
Haus
Fridolfing
Klebahm
Tengling
Kirche
St. Coloman
Harmoning
Langwied
Winkeln
Burg
Kneippanlage
Wilgering
Weitgassing
Fisching
Rautenham
Götzing
Tachinger
See
Oed
DB
Fridolfing
Götzinger Achen
Gessen-
hausen
Mauerham
Hohen-
bergham
Grendach
Hinterreit
Gröben
Assing
Enging
7
Blindenau
Muttering
Hipflham
Bicheln
Ober-
taching
P
Rothan-
schöring
Taching
am See
Tettenhausen
Sauberg
Kirchan-
schöring
Bauernhof-
museum
Hof-Kirchan-
schöring
Holzbrücke
Hausen
Wolkersdorf
Lohen
4
5
Krauten-
berg
Strandbad
Seeteufel
DB
4
4
Voglaich
5
Reut
bei Eschelbach
Kurhaus
Kronwitt
Lampoding
Pölln
Fisching
5
Roth
4
Waging
am See
Kneippanlage
Haselbrunn
Waginger See
Güßhübel
Milzham
Redl
Eschel-
bach
Waging
am See
465m
DB
1
P
Gaden
Kühn-
hausen
Wallfahrtskirche
Maria Mühlberg
Frohnholzen
2
Mühlberg
5
Steppach
1
2
Leiharting
Feichten
Brandhofen
Obervockling
Untermoosen
Thal
Seehof
Kirchhof
Köpfels-
berg
2
Stötten
P
Petting
452m
St. Leonhard
am Wonneberg
Nirnharting
Eglsee
Schweighausen
Enzersdorf
Altofing
Weidsee
Schönramer
Filz
3
Hellmannsberg
Wasser-
brenner
P
Egerdach
Aichbauer
Ringham
St2103
Schönram
Lauter
Solling
Rückstetten
Wimmern

Mit Hurtigrouten durch norwegische Fjorde? – Nein, Königssee!

Der Königssee

Der Königssee ist der einzige oberbayerische See, den man nur mit dem Schiff umrunden kann. Zu steil fallen die Felswände der umgebenden Berge in den fjordartigen See ab, als dass man einen durchgehenden Uferweg befahren oder entlang wandern könnte. Eine Umrundung zu Fuß ist nur großräumig möglich und eine alpine Unternehmung. Der Königssee ist etwa 8 Kilometer lang, 1 Kilometer breit, bis zu 192 Meter tief und liegt auf 602 Meter Höhe. Er hat einen Umfang von 20 Kilometern. Zuflüsse sind mehrere große Bäche, Abfluss die Königsseer Ache. Ein Gletscher hat einst das Tal des Königssees geformt. Als er schmolz, bildete sich ein großer See. Ein neuerlicher Gletschervorstoß gegen Ende der Eiszeit schuf die Moräne, die den Obersee vom Königssee trennte. Die am Obersee herumliegenden Felsblöcke stammen von nacheiszeitlichen Bergstürzen. Der Königssee liegt inmitten des Nationalparks Berchtesgaden. Jeglicher Wassersport ist verboten. Er gehört zu den saubersten Seen Deutschlands. Die Abwässer der Gaststätten in St. Bartholomä und Salet werden über eine Leitung im See in die öffentliche Kanalisation gepumpt. Im See leben Barsche, Hechte, Renken, Seesaibling und Seeforelle. Die Schiffe über den Königssee fahren ganzjährig. In der Hauptsaison verkehren sie ab 8 Uhr regelmäßig in kurzen Abständen. Nur bei sehr widrigem Wetter oder Vereisung bleiben die Schiffe im Hafen. Die Haltestelle

Salet am Südende wird von Ostern bis Mitte Oktober angefahren, im Winter kann man nur bis St. Bartholomä fahren.
aktiv Im Sommer kann man sich bei der Schifffahrt *Ruderboote* ausleihen: bei schönem Wetter von Mitte Mai bis Anfang Oktober von 11-17 Uhr an der Seelände Königssee im zweiten Bootshaus nach den Toiletten. Vier-Personen-Boote sind stundenweise zu mieten.

Anreise mit der Bahn Mit der Bahn in 2 bis 3 Stunden über Freilassing nach Berchtesgaden und weiter mit dem Bus 840, 841, 843 A + B an den Königssee. Von Salzburg aus verkehrt die S 4 nach Berchtesgaden.
Anreise mit dem Auto Auf der A 8 München – Salzburg bis zur Ausfahrt Bad Reichenhall und weiter auf der B 20 bis Berchtesgaden und zum Königssee. Fahrzeit: 1:58 Stunden, 155 km. Vom Parkplatz Königssee geht man in 5 Minuten durch die Fußgängerzone zum See. Dort erhält man an der Kasse die Tickets für die Schifffahrt. Über die App https://www.berchtesgaden.de/meldungen lässt sich vor Fahrtantritt in Echtzeit die Auslastung der Parkplätze ermitteln.
Anreise mit dem Bus Mit dem Flixbus nach Salzburg und von dort mit dem RVO-Bus 840 nach Berchtesgaden und den Königssee.

Route in Kurzform mit dem Boot Königsee (Seelände) – St. Bartholomä – Salet – Kessel (Bedarfshaltestelle) – Königssee (Seelände).
Fahrtzeit 35 Minuten nach St. Bartholomä, der ersten Haltestelle des Königssees, weitere 20 Minuten nach Salet, der zweiten Haltestelle am südlichen Ende des Sees. Rückfahrt knapp 1 Stunde.
Sehenswert Die Fahrt über den Königssee ist ein erhebendes Erlebnis. Geräuschlos gleitet das Elektroboot durch das smaragdgrüne Wasser. Dank Prinzregent Luitpold, der ein passionierter Jäger war, verkehren die Schiffe seit 1909 mit Elektromotoren. Laut tuckernde Schiffsmotoren hätten womöglich das Wild vertrieben. An der Echowand greift das Schiffspersonal zur Trompete. Dann kommt St. Bartholomä mit seinen markanten Türmchen in Sicht. Langsam schiebt sich die mächtige Watzmann-Ostwand (1800 m) ins Blickfeld. Im Sommer herrscht bei der Schifffahrt am Königssee großer Andrang, zählt der See doch zu den touristischen Highlights in Bayern. Um Wartezeiten zu vermeiden, die Tickets im Voraus online buchen. Je früher man sich an der Bootslände in Königssee einfindet, desto besser. Schifffahrt Königssee, Seestraße 55, 83471 Schönau am Königssee, Tel.: 08652/9636-0, www. seenschifffahrt.de

Hauptsehenswürdigkeiten
Fahrt über den Königssee zur Barockkirche St. Bartholomä mit angrenzendem Jagdschloss, neu gestaltetes Dokumentationszentrum am Obersalzberg, Salzbergwerk Berchtesgaden.

Recht frisch ist das Wasser im Königssee ja schon, aber ein bisschen Planschen, wie hier bei St. Batholomä, geht immer.

Berchtesgaden
(Bahnstation, Buslinien, 572 m über NHN)
Erstmals wurde Berchtesgaden im Jahr 1102 als Ansiedlung einer Klosterstiftung urkundlich erwähnt. Salz- und Metallgewinnung brachten einen ersten Aufschwung und ließen den Ort zu einem Markt heranwachsen. Von 1559 bis 1803 war Berchtesgaden ein abgeschlossener Klosterstaat, der von Fürstpröbsten regiert wurde. Mitte des 19. Jahrhunderts setzte der Tourismus zu seinen Naturschönheiten ein. Im Dritten Reich bauten die Nationalsozialisten den Obersalzberg zur „Führerresidenz" aus. Näheres im 1999 eröffneten Dokumentationszentrum. 1978 wurde der Nationalpark Berchtesgaden gegründet, in dem Watzmann (2713 m), Blaueis-Gletscher und Königssee liegen. Seit der Wende sind die Gästezahlen rückläufig. Die 7600-Einwohner-

Das Watzmann-Massiv beherrscht das Panorama von Berchtesgaden.

Gemeinde versucht sich deshalb mit umweltverträglichem Tourismus zu profilieren. **Sehenswert** Das ***Dokumentationszentrum am Obersalzberg*** bietet eine multimediale Darstellung der Geschichte der nationalsozialistischen Diktatur und ihrer Bauten auf dem Obersalzberg, Salzbergstraße 41, 83471 Berchtesgaden, Tel.: 08652/947960, www.obersalzberg.de. Anfahrt mit dem RVO-Bus 838, Parkplätze vorhanden. Öffnungszeiten: April bis Oktober Montag bis Sonntag 9-17 Uhr. November bis März Dienstag bis Sonntag 10-15 Uhr, Montag geschlossen. ***Königliches Schloss Berchtesgaden***, Schlossplatz 2, 83471 Berchtesgaden, Tel.: 08652/94798-0, www.schloss-berchtesgaden.de. Das Schloss wird heute noch von den Wittelsbachern bewohnt. Öffnungszeiten: Besichtigung nur mit Führung möglich. 16. Mai bis 15. Oktober, Sonntag bis Freitag Führungen um 10.30 Uhr, 12, 14 und 15.30 Uhr. 16. Oktober bis 15. Mai, Montag bis Donnerstag 11 und 14 Uhr, Freitag 11 Uhr. ***Haus der Berge***, Informations- und Bildungszentrum des Nationalparks Berchtesgaden, Hanielstraße 7, 83471 Berchtesgaden, Tel.: 08652/9790600, www.haus-der-berge.de. Anfahrt mit dem Bus: RVO 839 und 841. Öffnungszeiten: täglich von 9-17 Uhr. Ausstellung über die Natur im Nationalpark vom Grund des Königssees bis zum Gipfel des Watzmanns. ***Salzbergwerk Berchtesgaden***, ältestes aktives Salzbergwerk Deutschlands, Parkplatz Salzburger Straße 24 Gästeeinfahrt, Bergwerkstraße 83, 83471 Berchtesgaden, Tel.: 08652/60020, Öffnungszeiten: 25. März bis 3. November, täglich 9-17 Uhr. 4. November bis 24. März: 11-15 Uhr. Das Erlebnis unter Tage ist nur im Rahmen einer einstündigen Füh-

Abtauchen in salzige Tiefen: Die Einfahrt ins Salzbergwerk Berchtesgaden ist ein tolles Erlebnis für die ganze Familie.

rung buchbar. Dauer insgesamt mit Ein- und Auskleiden 1,5-2 Stunden. Der Ticketkauf online und im Voraus erspart Wartezeiten. **Museum Schloss Adelsheim**, Schroffenbergallee 6, 83471 Berchtesgaden, Tel.: 08652/4410, www.museum-schloss-adelsheim.de. Zu sehen sind bunt bemalte Spanschachteln, Holzspielzeug und Schnitzarbeiten. Öffnungszeiten: 1. März bis 31. Oktober: Donnerstag bis Sonntag von 10-16 Uhr. 1. bis 31. Dezember: Donnerstag bis Sonntag von 10-14 Uhr.

aktiv *Jennerbahn*, Jennerbahnstraße 18, 83471 Schönau am Königssee, Tel.: 08652/95810, www.jennerbahn.de. Öffnungszeiten: 23. März bis 3. November 9-16 Uhr. Ab 1. Mai 9-17 Uhr. Jenneralm (Bergstation) geöffnet 9.30-16 Uhr, Halbzeit (Mittelstation) 9.30-16 Uhr. ***Watzmann Therme Berchtesgaden***, Bergwerkstraße 54, 83471 Berchtesgaden-Anzenbach, Tel.: 08652/94640, https://www.watzmann-therme.de, Öffnungszeiten: täglich von 10-22 Uhr. Mehrere Becken, eine 80-Meter-Blackhole-Rutsche und ein Sole-Außenbecken.

Einkehr *Goldener Bär*, Weihnachtsschützenplatz 4, 83471 Berchtesgaden, Tel.: 08652/2590, https://www.gasthof-goldener-baer.de, Öffnungszeiten: Dienstag bis Sonntag 10-22 Uhr, Montag Ruhetag. ***Panorama***, Maximilianstraße 2, 83471 Berchtesgaden, Tel.: 08652/9799-220, https://www.edelweiss-berchtesgaden.com, Öffnungszeiten: Donnerstag bis Samstag 11-22 Uhr, Sonntag bis Mittwoch 11-18 Uhr, um Tischreservierung wird gebeten. Gourmetrestaurant auf der Dachterrasse des

Hotels Edelweiß mit herrlichem Blick auf den Watzmann. **Gasthof Neuhaus**, Marktplatz 1, 83471 Berchtesgaden, Tel.: 08652/9799280, https://speisekartenweb.de, Öffnungszeiten: täglich von 11-22 Uhr. **Gasthaus-Café Graflhöhe**, Scharitzkehlstraße 8, 83471 Berchtesgaden, Tel.: 08652/2577, https://www.windbeutelbaron.de, Sommeröffnungszeiten: täglich von 10-18 Uhr, Mittwoch u. Samstag Ruhetag. Im Winter vom 8. Januar bis 10. März: Donnerstag bis Sonntag von 10-17 Uhr, Montag, Dienstag, Mittwoch geschlossen. Bekannt durch die Windbeutel nach altem Berliner Rezept. **Restaurant Bergschänke** (direkt am Salzbergwerk), Bergwerkstraße 81, 83471 Berchtesgaden, Tel.: 08652/9777747, https://www.salzbergwerk.de, Öffnungszeiten: 1. April bis 1. November täglich 10-17 Uhr, 6. November bis 31. März täglich von 10-16 Uhr.

Wandern **1** **Königsseer Fußweg** auf den Spuren der Holztrift an der Ache entlang von Berchtesgaden zum Königssee. Auf zahlreichen Schildern kann sich der Wanderer über die Holztrift informieren. Auch über die historische Königsseebahn, die Berchtesgaden bis 1965 mit dem Königssee verband. Ausgangspunkt ist der Salinenparkplatz hinter dem Hauptbahnhof. Von dort über den Kreisverkehr zum Triftplatz, auf dem früher das geflößte Holz umgeschlagen wurde. Hinter den Einkaufsmärkten beginnt der markiert Königsseer Fußweg. Gehzeit: 3 Stunden, 10 km, 95 hm.

Schönau

(Buslinien 840, 841, 843 A + B, 605 m über NHN)
Zur Gemeinde Schönau am Königssee gehört der Königssee mit der Kirche St. Bartholomä.

Sehenswert **Romy Schneider-Ausstellung** im Alten Bahnhof, Seestraße 17, 83471 Schönau am Königssee, Tel.: 08652/9756584, www.romy-schneider-ausstellung.de, Öffnungszeiten: 12.1. bis 31.5., Donnerstag bis Sonntag 12-16 Uhr. 1.6. bis 10.11. täglich 11-17 Uhr. 11.11. bis 25.12. geschlossen, 26.12. bis 5.1. täglich 12-16 Uhr. Die Schauspielerin Romy Schneider verbrachte ihre Kindheit in Schönau am Königssee. Die Dauerausstellung zeigt Objekte aus Privatsammlungen über Romy und ihre Mutter Magda Schneider.

aktiv **Schornbad**, Schornstraße 7, 83471 Schönau am Königssee, Tel.: 08652/656320, Öffnungszeiten: Bei schönem Wetter ab Mitte Mai: 8-20 Uhr, bei schlechtem Wetter 8-10 Uhr. Auch am Königssee gibt es einen kleinen Badestrand unterhalb der Bob- und Rodelbahn. Minigolf an der Jennerbahn, Jennerbahnstraße, 83471 Schönau am Königssee.

Einkehr **Gasthaus Unterstein**, Untersteinerstraße 11, 83471 Schönau am Königssee, Tel.: 08652/6014814, https://www.gasthausunterstein.de. Öffnungszeiten: täglich 16-22 Uhr. Sonntag und Montag Ruhetag. **S'Bodner** (Familienbetrieb mit Landwirtschaft) Oberschönauer Straße 10, 83471 Schönau am Königssee, Tel.: 08652/1613, https://bodnerlehen.de, Öffnungszeiten: Montag bis Sonntag 10-22 Uhr, Dienstag Ruhetag.

Königssee
(Schiffsanlegestelle, 603 m über NHN)
Der Blick reicht über die Wallfahrtskirche St. Bartholomä bis zur Schönfeldspitze im Steinernen Meer. Ausgangspunkt ist der Großparkplatz Königssee, Seestraße 3, 83471 Schönau am Königssee, bzw. die Bushaltestelle Königsee, RVO 840, 841 843 A + B. Gehzeit: 1:30 Stunden, 3,8 km.

St. Bartholomä
(Schiffsanlegestelle, 618 m über NHN)
Sehenswert Die *Wallfahrtskirche St. Bartholomäus* mit ihren weinroten Zwiebeltürmchen vor der mächtigen *Watzmann-Ostwand* stammt aus dem 17. Jahrhundert und ist dem heiligen Bartholomäus gewidmet. 1697 erhielt die Kirche ihre Form mit den typischen bauchigen Türmen. Bis 1803 war St. Bartholomä Sommerresidenz der Berchtesgadener Fürstpröpste. Als Berchtesgaden 1810 zum Königreich Bayern kam, machten es die Wittelsbacher zu ihrem Jagdschloss. Es wurde einer der Lieblingsaufenthalte der bayerischen Könige. 1868 rettete Ludwig II. die Kirche vor dem Verfall. Hinter St. Bartholomä türmt sich die mächtige Watzmann-Ostwand auf. Als erster hat sie im Jahr 1881 Johannes Grill, genannt Kederbacher, durchstiegen. Seitdem hat sie mehr als 100 Todesopfer gefordert.
aktiv Jeden Mittwoch zwischen Mitte Mai und Ende Oktober führt ein Ranger des Nationalparks zwei Stunden lang durch die ursprüngliche *Natur der Halbinsel St. Bartholomä* und erklärt die seltene Tier- und Pflanzenwelt. Treffpunkt ist jeweils um

Bald wird das Morgenlicht auch die Wallfahrtskirche St. Bartholomäus erfassen.

10.30 Uhr an der Anlegestelle St. Bartholomä. Die Führung ist kostenlos, nur die Bootsfahrt ist zu bezahlen. Für Fahrkartenkauf und Bootsfahrt nach St. Bartholomä ist etwa eine Stunde einzukalkulieren.

Sehenswert „Wasser versetzt Berge" – ***Dauerausstellung im Jägerhaus*** (Nationalpark-Infostelle) auf der Halbinsel St. Bartholomä über die Dynamik im Gebirge und den Lebensraum „Wasser". Die Ausstellung ist kostenlos, ganzjährig geöffnet und personell besetzt. Öffnungszeiten: Mai bis Oktober 10-16 Uhr. November bis April 11-15 Uhr.

Einkehr ***Gaststätte St. Bartholomä*** im ehemaligen königlichen Jagdschloss, schöner Wirtsgarten. 83471 SChönau am Königssee, Tel. 08652/964937, https://www.bartholomae-wirt.de, Öffnungszeiten täglich 10-17 Uhr. Nahe der Bootsanlegestelle bietet der Fischer vom Königssee, ***Thomas Amort***, Forellen, Saiblinge und Renken frisch geräuchert aus der 400 Jahre alten Räucherkammer an. ***Fischerei St. Bartholomä***, Kessel-St. Bartholomä 3, 83471 Schönau am Königssee, Tel.: 08652/3119, https://fischervomkoenigsee.de, Öffnungszeiten: von Ostern bis 31. Oktober täglich während des Schiffsbetriebs von 11-17 Uhr.

Wandern 2 Von der Gaststätte St. Bartholomä führt ein markierter Wanderweg in Richtung Nationalpark-Informationsstelle und weiter über die Kapelle St. Johann und Paul aus dem 16. Jahrhundert zur **„Eiskapelle"**. Am Fuße der Watzmann-Ostwand bildet Schmelzwasser im Lawinenschnee aus der Wand eine Eishöhle. Die Mächtigkeit der Eiskathedrale kann je nach Jahreszeit 30 bis 100 Meter betragen. Wegen Einsturzgefahr sollte man sie nicht betreten. Die leichte Wanderung eignet sich für die ganze Familie. Zunächst geht man auf einem ausgebauten Weg bergauf durch einen Buchenmischwald, die letzte halbe Stunde aber im Geröll eines ausgetrockneten Bachbetts. Deshalb ist gutes Schuhwerk erforderlich. Hilfreich ist an heißen Sommertagen ein Mittel gegen Bremsen. Zurück auf demselben Weg, bzw. wir folgen nach rechts dem Bachlauf bis zur Mündung in den Königssee. Auf dem Schwemmkegel des Eisbachs erwärmt sich das Wasser zu erträglichen Temperaturen. Deshalb Badezeug nicht vergessen. Am Ufer zurück nach St. Bartholomä. Gehzeit Hin- und zurück 2:30 Stunden, 8 km.

Salet

(Schiffsanlegestelle, 604 m über NHN)
Salet besteht nur aus dem Bootssteg und einem Versorgungsgebäude, der Berggaststätte und den Almen. Der Almkaser ist traditionell bewirtschaftet.

Einkehr ***Saletalm*** (610 m), Berggaststätte am Südufer des Königssees mit Selbstbedienung (5 Gehminuten von der Anlegestelle), Salet 6, 83471 Schönau am Königssee, Tel.: 08652/63007, http://www.saletalm.de. Öffnungszeiten: Täglich vom 22. April bis 15. Oktober. Biergarten. ***Mooskaser Saletalm***, Sagereckstieg, 83471 Schönau, Öffnungszeiten: täglich von 11-16 Uhr. ***Fischunkelalm*** (620 m), 500 Jahre alt und im Sommer von zwei Sennerinnen bewirtschaftet, 83471 Schönau am Königssee, Tel.: 08652/5549.

Obersee

(613 m über NHN)

Der Obersee ist der kleine Bruder des Königssees und liegt im Süden. Ein etwa einen Kilometer breiter Moränenwall trennt die beiden Seen, die ursprünglich einmal verbunden waren. Von der Saletalm führt ein flacher Wanderweg zum Obersee. Anders als der Königssee wird der Obersee seit der Gründung des Nationalparks Berchtesgaden 1978 nicht mehr befischt. Im See leben zahlreiche Fischarten, darunter Seesaibling und Seeforelle. Neben seiner wildromantischen Lage inmitten steil aufragender Felswände ist der Obersee für seine extrem deutlichen Spiegelungen an der Wasseroberfläche bekannt. Das bewirkt die geschützte Lage im Kessel und die Tatsache, dass keine Boote auf dem See verkehren. Am Ostufer des Sees ragt die Talwand 1000 Meter hoch auf, während das Gelände am südwestlichen Ufer sanft ansteigt.

Wandern 3 Leichte Wanderung: Von der Anlegestelle Salet aus führt ein breiter Wanderweg zur Berggaststätte Saletalm. Danach überquert der Weg den Saletbach und führt flach weiter bis zum **Obersee**. Gehzeit 15 Minuten. An seinem Westufer kann man auf einem gut gesicherten Weg an das Südende des Obersees zur Fischunkelalm wandern. Von dort geht es weiter in Richtung Wasseralm in den Kessel unterhalb des Röthbach-Wasserfalls, mit einer Fallhöhe von 470 Metern der höchste Wasserfall Deutschlands. Gehzeit gesamt: 1:32 Stunden, 6 km, 105 hm.

Kessel

(Bootsanlegestelle, 605 m über NHN)

Für Bergwanderer, die zur Gotzenalm, der Königsbachalm oder dem Kahlersberg steigen wollen, beziehungsweise von diesen kommen, besteht hier eine Bedarfshaltestelle. (Vorher der Bootsmannschaft Bescheid sagen, dass man in Kessel aussteigen möchte. Gäste, die von Kessel zurück nach Königsee fahren wollen, müssen am Steg eine orangefarbene Schiebetafel betätigen. Diese signalisiert den vorbeifahrenden Schiffen, dass man eine Beförderung wünscht. Bei Bedarf wird die Haltestelle halbstündlich angefahren. Der Name Kessel stammt vom hier in den See mündenden Kesselbach und der oberhalb liegenden Kesselwand mit Wasserfall. Früher gab es hier auch eine Alm.

Weitere touristische Angebote

Touristinformation Schönau am Königssee im Rathaus, Rathausplatz 1, 83471 Schönau am Königssee, Tel.: 08652/1760, www.koenigssee.de, Öffnungszeiten: Montag bis Freitag 9-17 Uhr, Samstag, Sonn- und Feiertag geschlossen.

Tourist-Information am Parkplatz Königssee, Seestraße 3, 83471 Schönau am Königssee, Tel.: 08652/655980. Öffnungszeiten: ab 23.3.: Montag bis Sonntag 9-17 Uhr.

Tourist-Information Berchtesgaden, Maximilianstraße 9, 8341 Berchtesgaden, Tel.: 08652/656500, http://www.berchtesgaden.de, Öffnungszeiten: Montag bis Freitag 9-17 Uhr, Tel. ab 8 Uhr. Samstag 9-13 Uhr, Tel. ab 8 Uhr. Sonntag geschlossen. Ab 1. Mai täglich von 9-18 Uhr, Tel. ab 8 Uhr.

Tourist-Info Ramsau, Im Tal 2, 83486 Ramsau, Tel.: 08657/9889-20, www.ramsau.de, Öffnungszeiten: 15. Juli bis 29. September, Montag bis Freitag 9-13 Uhr und 14-18 Uhr. Samstag 9-13 Uhr und 14-16 Uhr. Sonn- und Feiertag, 9-13 Uhr.

Wanderungen am Königssee
1 Von Berchtesgaden zum Königssee 2 Von St. Bartholomä zur Eiskapelle
3 Von Salet zum Obersee

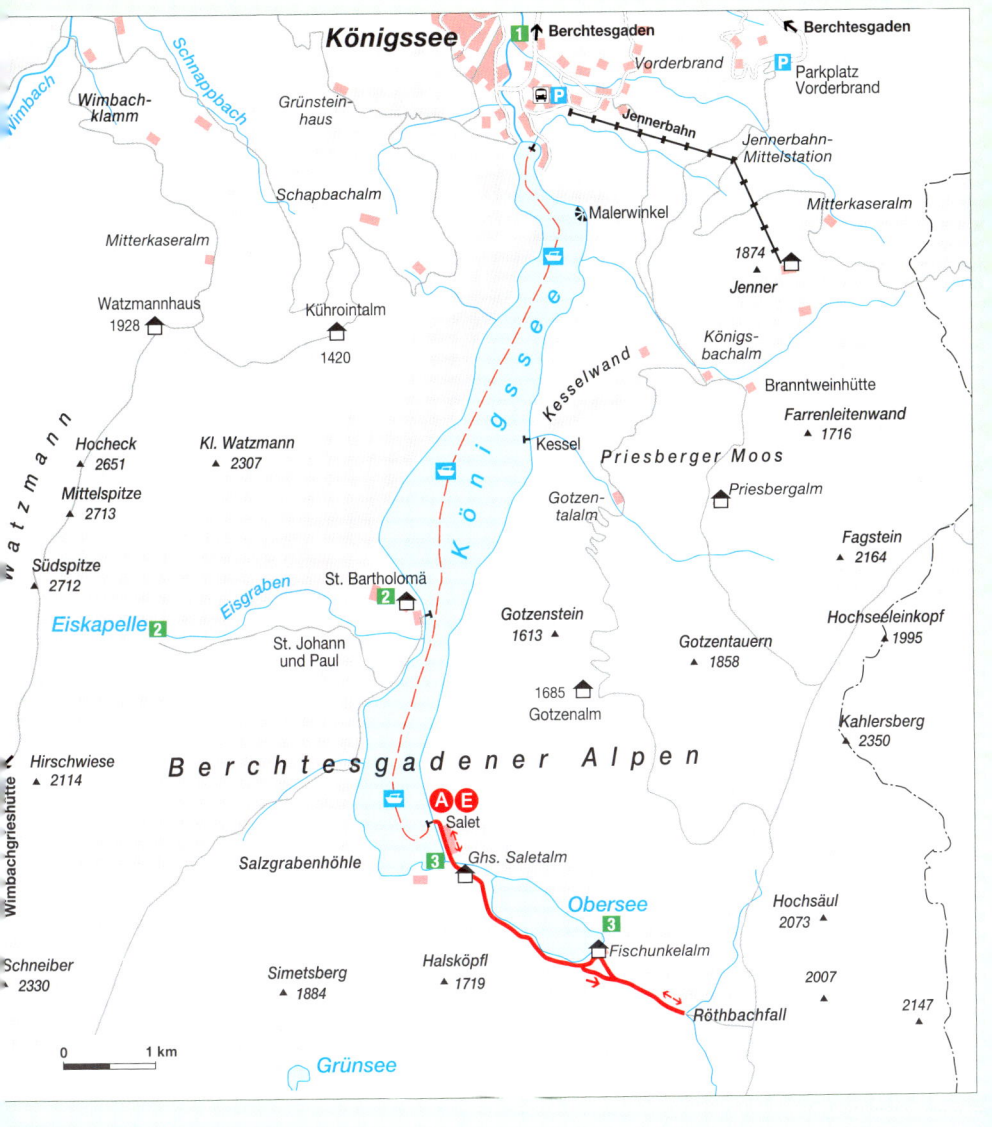

Königssee 219

Ortsregister

A
Abertshausen 159
Abwinkl 164, 176, 178
Achele 139, 145
Achselschwang 22, 24
Aidenried 15, 34
Aiderbichl 50, 51
Aidling 154 f.
Aidlinger Höhe 154
Aisching 76
Allmannshausen 39, 56
Almau 90
Altjoch 114 f.
Altlach 129, 132
Altötting 195
Ambach 38, 39, 40, 52 f.
Ammerland 39, 54
Andechs, Kloster 16, 17, 18, 19, 20, 30, 33, 36, 42
Angerling 91
Arlaching 83
Aschau 65, 96
Assenhausen 56, 57
Aufhausen 58
Aufkirchen 56 f.
Augsburg 15

B
Bachham 71
Bad Kohlgrub 149
Bad Reichenhall 196
Bad Wiessee 10, 162 f., 175 f., 177 f., 180
Bayreuth 100
Bayrischzell 183 f.
Benediktbeuern 115 f., 131
Berchtesgaden 210 f.
Berg a. Tegernsee 169
Berg am Starnberger See 9, 39, 40, 57 f., 60
Berg bei Eurasburg 53
Berg i.d. Jachenau 131
Berlin 134
Bernau 66, 90 f., 96
Bernried 9, 39, 40, 47 f., 62
Bierdorf 22, 25
Brand 149
Breitbrunn a. Ammersee 15, 16, 19
Breitbrunn am Chiemsee 66, 75 f., 94
Breitenbach 191
Brunnen 99 f.
Buch a. Ammersee 15, 16
Buch a. Tegernsee 178
Buchscharn 52
Burgersdorf 74
Burgham 81
Burghausen 207, 208

C
Chieming 66, 81, 83, 95

D
Dachau 23
Degerndorf 53
Deixlfurter See 47
Dessau 28
Dießen 10, 15, 16, 20, 22, 25 f., 36
Dietringen 99 f.
Dürnbach 165
Dürnberg 203

E
Eching 20, 22
Egerdach 198
Egerer 85
Egling b. Murnau 154 f.
Eglsee a. Waginger See 203
Einsiedl 127, 129, 133 f.
Eisenberg 103
Ellham 203
Ellwang 19
Enterbach 173
Enzersdorf 199
Erlstätt 86, 88
Eschelbach 203
Eschenlohe 134, 143, 150, 156
Ettal, Kloster 115, 140, 145

F
Fehling 83
Feldafing 39, 43 f.
Felden 91
Feldwies 66, 88, 96
Finsterwald 180
Fischen a. Ammersee 15, 31
Fischhausen 182, 186, 189 f.
Fohnsee 50
Forggen 98, 108
Frauenchiemsee 64, 68, 96
Frechensee 50
Freilassing 196, 211
Fridolfing 196, 203 f., 208
Fronholzen 203
Froschhausen 153 f.
Füssen 98 f.

G
Gänsbach 74
Garatshausen 39, 44 f.

Garmisch-Partenkirchen 135, 140 f.
Gauting 42
Gessenhausen 205
Gießhübl 203
Gindelalm 191
Gmund 163 f., 180
Gollenshausen 66, 77 f.
Gotzenalm 218
Götzing 196, 203
Grabenstätt 66, 86, 95
Grafenaschau 142, 145, 149
Grafrath 20
Grainach 199
Greifenberg 15
Greimharting 74
Greith 100
Großweil 116, 128
Gstadt 66, 76 f., 95
Guglhör 157

H

Habach 154 f.
Hagenau 86
Haimling 74
Halblech 99 f.
Happberg 53
Harberg 149
Harkirchen 60
Hausen 203
Hausham 183, 188, 192 f.
Hechendorf a. Pilsensee 18
Hechendorf b. Murnau 143
Hegratsried 100
Hellmannsberg 199
Herrenchiemsee 9, 64, 66, 90, 96

Herrsching 15, 16 f., 19, 33, 36
Hittenkirchen 92, 93
Hof a. Waginger See 203
Hofheim 154 f.
Hohenaschau 71
Hohenberg 50
Höhenberg 92
Hohenpähl 33
Höhenried 47, 48
Hohenschwangau, Schloss 98 f.
Hohenwaldeck, Burgruine 187
Hoherting 71
Holz 178
Holzhausen a. Ammersee 15, 16, 23
Holzkirchen 163, 184
Hopfen a. See 103
Horn 100
Hörzing 74
Hötzing 93
Hübschenried 22
Hühel 206

I

Iffeldorf 50 f.
Ilkahöhe 47
Inning 15, 20, 32
Ising 65, 66, 82

J

Jachenau 131
Jaudesberg 19
Josefstal 189, 190 f.

K

Kaltenbrunn 164, 179
Kempfenhausen 38

Kempfenhausen 38 f., 59
Kerschlach 32 f.
Kessel 212, 218
Kirchanschöring 196, 202 f., 208
Kirchstein 203
Kniebis 100
Kochel 114 f., 128, 130, 139, 150, 153
Königsdorf 116
Königssee, Ort 211, 216
Königswiesen 42
Köpfelsberg 199
Kothaich 203
Kraimoos 93
Kreuth 164, 172, 175, 180
Kronwitt 203
Kühnhausen 201 f.

L

Lambach 81
Lampoding 203
Landsberg a. Lech 36
Laufen 201
Leibersberg 159
Leiharting 203
Leobendorf 203
Leoni 39, 40, 56
Leutstetten 42, 60
Lieberhof 166
Lobesau 135, 136
Lothdorf 155

M

Maising 42
Marwang 88
Mauerham 207
Meilingen 103
Miesbach 183
Milzham 203

Ortsregister

Mühldorf a. Inn 196
Mühle 132
Mühlfeld 35
München 9, 17, 39, 40, 141, 184
Münsing 53, 62
Munzing 71
Murnau 115, 138f., 153, 160

N
Neuegling 152
Neuhaus 182, 189, 193
Neureuth 166
Neuschwanstein, Schloss 98 f.
Niedernach 129 f.
Niederpöcking 38, 42

O
Oberammergau 140
Oberbuchberg 166
Oberleiten 188
Obernach a. Walchensee 133
Obernach a. Staffelsee 139, 149
Oberndorf a. Wörthsee 19
Oberndorf b. Salzburg 208
Obersalzberg 212
Oberschondorf 21
Obersöchering 158
Ohlstadt 150
Osterbuchberg 90
Osterreinen 100
Osterseen 50

P
Pähl 31 f.
Penzberg 48, 115

Percha 39, 59 f.
Pessenbach 119
Petting 194 f., 208
Pfisterberg 119
Pfronten 103
Pietling 204
Pirach 203
Plötzing 76
Pöcking 42
Polling 152
Pölln 203
Possenhofen 9, 38, 39, 40, 43 f.
Prien 64, 65, 66, 69, 94, 96

R
Raisting 11, 16, 29 f.
Ramsau 219
Ramsee 34 f.
Ratzinger Höhe 73, 74
Rauhenbichl 100
Rausch 15, 19
Raut 116
Redl 203
Reintal 154
Reitham 93
Rent 203
Reutte i. Tirol 100
Rieden a. Ammersee 16, 25
Rieden a. Staffelsee 138 f.
Rieden a. Forggensee 99 f.
Riederau 15, 16, 25
Riegsee 154 f.
Rimsting 72 f., 94, 96
Rosenheim 173
Roseninsel 9, 43 f.
Roßhaupten 98 f.
Rottach-Egern 10, 162 f., 170 f., 180

Rottau 65, 91
Rottenbuch 149

S
Sachenbach 129 f.
Sachrang 71
Salet 210 f.
Salzburg 64, 195, 197, 201, 203, 211
Schlagenhofen 19
Schlehdorf 114 f., 128, 135
Schliersbergalm 186 f.
Schliersee Markt 182 f., 192
Schönau a. Königssee 214 f.
Schönberg 149
Schondorf 15, 16, 21 f., 22, 36
Schönram 201
Schönramer Filz 201
Schutzing 83, 84
Schwaigen 143
Schwangau 99 f.
Seebruck 65, 66, 78 f., 95
Seefeld 18
Seehausen 138 f., 150
Seeon 80, 95
Seeseiten 48, 49
Seeshaupt 39, 40, 49 f., 62
Sendling 117
Sengsee
Siebenhütten 173 f.
Siegsdorf 196
Sindelsdorf 139, 153
Sölb 31
Spatzenhausen 158 f.
Spitzingsee 182 f., 189 f.
St. Alban 15, 22, 25 f.
St. Bartholomä 8, 210 f.

St. Heinrich 38, 39, 48, 51
St. Quirin 164, 167, 177
Starnberg 39 f., 59, 61, 140
Stegen 15, 16, 19, 20 f., 21, 22
Steinebach 20
Stillern 31,
Stöffling 80
Stöttham 83, 84 f.

T
Taching 206 f.
Tegernsee, Stadt 163 f., 180
Tengling 205
Tettenhausen 194, 202, 204
Tittmoning 207, 208
Traunstein 96, 195
Trinis 173
Truchtlaching 80, 95
Tüttensee 87, 88
Tutzing 39, 40, 44 f., 61,

U
Übersee 66, 88, 96
Uffing 138 f., 147 f.
Unteralting 20
Unterleiten 188
Unterzeismering 47
Urfahrn 76
Urfeld 123, 127, 129
Urschalling 71
Utting 15, 16, 22 f., 36

V
Valepp 189
Voglaich 203
Vorderfischen 29 f.
Vorderriß 132

W
Waakirchen 24
Waging a. See 196
Walchensee, Ort 127 f., 129, 136 f.
Walchstadt 20, 21
Wallberg 164, 170
Waltenhofen 99 f.
Wartaweil 15, 34
Wasserburg a. Inn 196
Watzing 203
Weidach 83, 84
Weilheim 16, 51, 140, 153
Weingarten a. Ammersee 21, 22
Weingarten am Chiemsee 76
Weipertshausen 55
Weißbach 199
Weißensee 112
Wessen 91
Westenhofen 185
Westerbuchberg 90
Westerham 93
Weyarn 183
Widdersberg 18
Wildbad Kreuth 173 f.
Wildenwart 72
Wimpasing a. Waginger See 206
Wolfratshausen 55, 116
Wolfsberg 76
Wolkersdorf 202, 203
Wonneberg 196 f.
Wörth, Insel i. Schliersee 182, 188
Wörth, Insel i. Staffelsee 9, 138, 144 f.
Wörthsee 21

Z
Zell 103
Ziegelwies 102
Zwergern 127, 129, 135

Ortsregister

Impressum

Titelbild: Stillleben am Starnberger See in Tutzing.
Bildnachweis: S. 69, 70, Marketing/Markt Prien a. Chiemsee, Tanja Ghirardini; S. 80 Tourist-Information Seebruck; S. 86 Michael Lohmann; S. 98 u. 99 Füssen Tourismus Marketing Michael Helmer; S. 100 Füssen Tourismus und Marketing, Gerhard Eisenschink, S. 101 Füssen Tourismus und Marketing, Matthias Hub, S. 104 Füssen Tourismus und Marketing, Thorsten Brönner; S. 105 Gemeinde Rieden a. Forggensee, Allgäu Bild, S. 106 Gemeinde Rieden a. Forggensee, G. Holzmann, S. 109 Christel Blankenstein, S. 110/111 Füssen Tourismus Marketing, Herbert Bauer; S. 112 Füssen Tourismus Marketing, Gerhard Eisenschink; S. 194/195 Tourist-Info Waging a. See; S. 206 Tourist-Info Waging a. See, S. 213 Bergerlebnis Berchtesgaden, S. 214 S. Salzbergwerk Berchtesgaden, Südwestdeutsche Salzwerke AG. Alle übrigen Fotos von Manfred Hummel.

Die in diesem Band vorgestellten Fahrradtouren und Wanderungen wurden mit aller Sorgfalt recherchiert, beschrieben und illustriert. Dennoch erfolgen alle Angaben ohne Gewähr, da zwischenzeitliche Änderungen nicht auszuschließen sind. Weder der Autor noch der Verlag können aus daraus resultierenden Nachteilen eine Haftung für Schäden irgendwelcher Art übernehmen.

© 2024 Verlag Berg & Tal Heinrich Bauregger, München
Alle Rechte vorbehalten Nachdruck – auch auszugsweise – nur mit Genehmigung des Verlags.
Gestaltung (innen und Cover):
Frank Ferschen, interconcept Medienagentur, München
Kartographie: Achim Norweg, Eckehard Radehose und Heike Boschmann
Druck und Bindung: Buchdruckzentrum Prüm
Printed and bound in Germany
ISBN 978-3-939-499-69-5